Packend präsentieren mit Prezi

Foto: Matthias Endlich (*endlichbilder.de*)

Melanie Eckhoff gehört als selbständige Präsentations-designerin seit 2012 zu den offiziellen »Independent Prezi Experts« und hat seitdem hunderte Prezis gestaltet und viele Menschen im Umgang mit dem Präsentationswerkzeug geschult.

Als studierte Juristin und ausgebildete Mediatorin legt sie bei der Planung um Umsetzung von Präsentationen sehr viel Wert auf klare Strukturen und eine klare Sprache. Für sie liegt der Fokus jeder Präsentation auf dem Publikum und der Kernaussage – nur dann kann eine Prezi auch wirken.

Wenn Sie Melanie Eckhoff für Consulting und Training rund um Prezi, Präsentation und Vortrag buchen möchten, können Sie das unter *http://www.zoom-studio.de*.

Melanie Eckhoff

Packend präsentieren mit Prezi

Lektorat: Boris Karnikowski
Copy-Editing: Friederike Daenecke, Zülpich
Herstellung: Susanne Bröckelmann, Heidelberg
Satz: Ulrich Borstelmann, Dortmund
Umschlaggestaltung: Helmut Kraus, www.exclam.de
Druck und Bindung: Media-Print Informationstechnologie, Paderborn

Bibliografische Information der Deutschen Nationalbibliothek
Die Deutsche Nationalbibliothek verzeichnet diese Publikation in der Deutschen Nationalbibliografie;
detaillierte bibliografische Daten sind im Internet über http://dnb.d-nb.de abrufbar.

ISBN:
Buch   978-3-86490-262-8
PDF   978-3-86491-761-5
ePub   978-3-86491-762-2
mobi   978-3-86491-763-9

1. Auflage 2015
Copyright © 2015 dpunkt.verlag GmbH
Wieblinger Weg 17
69123 Heidelberg

Jan, danke für Deine unerschütterliche Geduld und Kritik.

Simone, danke für Deine tatkräftige Unterstützung.

Und danke an Prezi für die tolle Chance.

Inhaltsverzeichnis

4   Grundlagen der Bearbeitung: So bringen Sie Ihre Inhalte auf die Prezi-Leinwand   33

5   Individuelle Anpassungen des Layouts   115

6 Die Kamerafahrt bei Prezi: Einen Pfad anlegen   133

7 Prezi in 3D   169

Teil 3: Die Praxis

Teil 4: Anhang

Teil 1
Einführung

1 Die Idee dieses Buches

Zu einer guten Prezi gehören zwei Dinge: der sichere Umgang mit dem Präsentationswerkzeug Prezi und das Wissen, wie Sie mit ihm gute Präsentationen erstellen.

Ich habe Prezi 2011 für mich entdeckt und gehöre seit 2012 zu den »Independent Prezi Experts« – den offiziell von Prezi anerkannten Experten. Ich erstelle täglich Präsentationen und habe schon viele Anwenderinnen und Anwender im Umgang mit Prezi geschult. Dabei habe ich festgestellt, dass für Einsteiger wie auch für Fortgeschrittene zwei Dinge besonders hilfreich sind, um mit Prezi zu arbeiten: eine gute Anleitung für die Bedienung des Werkzeugs und ganz konkrete praktische Beispiele, die nicht nur das Endergebnis zeigen, sondern verraten, wie eine Prezi Schritt für Schritt gebaut wurde.

In diesem Buch möchte ich Ihnen so praxisnah wie möglich Hilfe an die Hand geben, damit Sie in der Lage sind, tolle Präsentationen mit Prezi zu gestalten. Dabei setze ich nicht voraus, dass Sie Design studiert oder sich vertieft mit dem Thema *Präsentieren* beschäftigt haben. Vielmehr ist meine Arbeitshypothese, dass Sie eine Tätigkeit haben, die es immer wieder erforderlich macht, dass Sie vor anderen präsentieren oder Präsentationen für andere erstellen. Sie wünschen sich gute Ergebnisse, haben aber nicht die Zeit, ewig vor Ihrem Rechner zu sitzen.

Für mich als Pragmatikerin sind Präsentationen dann gut, wenn sie die beabsichtigte Wirkung zeigen. Aufwand und Nutzen der Präsentation sollten dabei in einem ausgewogenen Verhältnis stehen.

Mit Prezi ist es möglich, sehr schnell einfache Präsentationen zu erstellen. Meiner Erfahrung nach geben sich allerdings die wenigsten mit diesen oft optisch recht einfachen Prezis zufrieden. Je höher Ihre Anforderungen sind, desto mehr Übung brauchen Sie im Umgang mit Prezi und desto länger wird es dauern, die Präsentation zu erstellen. Ich möchte Ihnen durch meine Beispiele dabei helfen, den Übungsvorgang zu beschleunigen.

Es ist an der Zeit, Langeweile und Zeitverschwendung durch Präsentationen zu beenden. Ich möchte Sie dazu anstiften, Ihr bisheriges Wissen über Präsentationen und ihre Gestaltung kritisch zu hinterfragen. Dabei setze ich auf Ihren Mut und Ihre Neugier, mal etwas Neues auszuprobieren.

Jede Präsentation bietet Ihnen die einmalige Chance, etwas in Ihrem Publikum zu verändern. Sie beeinflussen sein Denken, Fühlen oder Handeln. Sie erweitern sein Wissen, Sie lassen verstehen, Sie begeistern. Nutzen Sie Prezi nicht nur als ein anderes Präsentationswerkzeug, sondern nehmen Sie Prezi zum Anlass, die Art und Weise, wie Sie Präsentationen denken und gestalten, zu überdenken und zu verändern. Hinter dem Wunsch nach einer Prezi steht meiner Erfahrung nach meistens der Wunsch nach Veränderung beim Präsentieren. Und das ist auch gut so!

Ich wünsche Ihnen viel Spaß und viel Erfolg auf Ihrem Weg hin zu packenden Präsentationen mit Prezi!

2 Der Einstieg in die Arbeit mit Prezi

2.1 An wen richtet sich dieses Buch?

Dieses **Praxishandbuch** richtet sich an Sie, wenn Sie

- **keine Lust mehr auf klassische Folienpräsentationen** haben und eine echte Alternative an Präsentationssoftware kennenlernen möchten,
- eine **Einführung in die Bedienung** des Programms Prezi bekommen möchten,
- **Antworten auf verschiedene technische und gestalterische Fragen** benötigen oder
- Ihre **Kenntnisse rund um Prezi vertiefen** möchten, um künftig Ihr Publikum **mit durchdachteren und ansprechender gestalteten Prezis zu begeistern.**

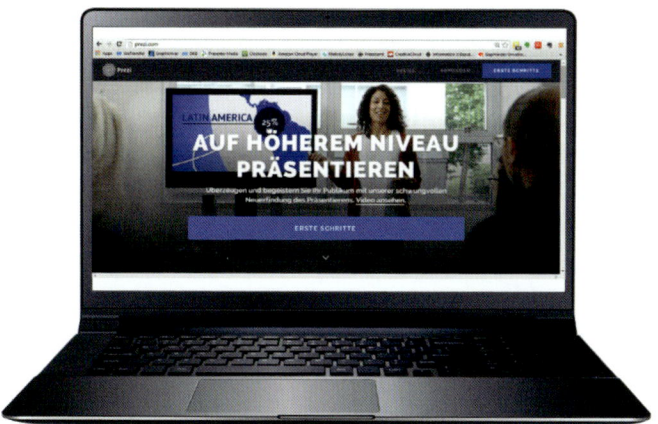

Abb. 2–1   Ihr Einstieg bei Prezi: www.prezi.com

Falls Sie bereits mit der grundlegenden Bedienung von Prezi vertraut sind, können Sie das Kapitel zur Bedienung von Prezi schlicht überspringen oder einfach querlesen. Vielleicht entdecken Sie dort jedoch noch den ein oder anderen Praxistipp, der Ihnen die Arbeit mit Prezi leichter macht.

2.2   Was genau ist Prezi, und was kann ich damit tun?

Prezi schlicht als ein Präsentationsprogramm zu bezeichnen, greift zu kurz. Ein wichtiger Slogan bei Prezi ist »Ideas matter«[1], auf Deutsch also: »Ideen sind wichtig«. Prezi ist ein **Kommunikationswerkzeug**, das Ihnen dabei hilft, die eigenen Ideen zu strukturieren, zu präsentieren und mit anderen zu teilen.[2]

Um dieses Ziel zu erreichen, hat Prezi mehr Platz für die Visualisierung eigener Ideen geschaffen.

»Prezi ist ein virtuelles Whiteboard, welches Präsentationen von Monologen zu Unterhaltungen verwandelt und es den Leuten dabei ermöglicht, Ideen zu sehen, zu verstehen und sich zu merken.«[3]

Auf diesem Whiteboard (ich bezeichne es auch gern als »Leinwand«) können unterschiedliche Inhalte (Texte, Fotos, Grafiken, Schaubilder, Videos, Musik und Links) eingefügt und so angeordnet werden, dass **eine Idee oder ein Zusammenhang anschaulich** wird.

Sie können einen Beamer an Ihren Computer anschließen und Prezi als Visualisierung begleitend zu Ihrem Vortrag nutzen, genau wie bei einem klassischen Präsentationsprogramm. Im Unterschied zu Folienpräsentationen blättern Sie allerdings bei Prezi nicht in (zumeist linearer) Reihenfolge durch Ihr Thema. Sie machen vielmehr eine **Kamerafahrt über die Leinwand**, bei der Sie außerdem die Möglichkeit haben, eine **Zoomfunktion** zu nutzen. Das bedeutet, Sie können in Ihrem Vortrag ein **Gesamtbild zeigen und bei einzelnen Bereichen in die Tiefe gehen**.

Die Reihenfolge und die Art der Kamerafahrt können Sie (müssen Sie aber nicht) vorher genau planen. Dennoch haben Sie bei Prezi jederzeit die Möglichkeit, **während Ihres Vortrags flexibel zu bestimmten Bereichen Ihrer Prezi zu wechseln** und auch Inhalte zu zeigen, die z. B. der Vertiefung dienen und auf den ersten Blick gar nicht erkennbar waren.

---

1   *https://prezi.com/about/* (28.11.14)
2   An dieser Stelle ein Hinweis zur Klarstellung: der Begriff »Prezi« bezeichnet dreierlei – das Unternehmen, die Software und eine mit der Software erstellte Präsentation.
3   *https://prezi.com/about/* (28.11.14)

Prezi lässt sich allerdings auch losgelöst von klassischen Vorträgen zum Teilen von Ideen einsetzen. Sie haben die Möglichkeit, anderen einen **Link** zu einer von Ihnen erstellten Prezi zu schicken, mit dem der Empfänger die Prezi anschauen kann – entweder gemeinsam mit Ihnen oder unabhängig davon, ob Sie selbst gerade online sind.

Wenn Sie mit anderen **gemeinsam an einem Projekt oder einer Idee arbeiten**, können Sie dies auf einer **gemeinsamen Arbeitsfläche** bei Prezi tun. Es ist möglich, **mit bis zu zehn Personen** gleichzeitig über das Internet auf einer Leinwand zu arbeiten. So entwickeln Sie gemeinsam mit Ihren Kollegen, Kooperationspartnern oder Kunden Ideen weiter oder führen in einem Team an verschiedenen Standorten gemeinsame **Brainstormings** durch.

Ein Werkzeug zum Teilen von Ideen – im Überblick bedeutet das, dass Sie mit Prezi folgende Dinge tun können:

1. **Themen und Ideen visuell aufbereiten und darstellen**

    - zur **Vorbereitung** einer Präsentation als Arbeitsfläche für ein Brainstorming oder eine Mindmap
    - als **Präsentation** vor Ort
    - als **Online-Präsentation** über das Internet
    - durch die **Einbettung in eine Website**
    - als eigenständig laufende **Dauerschleife**, z. B. auf einem Messestand

2. **Erstellte Präsentationen mit anderen teilen**

    - online per **Link** oder durch die Einladung einer bestimmten Person zu Ihrer Prezi
    - als **ausführbare, lokale Datei** (die ohne die Installation einer Software vom Empfänger abgespielt werden kann)
    - als **.pdf-Dokument**

3. **Themen und Ideen gemeinsam mit anderen erarbeiten**

    - bei einem gemeinsamen **Brainstorming**
    - **online mittels einer gemeinsamen Arbeitsfläche** (z. B. wenn die Teammitglieder an unterschiedlichen Orten sind)

Sie können mit Prezi entweder **online in Ihrem Internetbrowser** arbeiten (also ganz ohne eine Software zu installieren), oder Sie arbeiten mit einer **Software**, die Sie auf Ihren Computer heruntergeladen und installiert haben.

Prezi läuft dabei unter Windows und OS X. Die jeweils aktuellen **Systemanfor-derungen** finden Sie auf der Internetseite von Prezi (*https://prezi.com/support/article/troubleshooting/system-requirements-for-prezi*).

2.3 Ist Prezi für mich geeignet?

Ob in Schule, Universität oder Unternehmen, ob leichte und verspielte Themen oder strukturell komplexe wissenschaftliche Zusammenhänge – Prezi ist grundsätzlich in jedem dieser Zusammenhänge einsetzbar. Dabei kann jeder die **Bedienung von Prezi sehr schnell lernen**.

Wenn Sie es bislang gewohnt sind, mit PowerPoint oder Keynote zu arbeiten, wird die Nutzung von Prezi zunächst eine **Umstellung** sein. In meinen Workshops habe ich die Erfahrung gemacht, dass alle Teilnehmer die Nutzung von Prezi im Vergleich zu den üblichen folienbasierten Präsentationsprogrammen als anders empfinden. Dabei liegt etwa der Hälfte der Teilnehmer die Arbeit mit Prezi von Anfang an mehr, da sie es als intuitiver empfinden.

Wenn Sie mit Prezi beginnen, werden Sie schnell merken, ob Sie zu dieser Gruppe gehören. Sollte dies nicht der Fall sein, kann ich Sie beruhigen: mit ein bisschen Übung werden Sie auch schon nach kurzer Zeit gut mit Prezi zurechtkommen.

Ein starkes Indiz dafür, dass Sie Prezi einmal ausprobieren sollten, ist das Gefühl, bei klassischen Präsentationen schon bei der Gestaltung räumlich und strukturell eingeengt zu sein, und der **Wunsch nach mehr Flexibilität beim Vortragen**.

Wenn es Ihnen darüber hinaus noch Spaß macht, eigene Strukturen, Bilder und Layouts zu entwickeln, und Sie der Ansicht sind, dass Präsentationen auch **lebendig sein und Spaß machen dürfen (!)**, dann sind Sie bei Prezi ziemlich sicher richtig.

Wahrscheinlich sind Sie von Ihren bisherigen Präsentationsprogrammen eine Beständigkeit der Arbeitsoberfläche und Menüführung gewohnt (teilweise kommen neue Versionen nur alle ein bis drei Jahre heraus). Sollten Sie diese besonders schätzen, kann die Arbeit mit Prezi eine Umstellung für Sie sein. **Prezi wird kontinuierlich weiterentwickelt**, um die Benutzung für jedermann einfacher und intuitiver zu gestalten. Dies geschieht in vielen kleinen Schritten, deren Tauglichkeit Prezi bei seinen Nutzern in den Online-Accounts testet.

Das bedeutet, dass Sie bei Prezi schon mal von einer Änderung auf Ihrer Benutzeroberfläche überrascht werden können. Zur Beruhigung: Diese **Veränderungen** betreffen nicht die Inhalte Ihrer Präsentation und sind **in der Regel minimal**.

Sollte Prezi die Benutzeroberfläche oder die Menüführung mehr als nur gering-fügig verändern, informiert das Unternehmen alle Nutzer per Newsletter über die Veränderungen. Sollten Sie den Newsletter nicht bekommen, gibt es auch auf der Website von Prezi jede Menge Informationen.

2.4   Was ist die zentrale Idee bei Prezi?

Der Kerngedanke bei Prezi ist es, **Ideen in jedem Stadium ihrer Entstehung Raum zu geben und das Teilen der Ideen einfach zu machen**. Dazu bietet Prezi eine weiße Leinwand bzw. ein großes Whiteboard, auf dem Inhalte und Zusammen-hänge den Raum bekommen, den sie benötigen. Prezi bietet Ihnen die Chance, Ihre Gedanken und Ideen so darzustellen und mit anderen zu teilen, dass diese Sie wirklich verstehen. **Unsichtbare Zusammenhänge oder Perspektivwechsel werden auf der Prezi-Leinwand sichtbar, Präsentationen müssen nicht länger strikt linear verlaufen, und der Dialog zwischen Vortragendem und Publikum wird unterstützt.**

2.5   Wo liegen die Grenzen und Schwächen von Prezi?

Prezi bietet Ihnen viel Raum für Ihre Ideen und auch Vorlagen (Templates) für den schnellen Einstieg bzw. die schnelle Erstellung einer Präsentation.

Was Prezi Ihnen allerdings nicht bietet, sind fertige Lösungen für Ihr Thema. Prezi diktiert Ihnen **keine Struktur**, die Sie für Ihre Präsentation verwenden müs-sen. Prezi kennt **keine umfangreichen Master-Vorlagen** im Sinne von PowerPoint. Sie können zwar bis zu drei Schriften aus der Prezi-Schriftauswahl festlegen und Farben für verschiedene Elemente auf der Prezi einstellen (und das Ganze auch als sogenanntes »Theme« abspeichern), mehr aber auch nicht.

Eigene **Schriften** lassen sich bei Prezi nicht selbst installieren. Bei Bedarf ist die (kostenpflichtige) Einbindung von bis zu drei Hausschriften direkt über das Unternehmen Prezi selbst möglich (bei den Gruppenlizenzen)[4].

Es gibt bei Prezi eine inzwischen recht umfangreiche Sammlung an Symbolen (in sieben verschiedenen Stilen), und Sie haben die Möglichkeit, Inhalte später einzublenden. Mehr Bilder oder **Animationen** (neben der Kamerafahrt und dem Zoom) werden nicht angeboten. In Kapitel 6.6.3 erfahren Sie, wie Sie mithilfe der Einblendfunktion auch Überblendungen und Ausblendungen vornehmen können.

---

4   *https://prezi.com/contact/sales/grouplicense/* (9.7.2015)

2.6 Kurz und knapp: Wie entsteht eine Prezi?

Eine Präsentation mit Prezi entsteht in drei Schritten:

1. **Planen**: Sie machen sich Gedanken über das Ziel und die Inhalte der Präsentation und entwickeln mithilfe von Papier und Stift oder direkt auf der Prezi-Leinwand eine Struktur.

Drei Schritte
- Planung
- Einfügen der Inhalte auf der Leinwand
- Anlegen der Kamerafahrt

2. **Inhalte einfügen**: Sie bringen alle Texte, Bilder, Grafiken, Videos und sonstige Elemente, die Sie für Ihre Präsentation benötigen, auf die Prezi-Oberfläche und arrangieren sie.

3. **Kamerafahrt (= Pfad) anlegen**: Im letzten Schritt planen Sie die Kamerafahrt bei Prezi, d. h., Sie legen fest, was in welcher Reihenfolge gezeigt werden soll.

Der letzte Schritt ist üblich, aber nicht zwingend: Wenn Sie frei vortragen und im Dialog mit dem Publikum einzelne Kapitel Ihrer Präsentation anschauen möchten, können Sie im Vortrag auch **frei mit der Maus navigieren**. Meiner Erfahrung nach fühlt sich allerdings die Mehrheit der Vortragenden wohler, wenn sie einfach durch die Präsentation klicken können. Aber auch, wenn Sie eine Kamerafahrt festgelegt haben, ist es möglich, mit der Maus während des Vortrags flexibel zu einzelnen Punkten zu navigieren.

Je geübter Sie im Umgang mit Prezi sind, desto stärker werden Sie die Schritte 2 und 3 miteinander verweben und teilweise noch vor dem Einfügen der Details Ihre Leinwand mit einer Rahmenstruktur und einer damit verbundenen Kamerafahrt versehen.

Teil 2
Die Bedienung
von Prezi

3 Organisatorisches: Fragen, die sich meistens zu Beginn stellen

3.1 Überblick

Prezi ist browserbasiert. Die Grundidee ist also, dass Sie **in Ihrem Internetbrowser** arbeiten und dort online Ihre Präsentationen erstellen. Dazu ist es erforderlich, sich auf der Internetseite von Prezi (*www.prezi.com*) anzumelden und dort einen **eigenen Account anzulegen**.

Da nicht jeder online arbeiten möchte und es auch Themen gibt, bei denen es um sensible Daten geht, die man nicht auf einen fremden Server laden möchte (oder sollte), bietet Prezi zusätzlich eine **Software** (für Windows und OS X), die Sie herunterladen und lokal installieren können. Mit dieser Software können Sie Prezis lokal erstellen und speichern, ohne sie in Ihren Account in der Cloud laden zu müssen. Zeitweilig benötigt die Software allerdings eine funktionierende Internetverbindung (siehe die Ausführungen zur Prezi-Software in Kapitel 3.3).

Unabhängig davon, ob Sie eine Prezi online in Ihrem Prezi-Account oder lokal auf Ihrem Rechner erstellt haben, können Sie **jede Prezi als sogenannte »tragbare Prezi« exportieren**. Das bedeutet, Sie können eine Version Ihrer Prezi erstellen, die Sie ohne eine Internetverbindung speichern und vorführen können.[1]

---

1   Achtung: Wenn Sie Videos von YouTube per Link in Ihre Prezi eingebunden haben, benötigen Sie auch beim Vorführen der »tragbaren Prezi« eine Internetverbindung.

3.2   Anmeldung bei Prezi

Um sich bei Prezi anzumelden, müssen Sie Folgendes tun:

1. Gehen Sie auf die Website *www.prezi.com*.

Abb. 3–1   Die Startseite von Prezi.com

2. Klicken Sie rechts oben in der Ecke auf *Loslegen*. Sie sehen dann die verschie-
    denen Lizenzmodelle im Überblick.

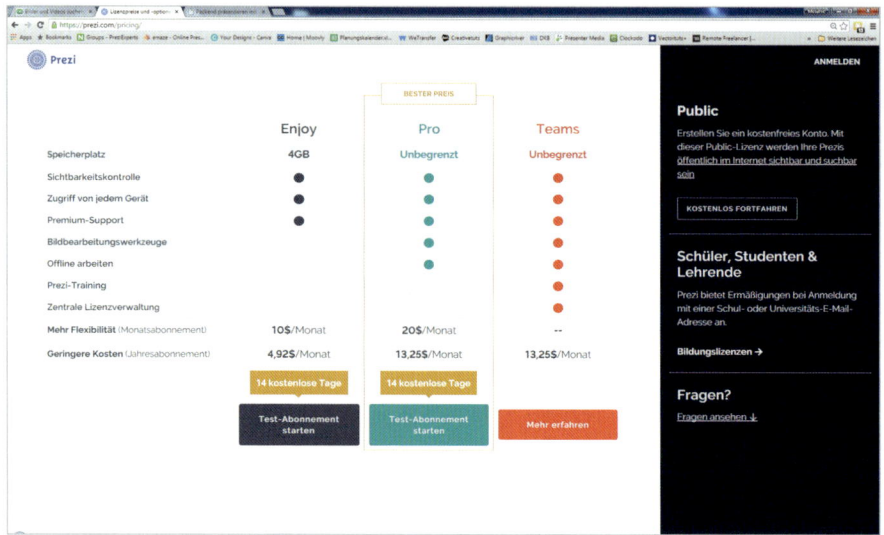

Abb. 3–2   Die Prezi-Lizenzen im Überblick

3. Wählen Sie die gewünschte Lizenz. Wenn Sie Prezi erst einmal ausprobieren möchten, starten Sie einfach mit der sogenannten »**Public-Lizenz**«. Beachten Sie, dass Sie mit dieser **nur online arbeiten** können, dass all Ihre Prezis mit dem **Prezi-Logo** versehen sind und dass sie **nicht nur öffentlich im Internet sichtbar, sondern auch kopierbar** sind (wenn Sie Letzteres nicht für jede Prezi einzeln deaktivieren; mehr dazu lesen Sie in Kapitel 3.3.1.). **Erstellen Sie daher mit dieser Lizenz keine Prezis mit vertraulichen oder sensiblen Inhalten, die niemand sehen sollte oder sehen darf!**

4. Klicken Sie für die öffentliche Lizenz rechts auf *Kostenlos fortfahren*.

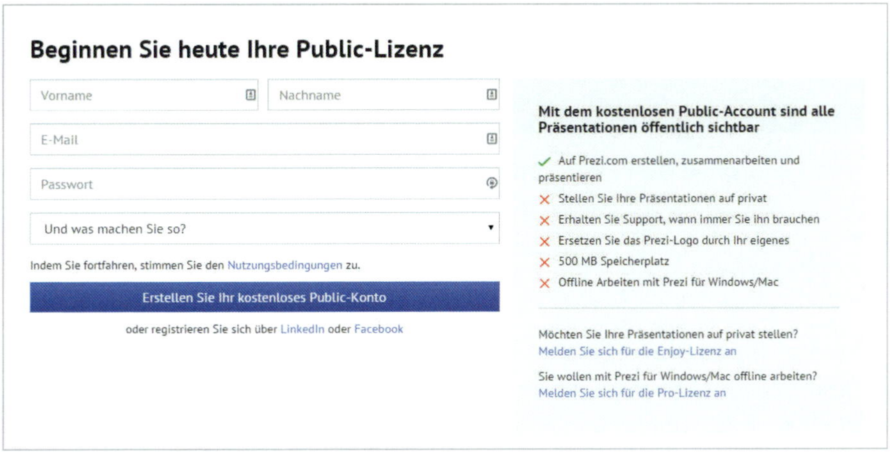

Abb. 3–3   Anmeldefenster für das kostenlose Public-Konto bei Prezi

5. Geben Sie Ihre Daten und ein Passwort ein, und melden Sie sich an. Vorher sollten Sie unbedingt die Nutzungsbedingungen[2] von Prezi lesen!

Wunderbar, jetzt sind Sie bei Prezi angemeldet und können Ihre erste Prezi erstellen. Prezi hat Ihnen als kleinen Service eine Einführungsprezi und zwei Vorlagen in Ihren Account gelegt.

---

2   *https://prezi.com/terms-of-use/* (9.7.2015)

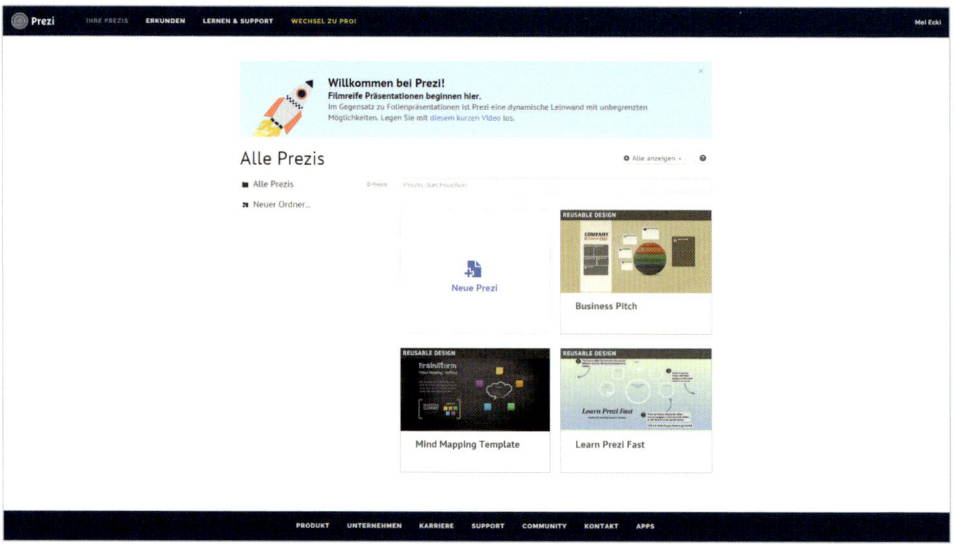

Abb. 3–4   Ihr kostenloser Prezi-Account frisch nach der Anmeldung

3.3   Welche Lizenz passt zu mir?

Prezi bietet Ihnen die folgenden Lizenzen an:

- Public
- Enjoy
- Pro
- Edu Enjoy, Edu Pro und Edu Teams
- Team

Mit jeder dieser Lizenzen können Sie eine Präsentation erstellen, offline verfügbar machen und vorführen. Unterschiede gibt es im Hinblick auf die Kosten, die Speicherkapazitäten im eigenen Account, die Verwendung von Logos und im Hinblick auf die Möglichkeiten der internen Bildbearbeitung sowie bei der Nutzung der Prezi-Software.

3.3.1   Public: Die öffentliche Lizenz

Sie nutzen Prezi mit dieser Lizenz kostenlos. Allerdings können Sie Präsentationen **nur online in Ihrem Account** erstellen, wo Ihnen 100 MB Speicher zur Verfügung stehen. Alle von Ihnen erstellten Prezis tragen das **Prezi-Logo** (es kann nicht entfernt werden), sind **öffentlich sichtbar und können von anderen kopiert werden**.

Um zu verhindern, dass eine Prezi von anderen kopiert werden kann, müssen Sie Folgendes tun:

1. Gehen Sie auf *Ihre Prezis*.

2. Gehen Sie mit der Maus auf die Prezi, für die Sie die öffentliche Wiederverwendbarkeit deaktivieren möchten (dass eine Prezi wiederverwendbar ist, erkennen Sie an dem Recycling-Symbol ♻ vor dem Namen), und klicken Sie auf den Knopf für *Teilen*.

Abb. 3–5
Das Symbol für »Teilen« bei einer Prezi in Ihrem Account

3. Entfernen Sie den Haken bei *Ermöglichen Sie die öffentliche Wiederverwendung ...*.

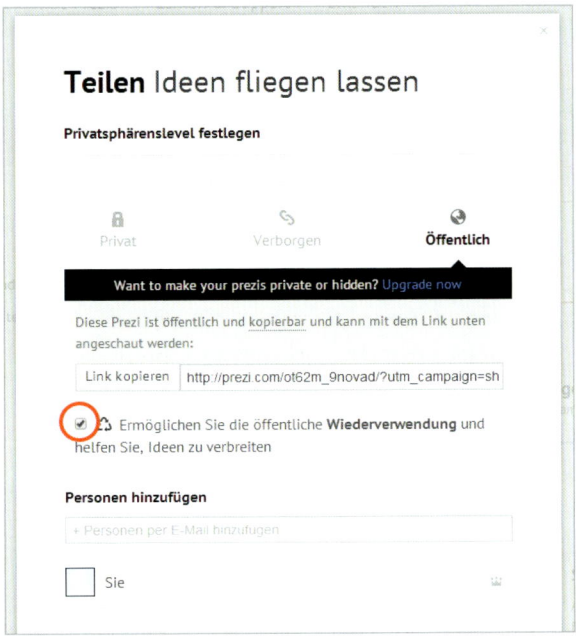

Abb. 3–6   Solange das Häkchen gesetzt ist, kann jeder Ihre Prezi kopieren.

3.3.2 Die Enjoy-Lizenz

Mit der Enjoy-Lizenz arbeiten Sie zwar immer noch **ausschließlich online** beim Erstellen von Prezis, aber Sie können für jede Ihrer Prezis **einstellen, ob sie öffentlich sichtbar ist** oder nicht. Außerdem haben Sie die Möglichkeit, das Prezi-Logo zu entfernen oder ein **eigenes Logo** einzufügen.

Mit der Enjoy-Lizenz steht Ihnen bei Fragen oder Schwierigkeiten der Prezi-Premium-Support zur Verfügung, und Sie haben zukünftig 4 GB (statt nur 100 MB) Speicherplatz zur Verfügung.

3.3.3 Die Pro-Lizenz

Die umfangreichste Prezi-Lizenz erlaubt es Ihnen, die Prezi-Software für Mac oder PC herunterzuladen und zu installieren. So haben Sie die Möglichkeit, **Prezis (fast vollständig) offline zu erstellen**. Das ist besonders dann interessant, wenn Sie Prezi nutzen wollen, um Unternehmenspräsentationen zu erstellen oder Ideen für einen ausgewählten Kreis von Personen aufzubereiten, die ansonsten streng vertraulich sind.

Bei der Pro-Lizenz ist der **Online-Speicherplatz unbegrenzt**, und Sie haben erweiterte Möglichkeiten der **internen Bildbearbeitung**.

3.3.4 Team-Lizenzen

Für Unternehmen und Organisationen, die eine größere Anzahl an Lizenzen benötigen, gibt es die sogenannten Team-Lizenzen. Dabei handelt es sich im Wesentlichen um ein Bündel von Pro-Lizenzen, bei dem die **Verwaltung vereinfacht** werden soll.

So ist es bei den Team-Lizenzen noch einfacher, Präsentationen mit dem gesamten Team zu teilen. Darüber hinaus haben Sie eine **zentralisierte Abrechnung** und können über eine Oberfläche alle Ihre Team-Lizenzen verwalten.

Zusätzlich bietet Prezi Ihnen Trainings für die Arbeit mit der Prezi-Software.

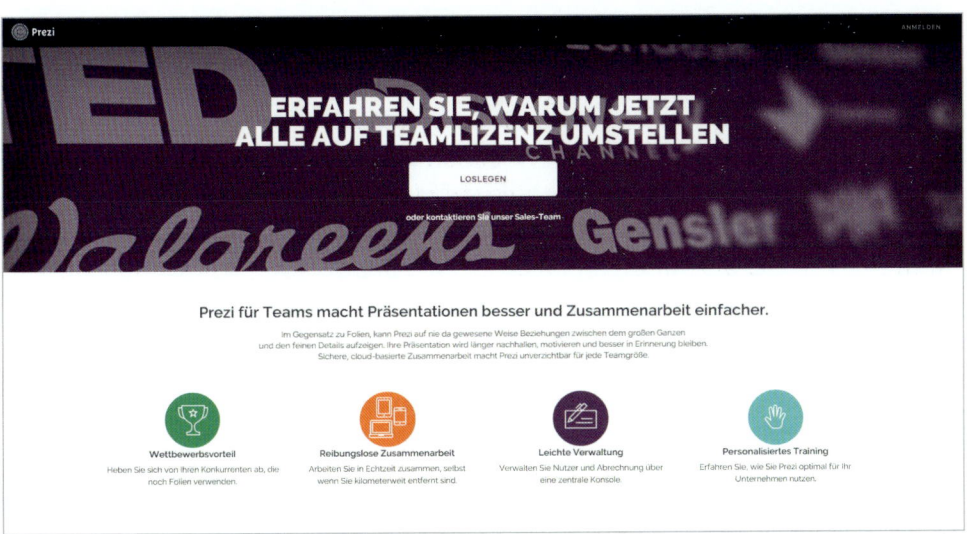

Abb. 3–7   Team-Lizenzen bei Prezi für Unternehmen und Organisationen

Ein Klick auf *Loslegen* (in der Mitte) bringt Sie zu einem Formular, in dem Sie die gewünschte Anzahl an Team-Lizenzen bestellen können:

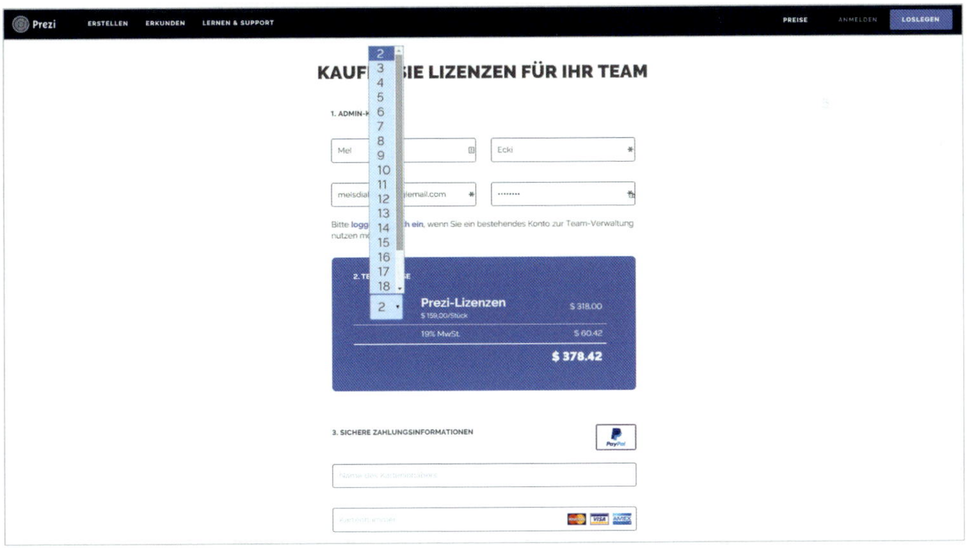

Abb. 3–8   Erwerben Sie die Team-Lizenzen direkt auf der Prezi-Website

3.3.5 Bildungslizenzen für Schüler, Studenten und Lehrer

Die Bildungslizenzen (Edu-Licences; »Edu« steht für »Education«) sind ermäßigte Lizenzen für den Bildungsbereich. Sie können von Schülern, Studenten und Lehrkräften in Anspruch genommen werden, die über eine E-Mail-Adresse verfügen, die sich mit der Domain der Schule deckt.

Für den berechtigten Personenkreis ist die Edu-Enjoy-Lizenz kostenfrei und bietet alle Vorteile der klassischen Edu-Lizenz. Die Lizenz Edu Pro entspricht der klassischen Pro-Lizenz, allerdings zu einem deutlich ermäßigten Preis.

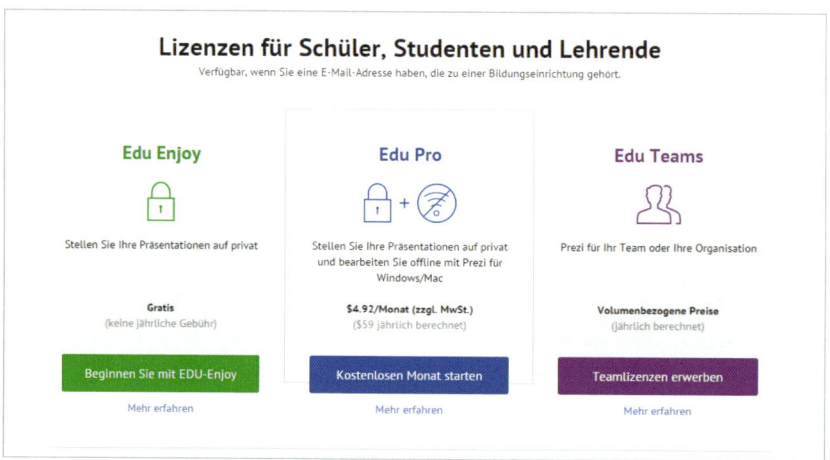

Abb. 3–9   Die Prezi-Bildungslizenzen für Schüler, Studenten, Lehrer und Organisationen

Sollten Sie zu der berechtigten Gruppe gehören, aber keine Mailadresse aus der Domain Ihrer Organisation haben, wenden Sie sich direkt an den Prezi-Support. Dort hilft man Ihnen weiter.

3.3.6   Zusammenfassung zu den Lizenzen

	Public	Enjoy	Pro
Erstellen/ Bearbeiten	nur online	nur online	online und lokal auf dem eigenen Rechner
Speichern	online und offline	online und offline	online und offline
Sichtbarkeit	für jedermann	Der Nutzer entscheidet: Er kann Prezis verbergen und nur ausgewählten Personen zeigen.	Der Nutzer entscheidet: Er kann Prezis verbergen und nur ausgewählten Personen zeigen.
Kopier- barkeit	Für jedermann, falls sie nicht für jede einzelne Prezi deaktiviert wird.	Der Nutzer entscheidet: Er kann ausgewählten Personen die Möglichkeit geben, die Prezi zu kopieren.	Der Nutzer entscheidet: Er kann ausgewählten Personen die Möglichkeit geben, die Prezi zu kopieren.
Vorführen	online und offline	online und offline	online und offline
Logo	Das Prezi-Logo kann nicht entfernt werden.	Kein Prezi-Logo (eigenes Logo möglich)	Kein Prezi-Logo (eigenes Logo möglich)
Online- Speicher	100 MB	4 GB	Unbegrenzt
Kosten	Kostenlos	59 USD pro Jahr bzw. 10 USD monatlich (zzgl. MwSt.)	159 USD pro Jahr bzw. 20 USD monatlich (zzgl. MwSt.)
Bildbearbei- tung	Nur Grundfunktionen	Erweiterte Möglichkeiten	Erweiterte Möglichkeiten

Für alle Lizenzen gilt: **Pro Lizenz eine E-Mail-Adresse und auch nur ein Nutzer!** Die Edu-Lizenzen sind jeweils eine Stufe günstiger.

Bei den Team-Lizenzen handelt es sich um mehrere Pro-Lizenzen (eine pro Teammitglied), die zentralisiert verwaltet werden können und die zusätzliche Vorteile (wie den Zugriff auf kundenspezifische Vorlagen) bieten.

3.4 Ihr Online-Account

Sobald Sie sich das erste Mal auf der Internetseite *www.prezi.com* angemeldet haben, befinden Sie sich in Ihrem Account, der so aussieht:

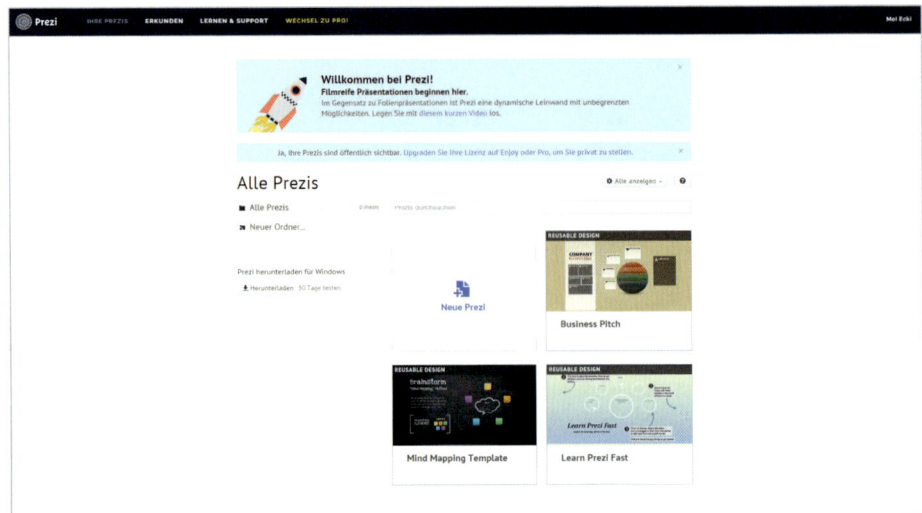

Abb. 3–10   Ihr nagelneuer Prezi-Account nach dem ersten Einloggen

Hier finden Sie künftig alle von Ihnen erstellten und mit Ihnen geteilten **Prezis im Überblick**. In der Navigation links an der Seite sehen Sie, dass Sie zudem **Ordner** anlegen können, um die Prezis besser zu sortieren.

Oben in Ihrem Account finden Sie unter anderem diese drei Links:

- *Ihre Prezis:* Wenn Sie hier klicken, kommen Sie zu der **Übersicht aller Prezis**, die sich **in Ihrem Account** befinden (entweder weil Sie sie selbst erstellt oder in Ihren Account kopiert haben oder weil andere sie mit Ihnen geteilt haben).

- *Lernen & Support:* Klicken Sie hier, kommen Sie zu einer **Wissenssammlung** von Prezi, die aus Videotutorials und weiterführenden Links besteht.

- *Erkunden:* Wenn Sie **andere Prezis anschauen und sich inspirieren lassen** möchten, klicken Sie auf *Erkunden*. Sie kommen auf die **Sammlung aller öffentlich sichtbaren Prezis**. Dort steht Ihnen dann auch eine Suchfunktion zur Verfügung.

Rechts oben führt Sie ein Klick auf Ihren **Anmeldenamen** zur Verwaltung Ihres Prezi-Kontos.

Abb. 3–11   Über einen Klick auf Ihren Anmeldenamen verwalten Sie Ihr Prezi-Konto.

Wenn Sie auf *Einstellungen & Konto* klicken, haben Sie Zugriff auf die **wichtigsten Optionen für Ihren Account**:

Hier haben Sie die Möglichkeit, Ihr Facebook- oder LinkedIn-Bild auch für Ihr Prezi-Profil zu verwenden.

Hier sehen Sie, welche Lizenz Sie haben und bis wann Ihr Abonnement läuft.

Sie können bei Prezi ein öffentliches Profil anlegen und außer Ihrem Namen noch eine kurze Beschreibung eingeben. Weiter unten legen Sie fest, ob Ihr Profil öffentlich sichtbar ist.

Legen Sie fest, worüber Prezi Sie per E-Mail informieren soll.

Stellen Sie Ihre bevorzugte Sprache ein.

Ändern Sie Ihre E-Mail-Adresse und/oder Ihr Passwort für Ihr Prezi-Konto.

Wenn Sie hier klicken, löschen Sie Ihr Prezi-Konto (mit allen Prezis darin) unwiderruflich.

Abb. 3-12   Verwalten Sie Ihr Prezi-Konto.

Sobald Sie über ein kostenpflichtiges Prezi-Konto verfügen, können Sie in diesem Bereich zusätzlich Ihre **Zahlungsmethode verwalten**, d. h. Sie sehen Ihr aktuelles Abonnement, können Rechnungen abrufen, Ihr **Abonnement per Klick kündigen** und Ihre Zahlungsmethode ändern

Wenn Sie Ihre Prezis in der Übersicht sehen, gibt es dort unmittelbar folgende Optionen, sobald Sie **mit dem Mauszeiger auf eine der Prezis** gehen:

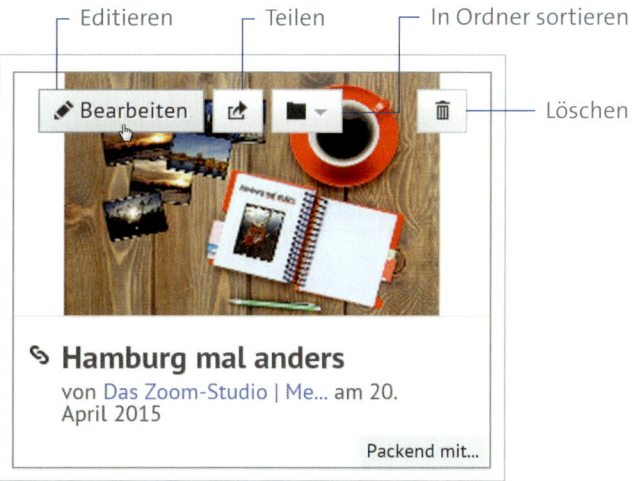

Klicken Sie einmal auf die kleine Vorschauansicht, bekommen Sie die **große Vorschauansicht mit mehr Optionen**. Verschaffen Sie sich auch darüber einen kurzen Überblick:

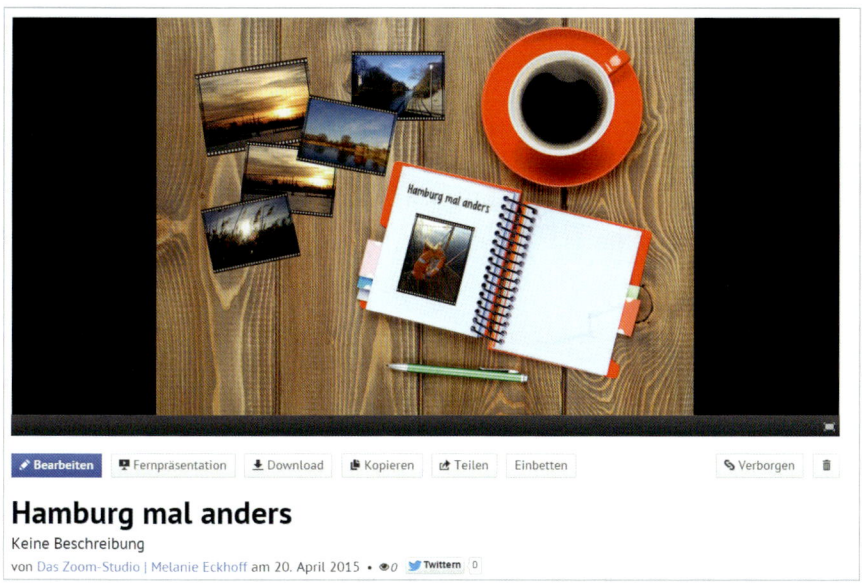

3.5 Die Prezi-Software

Wenn Sie sich bei Prezi registrieren, haben Sie die Möglichkeit, die Prezi-Software für 30 Tage kostenlos zu testen. Ansonsten steht Ihnen die Software mit jeder **Pro-Lizenz** zur Verfügung.

Sie können die Software herunterladen, indem Sie sich in Ihren **Account** einloggen. Dort finden Sie an der linken Seite einen **Link zum Herunterladen**. Dieser Link führt Sie, wenn Sie gerade auf einem PC arbeiten, zur Software für den PC, und wenn Sie mit einem Mac arbeiten, zur Mac-Version.

Wenn Sie die Datei heruntergeladen haben, können Sie sie, wie jede andere Software auch, ganz einfach installieren. Wenn Sie die Software das erste Mal starten, wird sie Ihre Prezi-Anmeldedaten abfragen, um zu überprüfen, ob Sie über eine gültige Lizenz verfügen.

Sobald Sie Ihre Daten eingegeben haben, sehen Sie folgende Oberfläche (nur dass bei Ihnen noch keine Präsentationen liegen werden bzw. lediglich ausgegraute Prezis, die in Ihrem Online-Account liegen):

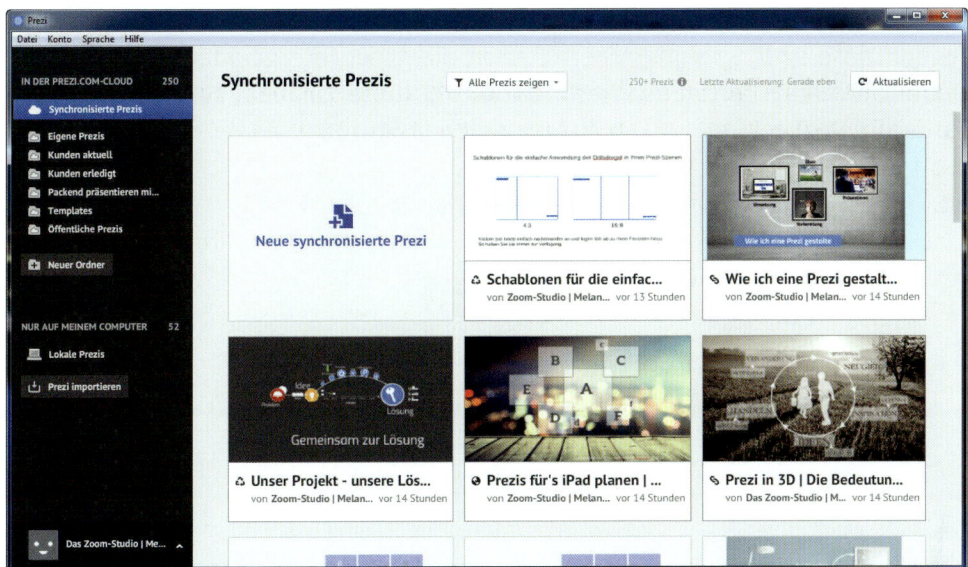

Abb. 3–13   Das Startfenster der Prezi-Software — hier finden Sie Ihre Prezis im Überblick
oder nach Ordnern (linke Seite) sortiert

Wichtig für die Verwaltung Ihrer Prezis (und das Anlegen von neuen Prezis) ist
die **Unterscheidung** auf der linken Seite zwischen den *Synchronisierten Prezis*
und den *Lokalen Prezis*:

Unter *Synchronisierte Prezis* finden Sie alle Prezis, die in Ihrem Prezi-Account liegen. Diese sind – solange Sie sie noch nicht heruntergeladen haben – ausgegraut. Um eine Prezi aus Ihrem Account herunterzuladen, gehen Sie mit der Maus auf die Prezi und klicken auf *Herunterladen*:

Abb. 3–14   Prezis aus Ihrem Account auf Ihren Rechner herunterladen

Wenn Sie *Synchronisierte Prezis* ausgewählt haben und rechts daneben auf *Neue synchronisierte Prezi* klicken, erstellen Sie eine Prezi auf Ihrem Rechner. Diese wird zusätzlich automatisch mit Ihrem Prezi-Account synchronisiert.

Möchten Sie demgegenüber **eine Prezi ausschließlich auf Ihrem Rechner anlegen** und sie nicht in Ihren Online-Account hochladen, ist es wichtig, dass Sie zuerst *Lokale Prezis* auswählen und erst dann auf *Neue Prezi* klicken!

Ihre Prezis werden grundsätzlich innerhalb der Softwarestruktur der installierten Prezi-Software gespeichert. **Zusätzlich empfehle ich Ihnen, Ihre Prezis innerhalb Ihrer eigenen Dateistruktur als bearbeitbare Datei abzuspeichern.** Um dies zu tun, gehen Sie mit der Maus auf die Prezi und klicken oben rechts auf den Pfeil nach unten. Dort wählen Sie dann *Als Prezi-Datei (.pez) exportieren*. Dateien im .pez-Format können Sie nur mit der Prezi-Software öffnen.

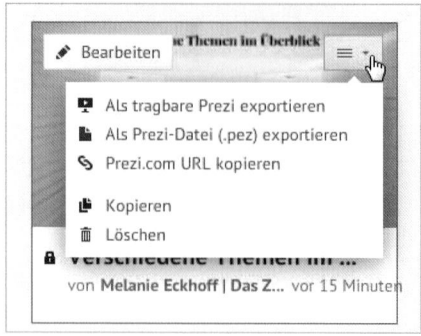

Abb. 3–15   Speichern Sie sich während der Arbeit verschiedene Versionen als bearbeitbare .pez-Dateien ab.

Die Arbeitsfläche der Prezi-Software unterscheidet sich so gut wie gar nicht von der Oberfläche einer Prezi in Ihrem Online-Account. Aus diesem Grund werde ich die Bedienung von Prezi ab Kapitel 4 mit Online-Beispielen erläutern.

3.6 Speichermöglichkeiten und Datensicherheit

Sie können Ihre Prezis an verschiedenen Orten speichern:

- in Ihrem **Online-Account**

- in der **Prezi-Software**

- als sogenannte **»tragbare Datei«** auf Ihrem Rechner oder einem anderen Speichermedium

- als **bearbeitbare .pez-Datei** auf Ihrem Rechner oder einem anderen Speichermedium (zum Editieren benötigen Sie die Prezi-Software)

Informationen zur Privatsphäre für Ihren Prezi-Account finden Sie auf der Website[3] und in dieser von Prezi erstellten Prezi: *https://prezi.com/laewf_mm2qiy/ prezi-security/*. Möchten Sie sensible Daten lieber nicht auf einen fremden Server laden, empfehle ich Ihnen, eine Pro-Lizenz zu erwerben und Ihre Präsentationen lokal mit der Prezi-Software zu erstellen.

In jedem Fall ist es sinnvoll, regelmäßig (bearbeitbare) Sicherheitskopien Ihrer Prezi auf Ihrem Rechner abzuspeichern und am besten auch beim Erstellen einer Prezi verschiedene Versionen zu speichern. Dies gilt auch, wenn Sie nicht über eine Pro-Lizenz und die entsprechende Software verfügen. So haben Sie – sollte online mal etwas schiefgehen – grundsätzlich immer noch eine editierbare Version, die Sie entweder mit der Testversion der Software oder mit einer Pro-Lizenz öffnen und wieder in Ihren Account laden können.

Um eine bearbeitbare Datei aus Ihrem Online-Account heraus zu speichern, klicken Sie in dieser Ansicht unterhalb der Prezi auf *Download*.

---

3   *https://prezi.com/privacy-policy/*

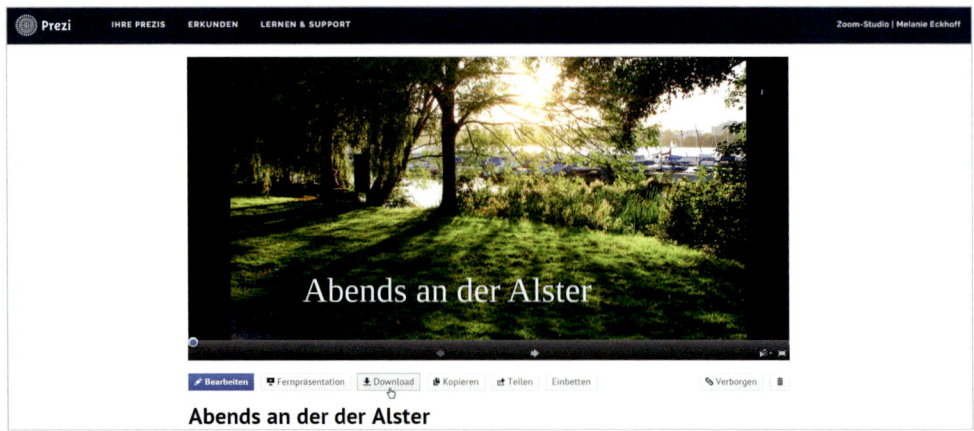

Abends an der der Alster

Abb. 3–16   Wird Ihre Prezi nur klein angezeigt, klicken Sie einmal auf das kleine Vorschau-bild und Sie erhalten die vergrößerte Vorschauansicht mit dem Menü unterhalb der Prezi.

Danach wählen Sie *Bearbeiten und präsentieren* und klicken im Anschluss wieder auf *Download*.

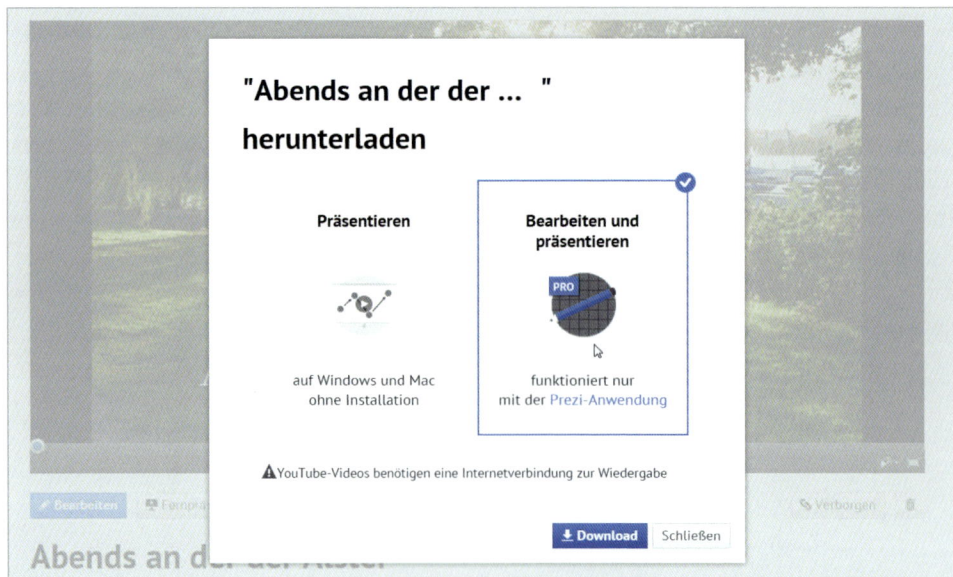

Abb. 3–17   Prezi lädt jetzt eine bearbeitbare .pez-Datei herunter. Diese lässt sich nur mit der Prezi-Software öffnen.

Auch aus Ihrer Prezi-Software heraus können Sie eine bearbeitbare .pez-Datei speichern. Dazu müssen Sie lediglich in der Vorschauansicht das Drop-Down-Menü (oben rechts) aktivieren und dann *Als Prezi-Datei (.pez) exportieren* wählen:

Abb. 3–18   Es öffnet sich die Dateistruktur Ihres Rechners und Sie können die Prezi abspeichern.

4 Grundlagen der Bearbeitung: So bringen Sie Ihre Inhalte auf die Prezi-Leinwand

4.1 Überblick und Begriffsklärung

Wie bereits kurz umrissen, erstellen Sie eine Prezi in **drei Schritten**:

1. **Sie planen Ihre Geschichte** (Kernaussage, Struktur und Layoutidee).
2. **Sie bringen die Inhalte** (Texte, Bilder, Grafiken, Videos etc.) **auf die Leinwand.**
3. **Sie legen die Kamerafahrt** (den »Pfad«) **an.**

Die wichtigsten Hilfsmittel für das Erstellen einer Prezi, neben Ihrem Rechner, sind:

- eine Maus mit Mausrad, damit Sie sich möglichst gut auf der Leinwand zurechtfinden
- Stifte und Haftnotizzettel, um Ihre Prezi möglichst effizient zu planen

Damit Sie in der nun folgenden Beschreibung der Bedienung von Prezi nicht die Orientierung verlieren, hier ein Überblick über die **wichtigsten Begriffe**:

- **Leinwand**: Das ist das große Prezi-Whiteboard, auf dem Sie alle Inhalte einfügen werden.
- **Bearbeitungsmodus**: der Hauptmodus für die Erstellung Ihrer Prezi; er ist durch die Hilfslinien und Menüs zur Bearbeitung gekennzeichnet.

- **Vorführmodus**: Dies ist der Modus, in dem eine Prezi vorgeführt wird – ohne störende Menüs und Hilfslinien.

- **Objekt**: Dieser Begriff wird als Sammelbegriff für alle Elemente auf der Prezi-Leinwand verwendet; dazu gehören Texte, Grafiken, Bilder, Rahmen, Links, Videos etc.

- **Rahmen**: Rahmen sind besondere Objekte auf Ihrer Prezi-Leinwand. Sie dienen dazu, Inhalte zu strukturieren und – in Form der unsichtbaren Rahmen – die Kamerafahrt zu steuern.

- **Pfad**: Als Pfad wird die von Ihnen geplante und auf der Leinwand angelegte Kamerafahrt für Ihre Prezi bezeichnet.

- **Pfadpunkt oder Stopp**: Das ist ein einzelner Halt auf Ihrer Kamerafahrt.

- **Pfadmodus**: Der Pfadmodus ist ein Sonderfall des Bearbeitungsmodus; Sie müssen ihn aktivieren, um eine Kamerafahrt anzulegen oder zu ändern.

Die nun folgende Anleitung zur Bedienung von Prezi bezieht sich auf die **Erstellung einer Prezi im Online-Account.**

Wenn Sie am Computer recht fit sind, haben Sie möglicherweise keine Lust, die folgende Bedienungsanleitung vollständig zu lesen. Für den schnellen Einstieg in Prezi empfehle ich Ihnen die eingebauten **Quickstarts** in den Abschnitten 4.2 und 4.4.

Zum schnellen Querlesen des Bedienteils finden Sie zu jedem Aspekt der Bedienung eine Mini-Zusammenfassung zu Beginn der einzelnen Abschnitte.

4.2 Quickstart: Bauen Sie eine erste Prezi nach

Wenn Sie **Prezi direkt und ohne lange Vorrede ausprobieren** möchten, um ein Gefühl für die Arbeit damit zu bekommen, sind Sie in diesem Abschnitt richtig. Setzen Sie sich an Ihren Rechner, und bauen Sie mithilfe der folgenden Anleitung eine erste Prezi in Ihrem Prezi-Account.

Geht Ihnen das jetzt doch zu schnell und möchten Sie erst einmal eine langsame Einführung? Dann überspringen Sie diesen Abschnitt und lesen Sie in Abschnitt 4.3 weiter. Eine Quickstart-Übung können Sie jederzeit nachholen.

Das Ziel dieses Quickstarts ist es, dass Sie am Ende folgende Prezi erstellt haben, die Sie sich auch auf *www.zoom-studio.de/packend-praesentieren-mit-prezi* in Aktion anschauen können:

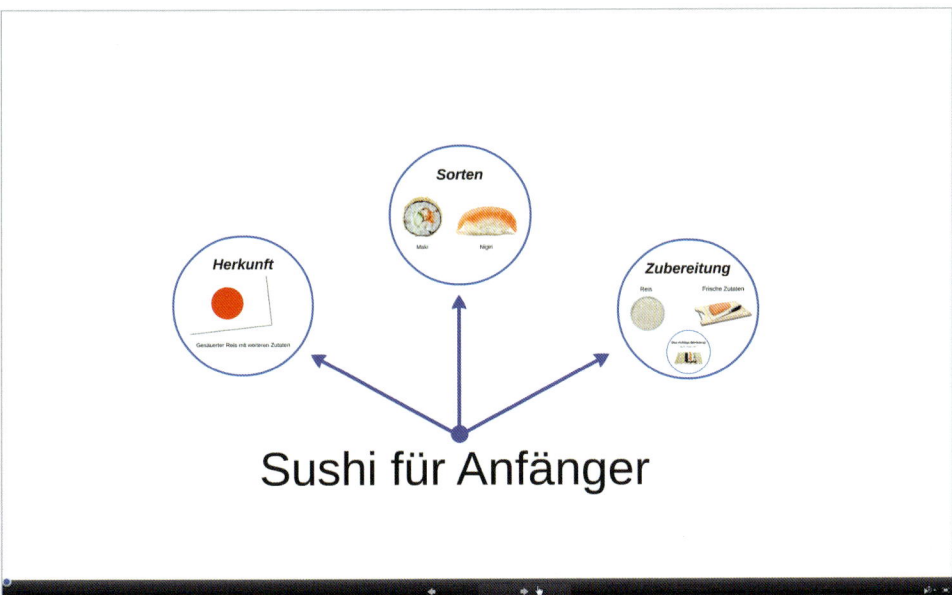

Für das Nachbauen der Prezi benötigen Sie als Einsteiger schätzungsweise 30 Minuten und ein paar Sushi-Bilder[1]. Selbstverständlich können Sie diese Anleitung auch für ein anderes Thema nutzen und stattdessen Ihre Texte und Ihre dazu passenden Bilder verwenden.

1. **Neue Prezi anlegen**: Loggen Sie sich auf *Prezi.com* in Ihren Prezi-Account ein, und klicken Sie auf *Neue Prezi*.

---

1   Hier die Nummern der von mir verwendeten Bilder, für die ich Lizenzen bei Fotolia erworben habe: 66891671, 39190040, 37007613, 29964110, 40732500. Das Bild der japanischen Flagge können Sie entweder in einem Grafikprogramm oder sogar in PowerPoint ganz einfach selbst bauen (und von dort aus mit einem Rechtsklick als .png- oder .jpg-Datei abspeichern).

2. Bei der sich öffnenden *Vorlagenauswahl* klicken Sie danach unten rechts auf *Mit leerer Prezi starten*.

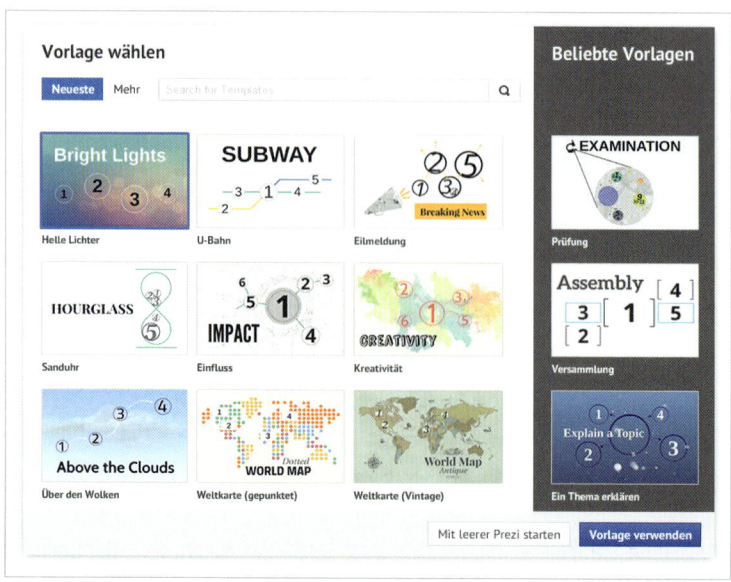

3. **Den blauen Kreis löschen**: Zoomen Sie ein wenig aus der sich öffnenden Leinwand hinaus, indem Sie Ihren Mauszeiger in den weißen, mit Hilfslinien versehenen Bereich (die Leinwand) bewegen und das Mausrad drehen:

Klicken Sie einmal mit der linken Maustaste auf den blauen Kreis und danach in dem grauen Menü (über dem Kreis) auf *Löschen* (oder drücken Sie die Taste `Entf` auf Ihrer Tastatur).

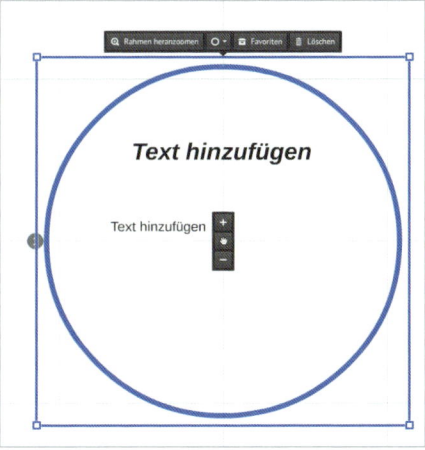

4. **Grundstruktur der Präsentation anlegen**: Unsere Prezi besteht aus einem Titel (»Sushi für Anfänger«) und drei Kapiteln (»Herkunft«, »Sorten«, »Zubereitung«), die beim Vorführen nacheinander angefahren werden. Um die Prezi anzulegen, tun Sie jetzt Folgendes:

- **Titel einfügen**: Klicken Sie mit der linken Maustaste einmal auf die Leinwand. Nun öffnet sich ein **Textfeld**, und Sie können den Titel »Sushi für Anfänger« eintippen.

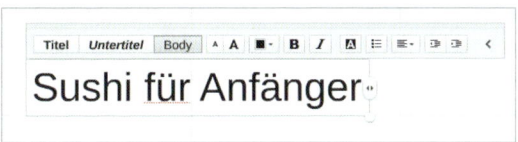

- **Rahmen für Kapitel einfügen**: Klicken Sie oben in der Mitte auf den Menüpunkt *Einfügen* und danach im sich öffnenden Menü auf *Rahmen-Entwürfe*.

An der rechten Seite des Prezi-Fensters öffnet sich jetzt eine **Auswahl von sogenannten Rahmen-Entwürfen**. Dabei handelt es sich um Rahmen (rund oder eckig), die mit Platzhaltern für Texte und Bilder versehen sind.

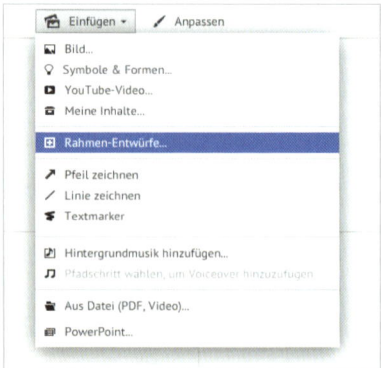

Klicken Sie bei den runden Rahmen-Entwürfen auf den 4. Rahmen-Entwurf von oben (bestehend aus Text, Bild und Textbox). **Halten Sie die linke Maustaste gedrückt, ziehen Sie den Rahmen-Entwurf auf die gewünschte Stelle auf der Leinwand**, und lassen Sie die Maustaste dort los.[2]

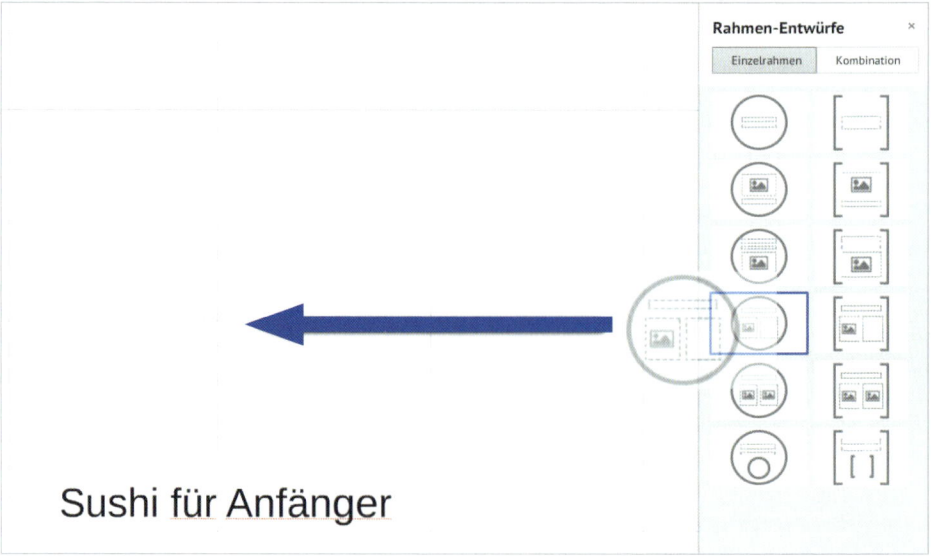

Sie werden dann sehen, dass Prezi ein Bild Ihres Rahmes als eine **Miniaturansicht an der linken Seite** Ihres Prezi-Fensters anzeigt. Dort sehen Sie bei Prezi stets eine **Vorschau auf Ihre spätere Kamerafahrt**. Das bedeutet, dass die Rahmen-Entwürfe von Prezi automatisch mit einem Pfadstopp versehen werden.[3]

---

2 Alternativ können Sie auch einen Doppelklick auf den Rahmen-Entwurf machen, dann fügt Prezi das Ganze automatisch auf der Leinwand ein.

3 Diese Kamerafahrt kann später jederzeit geändert werden. Damit wir jetzt möglichst schnell eine einfache Prezi erstellen können, verzichten wir in diesem Quickstart weitgehend auf zunächst unnötige Anpassungen.

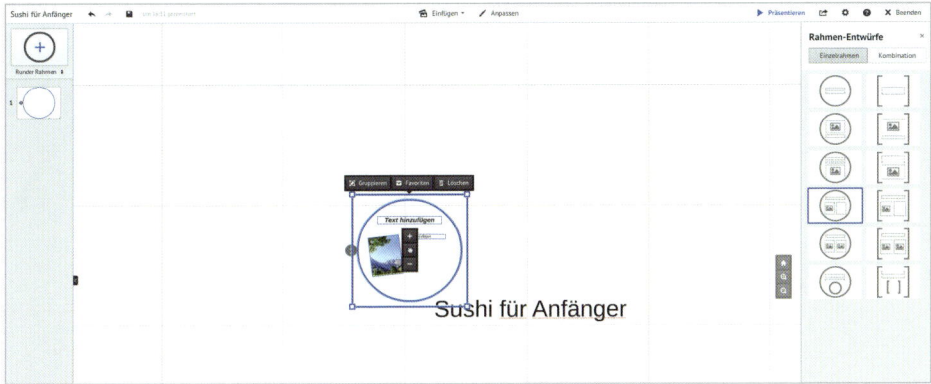

Wiederholen Sie den letzten Schritt mit dem vorletzten und letzten runden Rahmen-Entwurf. Ihre Prezi sollte danach so aussehen:

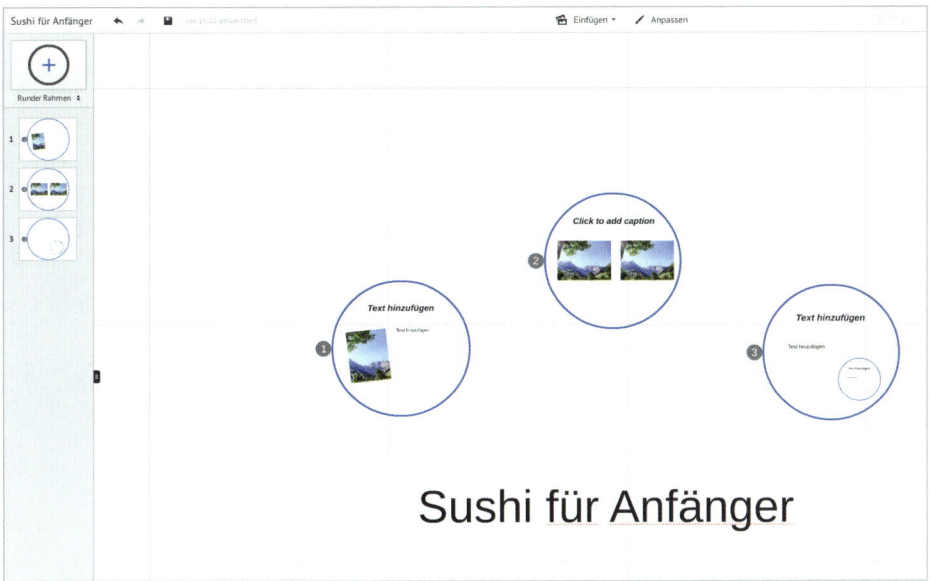

Schließen Sie das Feld mit den Rahmen-Entwürfen oben rechts mit einem Klick auf das »x« (nicht »x Beenden«, das würde die Prezi schließen!).

5. **Inhalte in das erste Kapitel einfügen**: Klicken Sie auf die erste Vorschauansicht links oben in Ihrer Prezi. So bringt Prezi Sie direkt zu Ihrem ersten Kapitel:

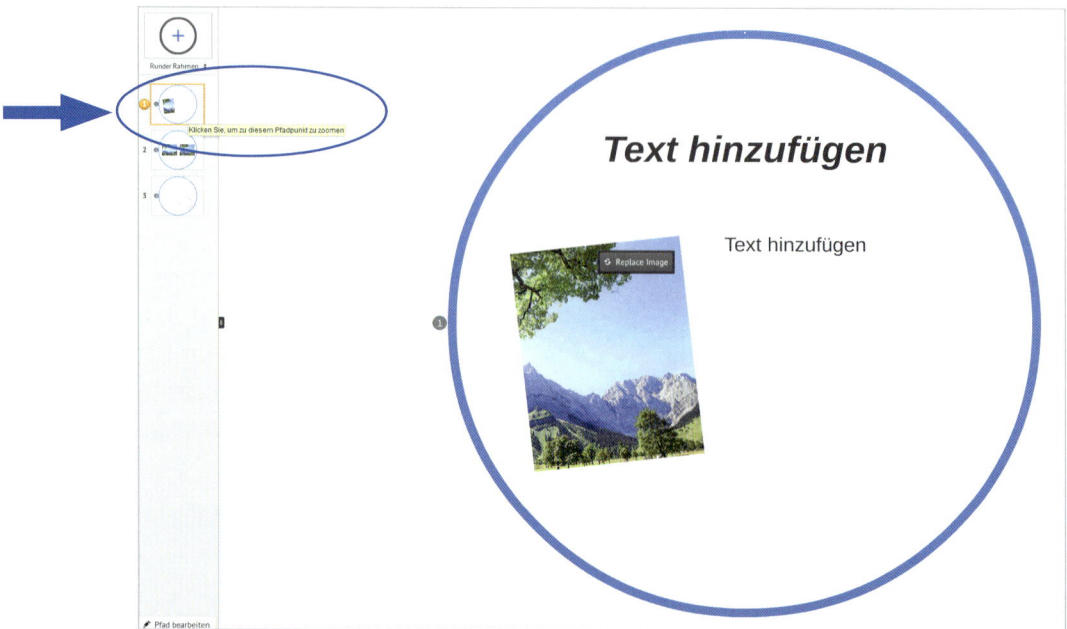

Klicken Sie mit der linken Maustaste auf das große **Textfeld** *Text hinzufügen*, und geben Sie die **Kapitelüberschrift** »Herkunft« ein. Klicken Sie danach auf dem Bild-Platzhalter auf *Replace Image* und danach in dem Fenster, das sich an der rechten Seite öffnet, oben auf *Datei auswählen*, um eine eigene Datei von Ihrem Computer zu benutzen. Verwenden können Sie die Dateiformate .jpg, .png oder .gif.[4]

---

4   Nicht »animated GIF«.

Alternativ können Sie **zu Übungszwecken auch die Websuche nutzen**. Bedenken Sie allerdings, dass Sie dabei nicht sicher sein können, ob Sie diese Bilder überhaupt benutzen dürfen. Grundsätzlich gilt: Finger weg von fremden Bildern. Um ein Bild nutzen zu dürfen, benötigen Sie das schriftliche Einverständnis des Rechteinhabers – eine Bildlizenz. **Machen Sie daher eine Prezi, in der Sie dennoch Bilder unbekannter Herkunft »mal eben aus dem Netz kopiert haben« auf keinen Fall anderen (erst recht nicht online) zugänglich!**

Wenn Sie ein Bild ausgewählt haben, kann es sein, dass dieses in einem **beschnittenen Zustand** auf der Leinwand eingefügt wurde. Das liegt daran, dass Prezi sich beim Ersetzen eines Bildes immer an der Platzierung und dem Zuschnitt des ursprünglichen Bildes orientiert. Um das Bild für Sie passend zuzuschneiden, klicken Sie oberhalb des Bildes auf *Bild zuschneiden*.[5]

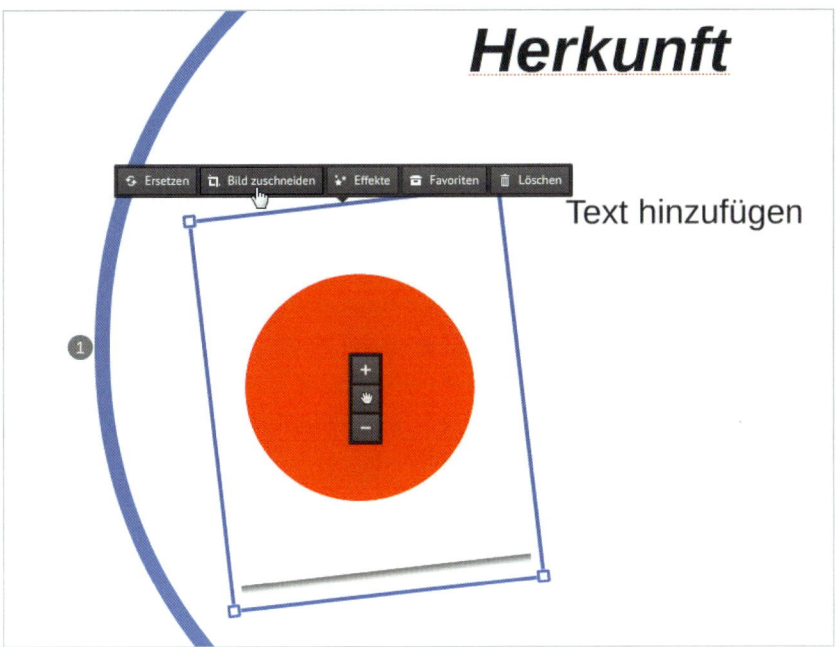

Jetzt können Sie die nun **eingeblendeten Ecken des Bildausschnittes verschieben**, bis der Ausschnitt für Sie passt.

---

5   Sollte das graue Menü für Sie nicht sichtbar sein, haben Sie möglicherweise zwischenzeitlich mit der Maus auf eine andere Stelle auf der Leinwand geklickt. Klicken Sie einmal mit der linken Maustaste auf das Bild, das Sie zuschneiden möchten, und das Menü wird Ihnen wieder angezeigt.

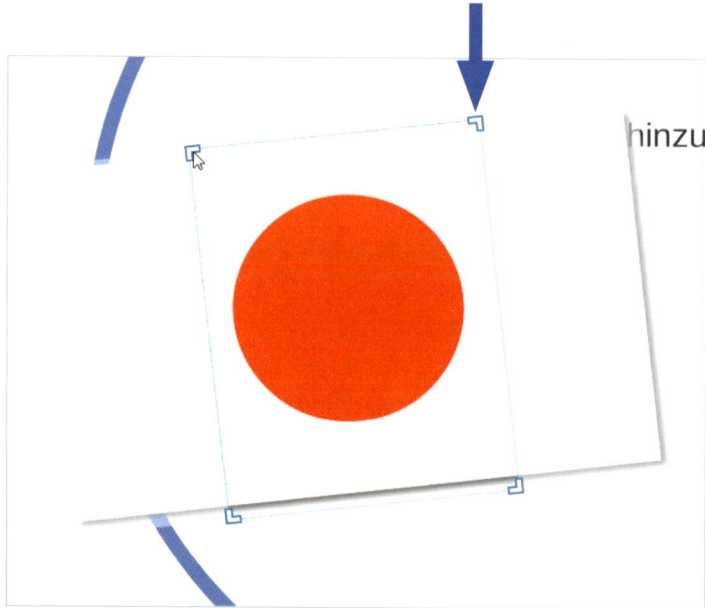

Wenn Sie fertig sind, klicken Sie mit der linken Maustaste auf eine andere, freie Stelle der Leinwand. Wollen Sie das Bild noch verschieben, klicken Sie es mit der linken Maustaste an, halten Sie diese gedrückt und bewegen Sie die Maus.

Auf dieselbe Weise können Sie alle Elemente auf der Leinwand (also auch Textbausteine) verschieben.

Geben Sie jetzt noch einen kurzen Text in das zweite Platzhalterfeld *Text einfügen* ein. Wenn Sie einen Text größer oder kleiner machen oder die Breite des Textfeldes ändern möchten, editieren Sie ihn mit einem Doppelklick auf den Text:

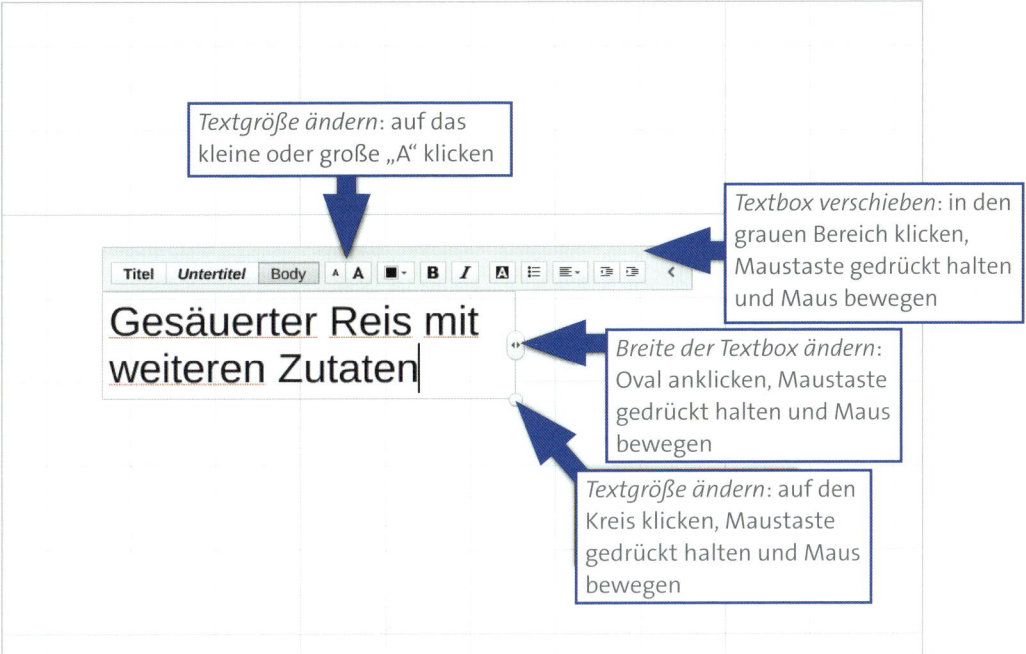

Anschließend sollte Ihr erstes Kapitel so aussehen:

6. **Inhalte in das zweite Kapitel einfügen**: Klicken Sie jetzt links auf die **Vorschau-ansicht Ihres zweiten Kapitels**, damit Prezi Sie direkt dort hinbringt. Jetzt können Sie im zweiten Kapitel wie vorher beschrieben Ihre Kapitelüberschrift einfügen und die Bilderplatzhalter austauschen.[6] Möchten Sie noch zusätzlichen Text unter den Bildern ergänzen, klicken Sie mit der linken Maustaste auf die freie Leinwand, und es öffnet sich ein Textfeld. Wenn Sie die Bilder verkleinern, vergrößern oder verschieben möchten, klicken Sie einmal auf das Bild und nutzen das sogenannte *Transformationswerkzeug*:

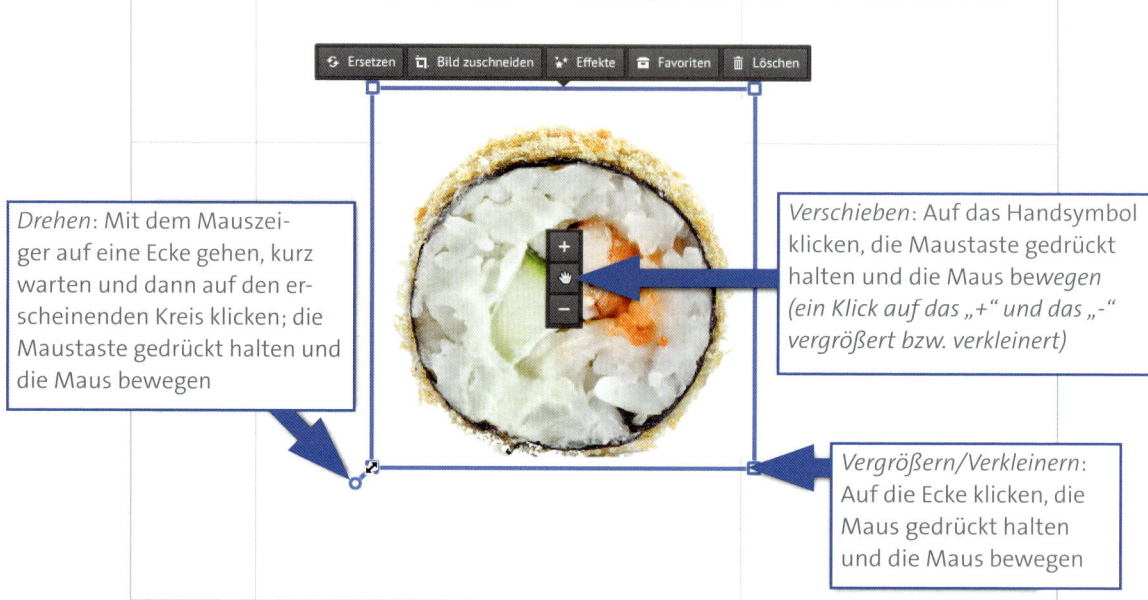

Drehen: Mit dem Mauszeiger auf eine Ecke gehen, kurz warten und dann auf den erscheinenden Kreis klicken; die Maustaste gedrückt halten und die Maus bewegen

Verschieben: Auf das Handsymbol klicken, die Maustaste gedrückt halten und die Maus be*wegen* (ein Klick auf das „+" und das „-" vergrößert bzw. verkleinert)

Vergrößern/Verkleinern: Auf die Ecke klicken, die Maus gedrückt halten und die Maus bewegen

---

6 Wundern Sie sich bitte nicht, wenn Sie jetzt plötzlich dort *Click to add caption* stehen haben – es handelt sich noch um kleinere Unvollständigkeiten bei der deutschen Übersetzung von Prezi, die allerdings die Funktionalität in keiner Weise beeinträchtigen.

Am Ende sollte Ihr zweites Kapitel so aussehen:

7. **Erstellen des letzten Kapitels**: Klicken Sie wieder links auf die Vorschauansicht Ihres dritten und letzten Kapitels, damit Prezi Sie direkt dort hinbringt. Ändern Sie die Texte genauso, wie Sie es in den vorangegangenen Schritten bereits getan haben.

   Wenn Sie **zusätzliche Bilder einfügen** möchten (Platzhalter dafür gibt es ja in diesem Kapitel nicht), klicken Sie oben in der Mitte auf den Menüpunkt *Einfügen* und wählen *Bild*. Rechts an der Seite haben Sie jetzt wieder die Auswahl, ob Sie ein Bild von Ihrem Computer oder aus dem Internet einfügen möchten.

Unser letztes Kapitel hat als Besonderheit eine Art **Unterkapitel** (den kleineren blauen Kreis). Sie können entweder mithilfe des **Mausrades** durch Heranzoomen dorthin navigieren, oder Sie klicken auf den Kreisrand und wählen in dem grauen Menü, das sich jetzt öffnet, *Rahmen heranzoomen*:

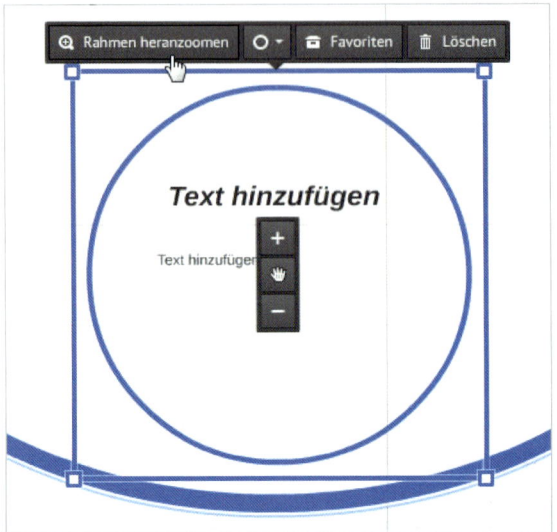

Mithilfe des Mausrades können Sie auch wieder auf das ganze Kapitel herauszoomen, oder Sie klicken wieder auf die Vorschauansicht an der linken Seite. Am Ende sollte Ihr Kapitel so aussehen:

8. **Pfeile und Kreis einfügen**: Um einen Pfeil in die Prezi einzufügen, klicken Sie jetzt auf *Einfügen* und dann auf *Pfeil zeichnen*.

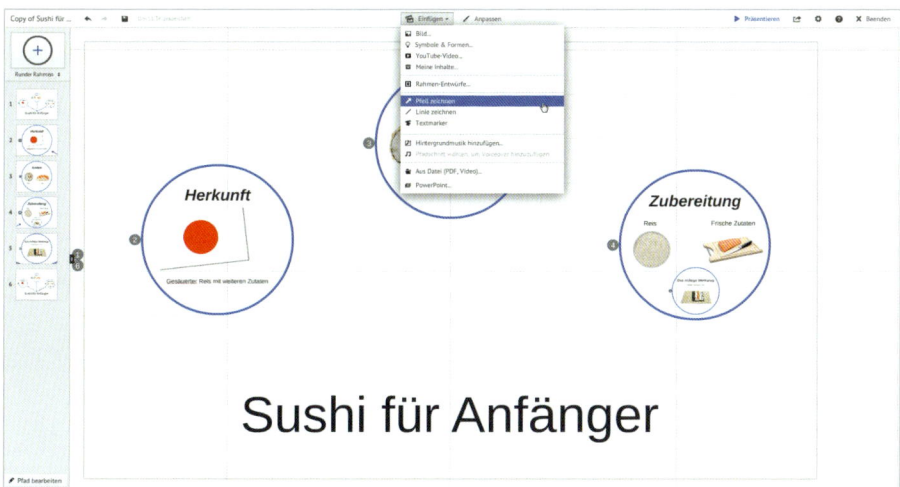

Danach klicken Sie mit der Maus dort auf die Leinwand, wo Ihr Pfeil beginnen soll, und ziehen die Maus bei gedrückter linker Maustaste bis zu dem Punkt, wo der Pfeil enden soll. Dann lassen Sie die Maustaste los.

Um die Anfangs- oder Endposition des Pfeils zu verändern, klicken Sie einmal auf den Pfeil. Jetzt können Sie die kleinen Quadrate anklicken und verschieben:

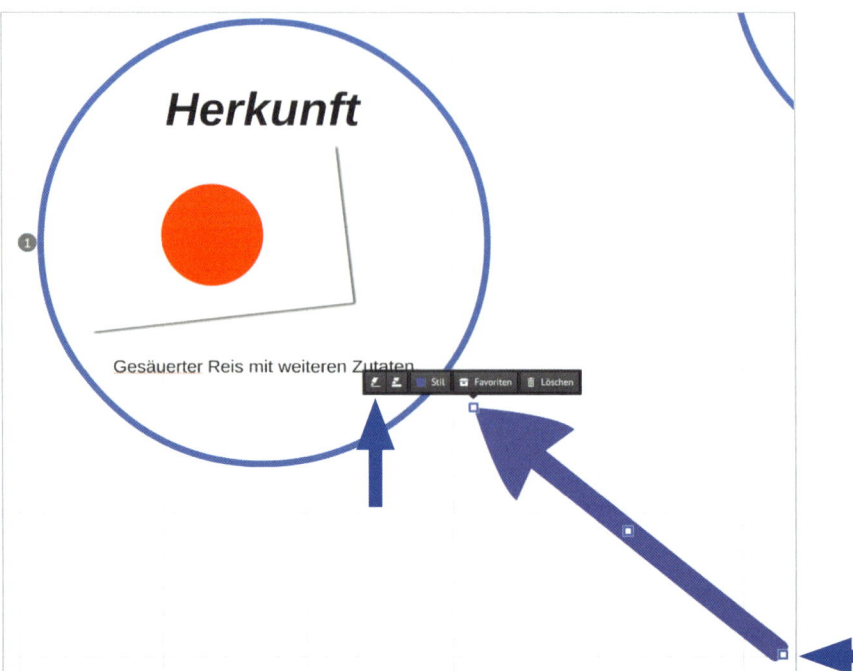

Wenn Sie den **Pfeil dicker oder dünner** gestalten möchten, klicken Sie auf den dünnen oder dicken Stift im grauen Menü.

Für die **weiteren beiden Pfeile** klicken Sie wieder auf *Einfügen* und dann auf *Pfeil zeichnen* und wiederholen die ganze Prozedur.[7]

---

7 Alternativ klicken Sie auf den ersten Pfeil und duplizieren diesen zweimal mit der Tastenkombination Strg + D (oder Strg + C und dann Strg + V).

Um dann noch den **Kreis einzufügen**, der die Enden der Pfeile verdeckt, klicken Sie auf *Einfügen* und dann auf *Symbole und Formen*.

Es öffnet sich **rechts an der Seite ein Auswahlbereich**. Wenn Sie unten rechts auf *Formen* klicken, gelangen Sie zu den Standardformen in Prezi.

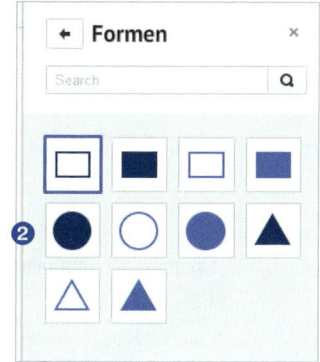

Klicken Sie auf einen der Kreise, und **ziehen Sie ihn mit gedrückter linker Maustaste auf die Leinwand**. Um die Farbe des Kreises zu verändern, klicken Sie auf den Kreis und dann im grauen Menü auf *Stil*.

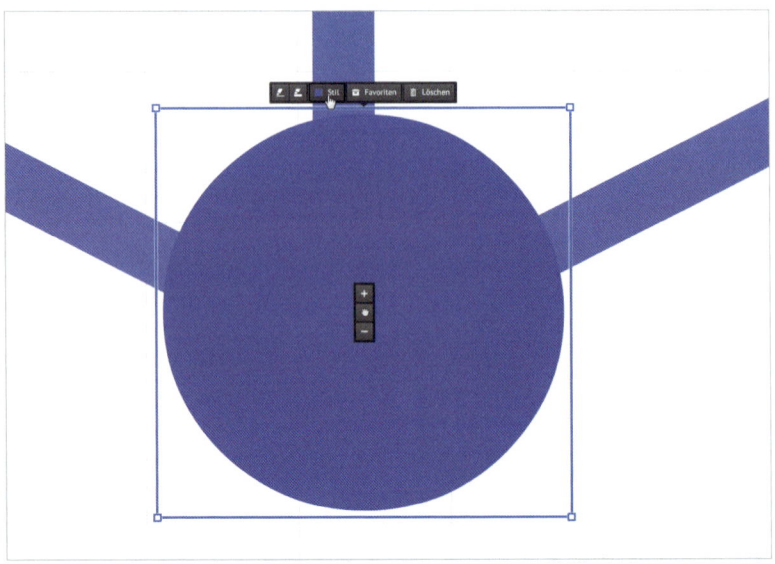

So bekommen Sie eine Auswahl von fünf Farben.

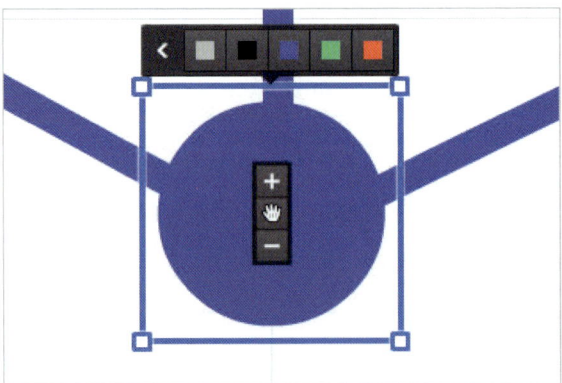

Wählen Sie dasselbe Blau wie für Ihre Pfeile.

9. **Kamerafahrt im letzten Kapitel ergänzen**: Was Ihnen jetzt noch fehlt, ist eine **Kamerafahrt im Kapitel »Zubereitung« zu dem Unterpunkt »Das richtige Werkzeug«**. Um diese anzulegen, klicken Sie links unten in Ihrem Prezi-Fenster auf *Pfad bearbeiten*.

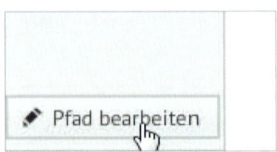

Jetzt haben Sie den sog. **Pfadmodus** aktiviert. Sie erkennen ihn an den blauen Kreisen mit Zahlen darin, die durch dünne Linien miteinander verbunden sind, und an dem dunklen Balken oben in Ihrem Prezi-Fenster.

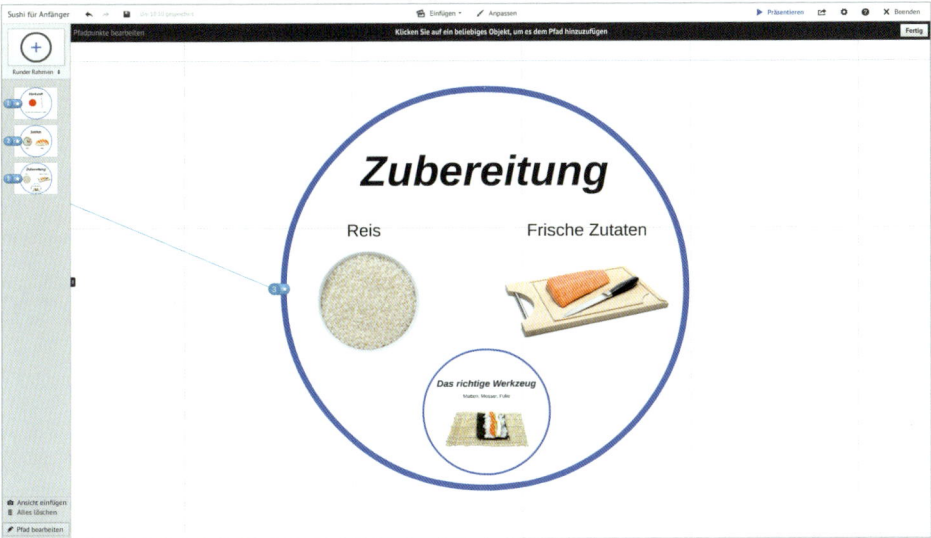

Klicken Sie jetzt auf den kleinen blauen Kreis, und Prezi wird ihn als zusätzlichen Stopp auf Ihrer Kamerafahrt ergänzen und eine entsprechende Vorschauansicht anlegen:

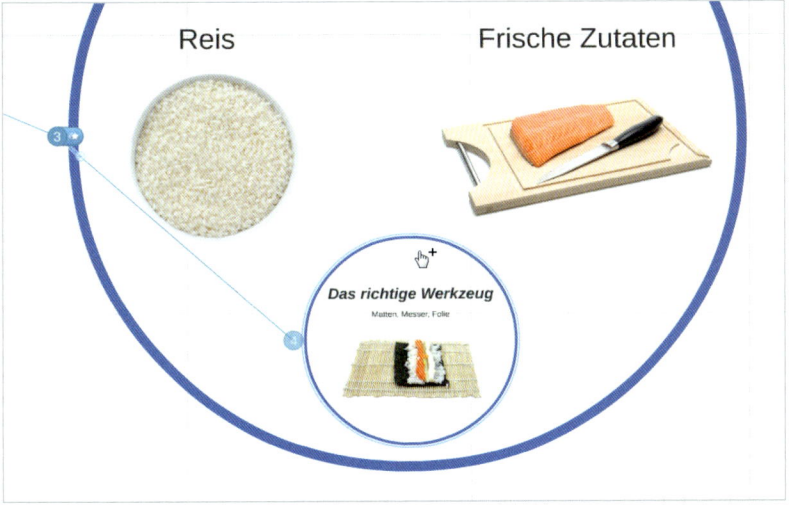

Um den Pfadmodus wieder zu verlassen, können Sie jetzt entweder die ⎡Esc⎤-**Taste** drücken oder rechts oben in dem dunklen Balken auf *Fertig* klicken. Um möglichst einfach Ihre Prezi insgesamt anzuschauen, gehen Sie mit dem Mauszeiger ganz an den rechten Rand des Prezi-Fensters. Dort wird jetzt unter anderem ein **Haussymbol** angezeigt. Wenn Sie dieses anklicken, kommen Sie in die Gesamtansicht. Ihre Prezi sollte jetzt so aussehen:

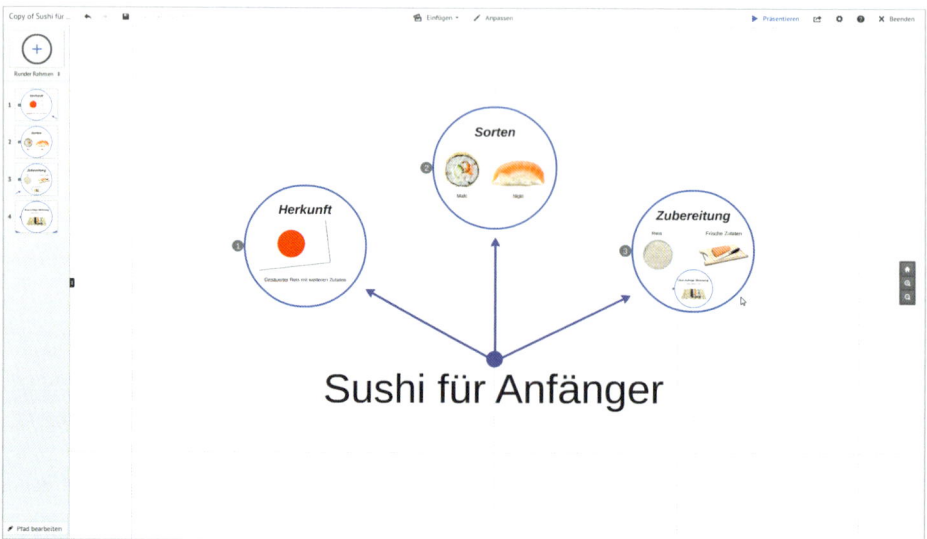

10. **Einfügen einer Gesamtansicht zu Beginn und am Ende der Prezi**: Jetzt wollen Sie noch erreichen, dass Sie bei der Präsentation am Anfang und am Ende einmal die Gesamtansicht (Titel + drei Kapitel) sehen. Das geht am einfachsten, indem Sie auf *Pfad bearbeiten* (unten links) klicken und danach ein Stückchen darüber *Ansicht einfügen* wählen.

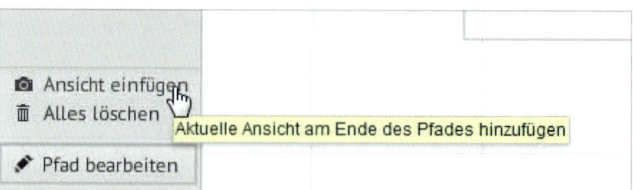

Jetzt macht Prezi mithilfe eines sogenannten **unsichtbaren Rahmens** einen **weiteren Kamerastopp** und fügt diesen am Ende der Kamerafahrt ein. Das Ganze sieht jetzt so aus:

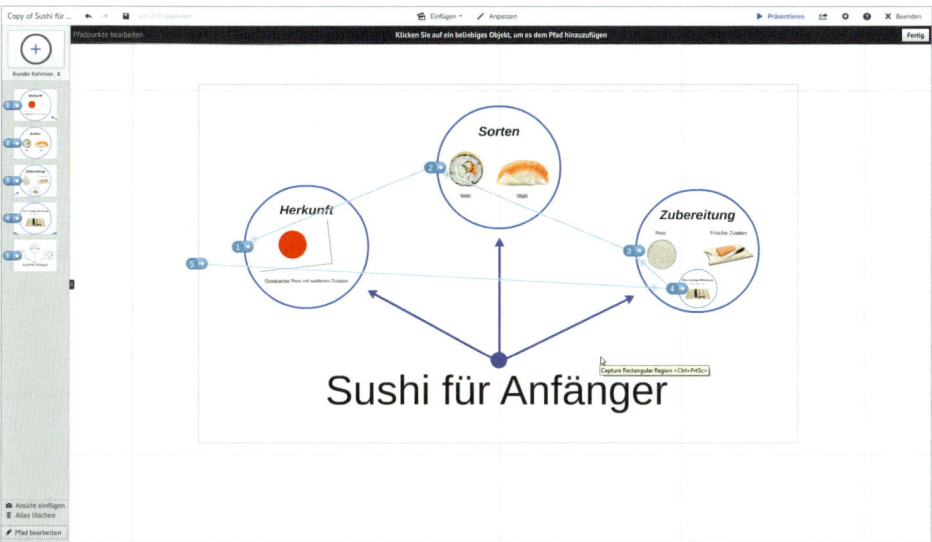

Wenn Sie die Gesamtansicht am Anfang zeigen möchten, können Sie jetzt auf das **kleine Vorschaubild Nummer fünf klicken, die Maustaste gedrückt halten und es auf die erste Position schieben.** Prezi passt dann die Kamera-fahrt an:

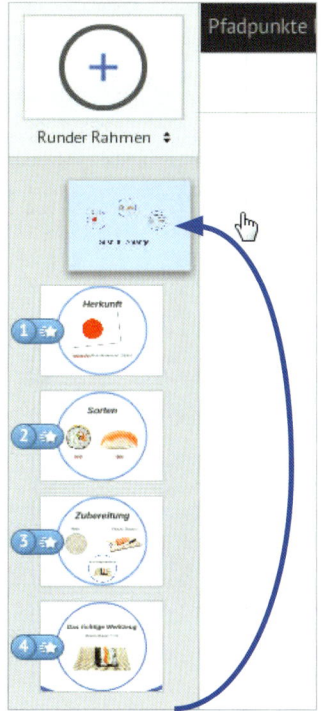

Wenn Sie nun auf der Leinwand (nicht in der Vorschauansicht links) **auf den unsichtbaren Rahmen (mit der Nummer 1) klicken**, fügt Prezi der Kamerafahrt einen weiteren Stopp hinzu.

Prezi zeigt die Gesamtansicht auch noch einmal am Ende Ihrer Präsentation:

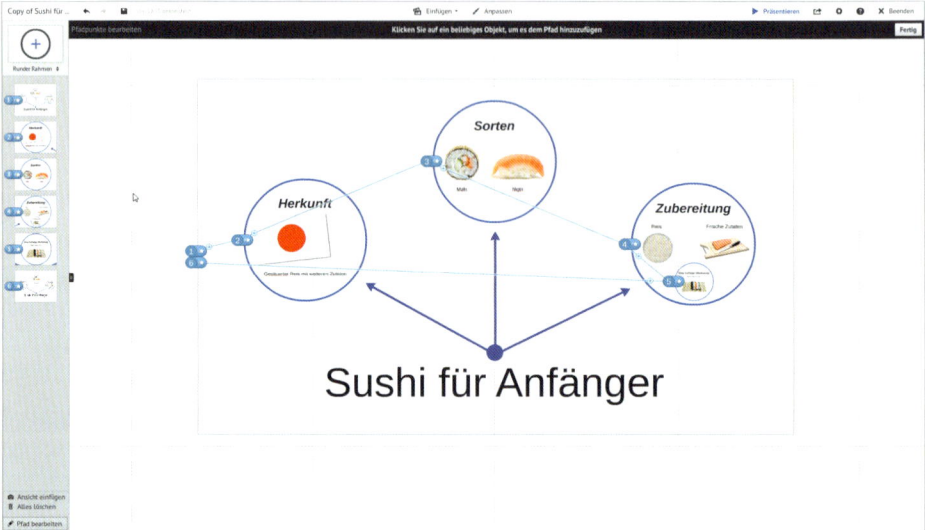

Drücken Sie jetzt `Esc` oder klicken Sie oben rechts auf *Fertig*, um den Pfadmodus zu verlassen. **Ihre Prezi ist fertig!**

11. **Prezi vorführen**: Zum Vorführen klicken Sie oben rechts auf *Präsentieren*. Prezi wird in den Vorführmodus wechseln. Dort können Sie entweder mit den **Pfeiltasten nach rechts und links auf Ihrer Tastatur** oder durch **Klicken auf die Pfeile unten** navigieren:

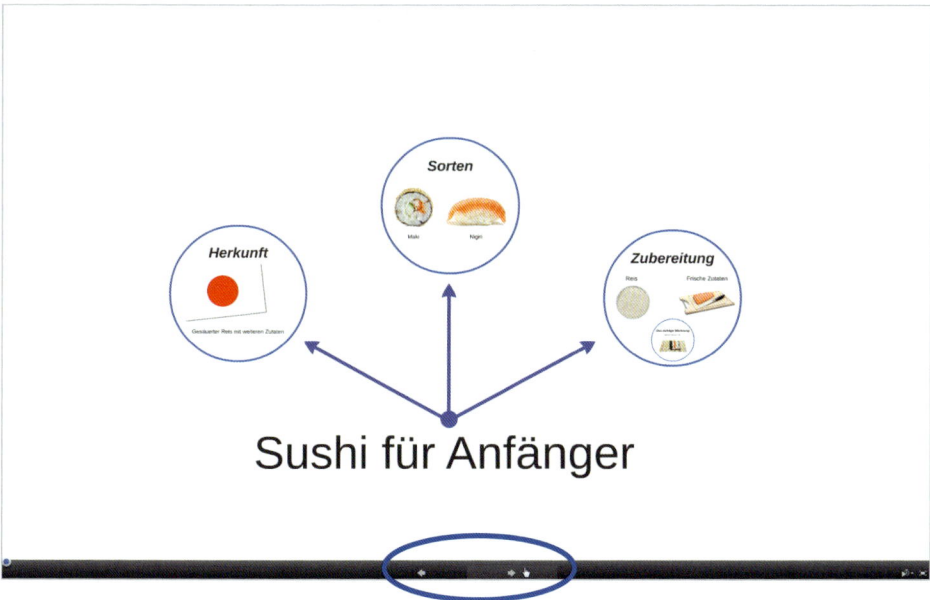

Wenn Sie den Vorführmodus wieder verlassen möchten, drücken Sie `Esc`. Dadurch gelangen Sie in den Bearbeitungsmodus zurück.

Um die **Prezi ganz zu schließen**, klicken Sie links oben in der Ecke auf *Beenden*. Die Prezi wird erst **gespeichert und dann geschlossen**. Sie landen wieder in der Account-Ansicht, von der Sie die Prezi erneut öffnen, bearbeiten oder vorführen können:

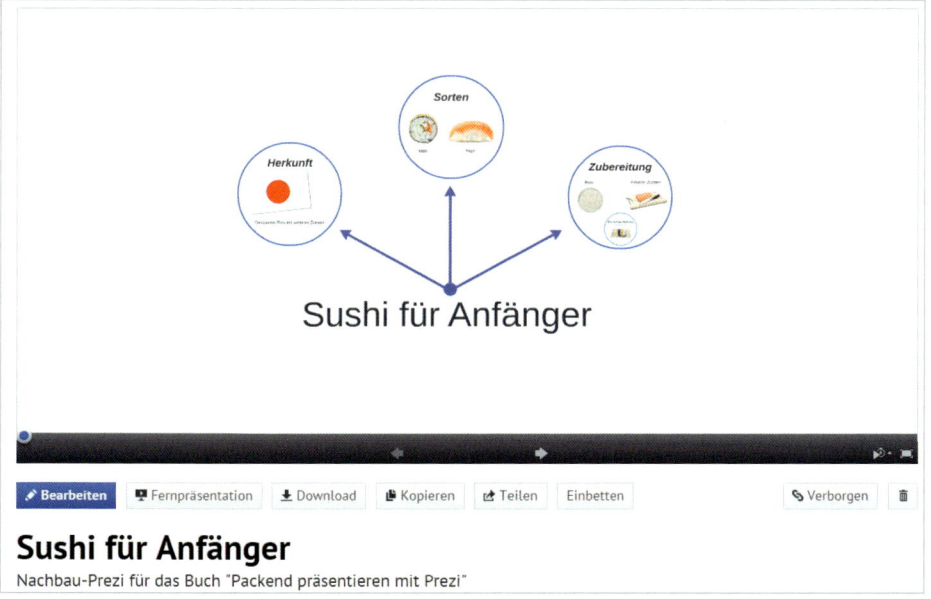

Herzlichen Glückwunsch, Sie haben Ihre erste Prezi gebaut und wissen sogar schon, wie Sie diese vorführen können. Auch wenn Sie sich beim Nachbauen sicher an der ein oder anderen Stelle gefragt haben, wieso Sie bestimmte Schritte machen oder wie Sie z. B. andere Schriftarten oder Farben einstellen, sollten Sie bereits einen **allerersten Eindruck von der Arbeit mit Prezi** bekommen haben.

Ab jetzt gehen Sie schrittweise vor, damit Sie am Ende keine Anleitung mehr brauchen, sondern Ihre Prezi nach Ihren Vorstellungen planen, gestalten und zeigen können.

4.3 Vorlagenauswahl

Sie erstellen eine Prezi, indem Sie in Ihrem Account auf *Neue Prezi* klicken. Danach bekommen Sie als Erstes einen Überblick über die Vorlagenauswahl:

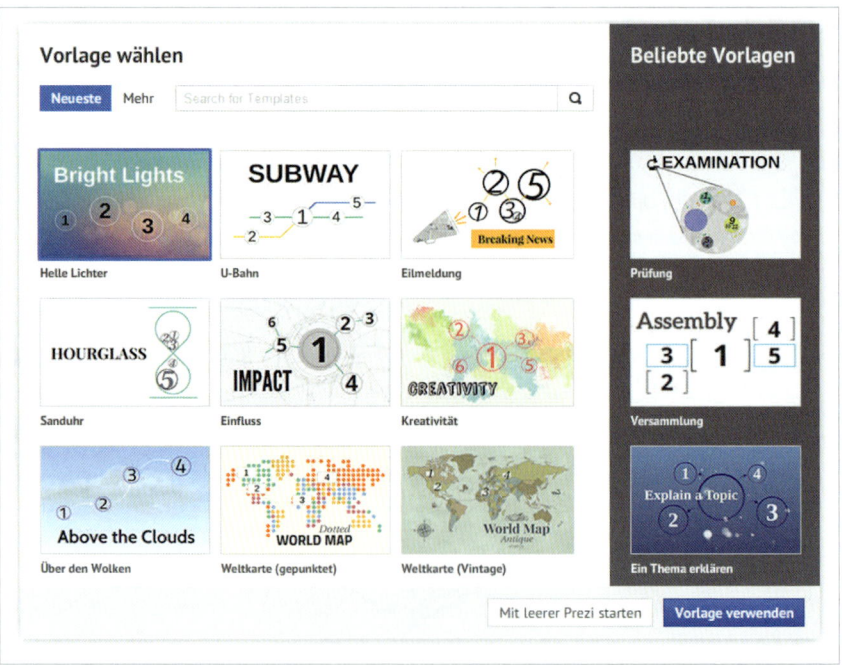

Abb. 4–1   Prezi-Vorlagen als Inspiration und für den schnellen Einstieg in neue Prezis

Vorlagen können Ihren als **Inspiration** für die Gestaltung Ihrer Prezi dienen. Außerdem können Sie mit ihnen **schnell und einfach eine Prezi erstellen**. Vorlagen können nach Bedarf von Ihnen **ergänzt und angepasst** werden.

4.4   Quickstart: Eine Prezi mithilfe einer Vorlage erstellen

Mit dieser Kurzanleitung lernen Sie, wie Sie eine Prezi einfach und schnell mit einer Vorlage erstellen. Legen wir los:

1. Starten Sie eine *Neue Prezi*.

2. Wählen Sie eine Vorlage, z. B. die Vorlage *Neuland* (Sie finden sie, wenn Sie bei den Vorlagen auf *Mehr* klicken),[8] und klicken Sie auf *Vorlage verwenden*.

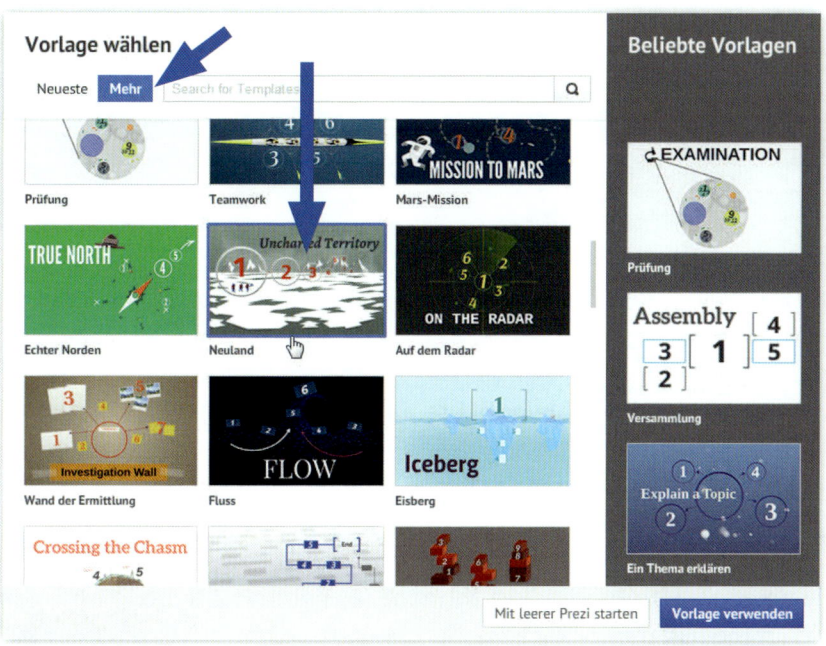

---

8   Ein Hinweis zu den Vorlagen: Prezi stellt immer wieder neue Vorlagen zur Verfügung. Allerdings ist es auch möglich, dass alte Vorlagen gelöscht werden. Wenn Ihnen eine Vorlage gefällt, Sie sie aber nicht sofort nutzen möchten, empfehle ich Ihnen, sie einmalig zu öffnen, ein paar Wörter zu ändern und sie dann zu schließen. In dem Fall wird diese von Ihnen bearbeitete Vorlage in Ihrem Account abgespeichert und steht Ihnen für die spätere Verwendung zur Verfügung.

3. Sobald sich die Vorlage geöffnet hat, sehen Sie die Prezi im **Bearbeitungsmodus**. An der linken Seite sehen Sie einen Überblick über die in der Vorlage eingebaute Kamerafahrt. Um sich die Prezi vorab in ihrem Ablauf anzuschauen, können Sie oben rechts auf *Präsentieren* klicken:

4. Mit der ⌈Esc⌉-**Taste** kommen Sie aus dem Vorführmodus zurück in den **Bearbeitungsmodus**.

5. Klicken Sie als Erstes oben rechts auf *Text hinzufügen*, und geben Sie Ihrer Präsentation einen Titel und – wenn Sie mögen – einen Untertitel. Wollen Sie keinen Untertitel, löschen Sie einfach den Platzhaltertext[9].

6. Ein **Klick auf die Vorschaubilder** an der linken Seite bringt Sie direkt zu den jeweiligen Kreisrahmen. Dort können Sie ebenfalls Ihre Texte einfügen, indem Sie auf die Platzhalter klicken.

---

9 Sollte sich der Platzhaltertext nicht einfach löschen lassen, »schreiben« Sie in das Feld, indem Sie einmal die ⌈Leertaste⌉ drücken. Klicken Sie danach auf eine andere, freie Stelle der Leinwand und spätestens jetzt sollte die Platzhalterbox verschwunden sein.

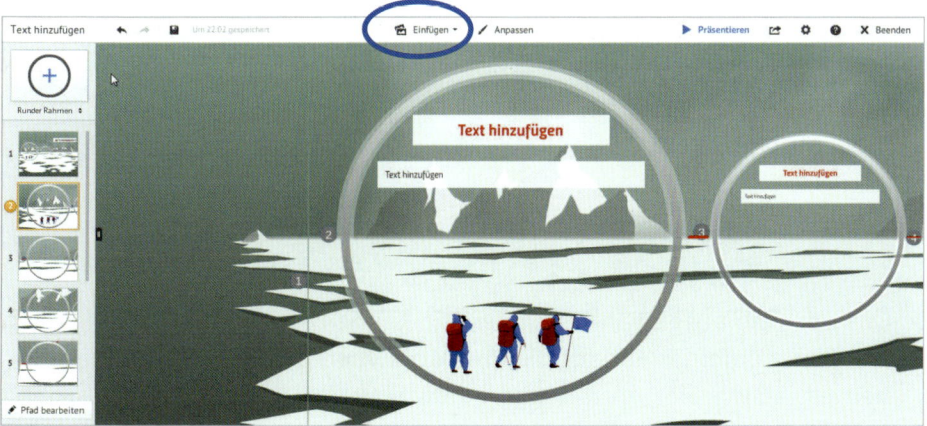

Abb. 4–2   Kreisrahmen mit Textplatzhaltern in der Vorlage

7. Möchten Sie zusätzlich ein Bild einfügen, klicken Sie oben in der Mitte auf das Menü *Einfügen* und dann auf *Bild* ....

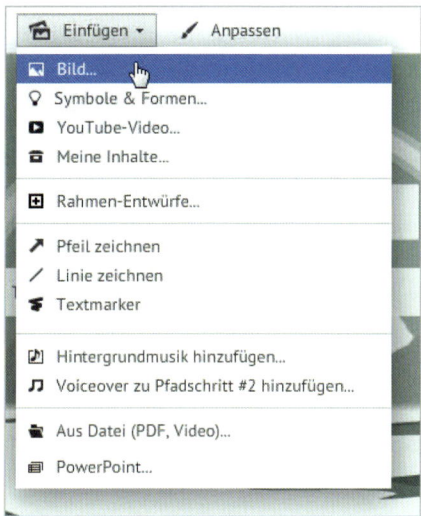

Abb. 4–3   Alternativ ziehen Sie ein Bild per Drag & Drop auf die Leinwand.

8. Rechts an der Seite öffnet sich eine **Bildauswahl**. Dort können Sie wählen, ob Sie ein Bild von Ihrem Computer einfügen wollen oder aus dem Internet. Ich empfehle Ihnen, immer **eigene Bilder** von Ihrem Computer zu verwenden, bei denen Sie genau über die **Urheberrechte und die Lizenzbedingungen** informiert sind.

9. Das oder die ausgewählten **Bilder** (sie können mehr als eine Bilddatei auswählen) **werden direkt auf die Prezi-Leinwand geladen**. Sobald das geschehen ist, sehen Sie um das Bild einen blauen Rahmen und ein schwarzes
   Menü darüber, das sogenannte *Transformationswerkzeug* (zur Bedeutung der
   Schaltflächen siehe S. 44)

Abb. 4–4   Bilder in eine Vorlage einfügen und mit Hilfe des Transformationswerkzeugs
            bearbeiten

Wenn Sie auf die **Hand in der Mitte** klicken und die linke Maustaste gedrückt
halten, können Sie das Bild **verschieben**. Mit dem **Plus- bzw. Minuszeichen**
können Sie das Bild **vergrößern oder verkleinern**. Um das Bild zu **drehen**,
gehen Sie mit dem **Mauszeiger auf eine der Ecken** und warten, bis dort ein
Kreis entsteht. Klicken Sie darauf, halten Sie die Maustaste gedrückt, und drehen Sie das Bild.

10. Wenn Sie alle Texte und Bilder eingefügt oder die überflüssigen Kreisrahmen mit der ⌜Entf⌝-Taste gelöscht haben, können Sie die Präsentation mit einem Klick auf *Präsentieren* (oben rechts) vorführen. Wenn Sie rechts oben auf *Beenden* klicken, wird die Präsentation gespeichert und geschlossen, und Sie sehen sie im Anschluss in Ihrem Account. Auch von dort aus können Sie sie abspielen.

Abb. 4–5   Eine geschlossene Vorlage in der Account-Ansicht

4.5   Eine neue Prezi ohne Vorlage anlegen

Wenn Sie nicht mit einer Prezi-Vorlage arbeiten möchten, legen Sie wie folgt eine **neue Prezi** an:

1. Loggen Sie sich auf der Seite *www.prezi.com* in Ihren Account ein (oder starten Sie die Prezi-Software).

2. Klicken Sie auf *Neue Prezi*. Sobald Sie die Vorlagenauswahl sehen, finden Sie unten rechts den Knopf *Mit leerer Prezi starten*.

3. Es öffnet sich die **Prezi-Leinwand im Bearbeitungsmodus**. Bis auf einen blauen Kreis[10] und zwei Textplatzhalter enthält sie noch keine Daten:

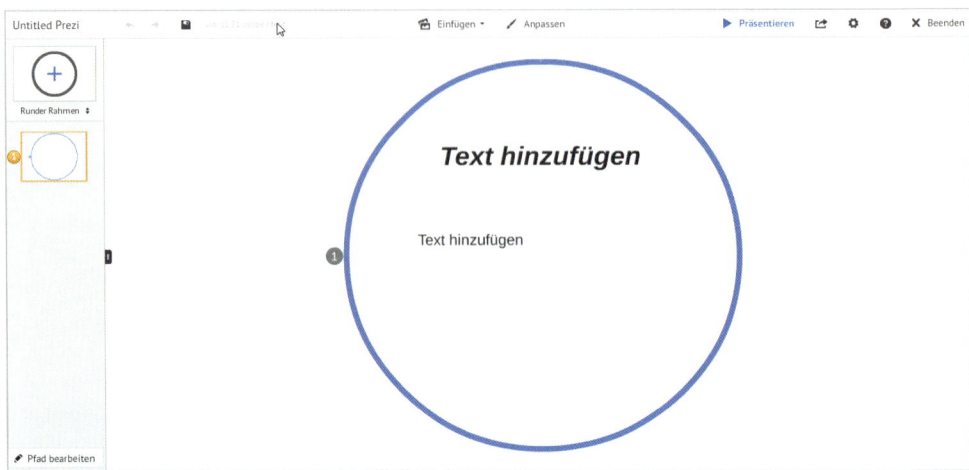

Abb. 4–6   Eine neue Prezi ohne Vorlage erstellen – die Startansicht im Bearbeitungsmodus

4. Klicken Sie auf den blauen Kreis, und drücken Sie die ⌈Entf⌉-Taste auf Ihrer Tastatur. Jetzt haben Sie den Kreis gelöscht und tatsächlich eine leere Leinwand für Ihre Prezi zur Verfügung, und Sie können damit beginnen, Ihre Inhalte einzufügen. Nachfolgend lernen Sie Schritt für Schritt alle dazu nötigen Funktionen in Prezi kennen.

4.6   Die Leinwand und die Menüs im Bearbeitungsmodus

Wir unterscheiden bei Prezi zwischen dem **Bearbeitungsmodus** und dem Vorführmodus. Im Bearbeitungsmodus werden alle **Inhalte auf die Leinwand** gebracht, **Pfade festgelegt** und **Änderungen** vorgenommen. Der **Vorführmodus** ist dagegen – wie der Name schon sagt – **nur für das Vorführen** der Prezi gedacht.

4.6.1   Die Menüs

Wenn Sie eine neue Prezi anlegen, starten Sie automatisch im Bearbeitungsmodus. Verschaffen Sie sich einen schnellen Überblick über die Leinwand und die Menüs:

---

10 Der blaue Kreis soll dem Anfänger den Einstieg in das Erstellen einer neuen Prezi erleichtern. Die wenigsten wollen ihn allerdings benutzen, daher ist es schon eine Art Ritual, als Erstes diesen Kreis zu löschen und für eine wirklich leere Leinwand zu sorgen.

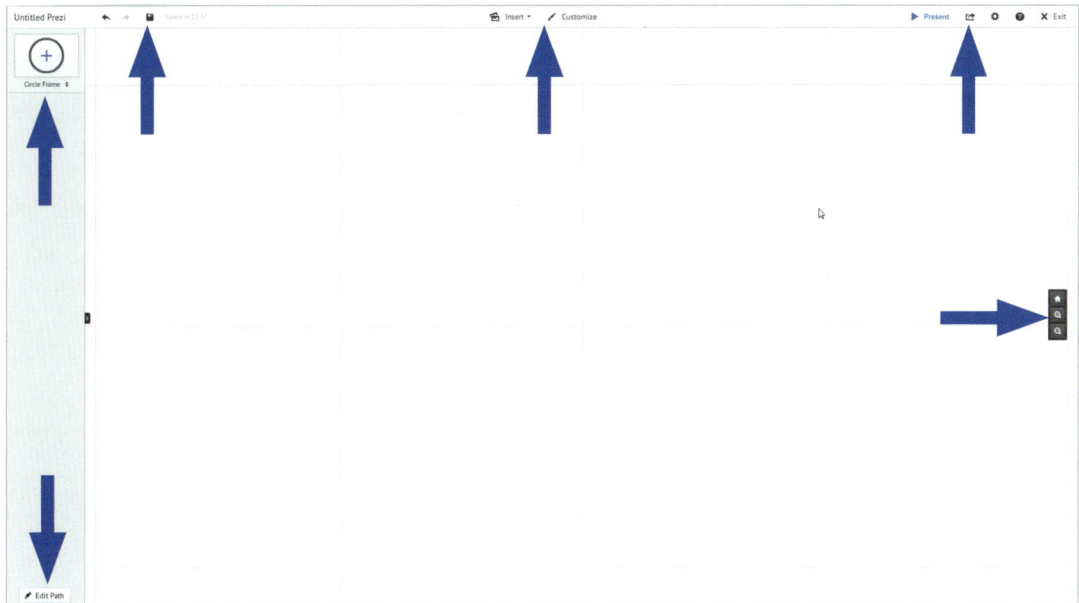

Abb. 4–7   Ein Überblick über die Menüführung im Bearbeitungsmodus

Hinter den einzelnen Menüpunkten (von links nach rechts) verbergen sich folgende Funktionen:

- **Oben links**: Arbeitstitel der Prezi[11], *Rückgängig*-Knopf[12], *Wiederholen*-Knopf, *Speicher*-Knopf

- **Oben mittig**: *Einfügen* (von Inhalten in die Prezi) und *Anpassen* (der Farben und Schriften)

- **Oben rechts**: *Präsentieren* (startet den Präsentationsmodus), *Teilen*-Knopf, *Einstellungen* (Bildschirmformat und Tastenkombinationen), *Hilfe*-Knopf und *Beenden*-Knopf

- **Rechts an der Seite**: *Home* (zeigt Ihnen alle Inhalte im Überblick), Heran- und Herauszoomen

---

11 Als Arbeitstitel nimmt Prezi automatisch die ersten Wörter, die Sie in Ihre Prezi einfügen. Sie können den Titel später noch in Ihrem Account ändern.

12 Sie können Aktionen auf Ihrer Leinwand immer bis zum letzten Speicherpunkt rückgängig machen, wobei Prezi in kurzen Abständen automatisch speichert. Das automatische Speichern lässt sich weder deaktivieren noch zeitlich einstellen.

- **Links an der Seite**: Rahmen einfügen, Rahmen auswählen (Dropdown-Menü), die Vorschauansicht für die Kamerafahrt

- **Unten links**: *Pfad bearbeiten* (wechselt in den Pfadmodus.)

An dieser Stelle verschaffen Sie sich ebenfalls einen kurzen Überblick über das *Einfügen*-**Menü**, da Sie dort **eine Zusammenfassung aller Objekte finden, die Sie in Ihre Prezi einbauen können**:

An dieser Stelle möchte ich Ihnen noch ein weiteres Menü vorstellen, welches Sie immer dann bekommen, wenn Sie einen Rechtsklick auf ein Objekt (Text, Bild, Video ...) machen:

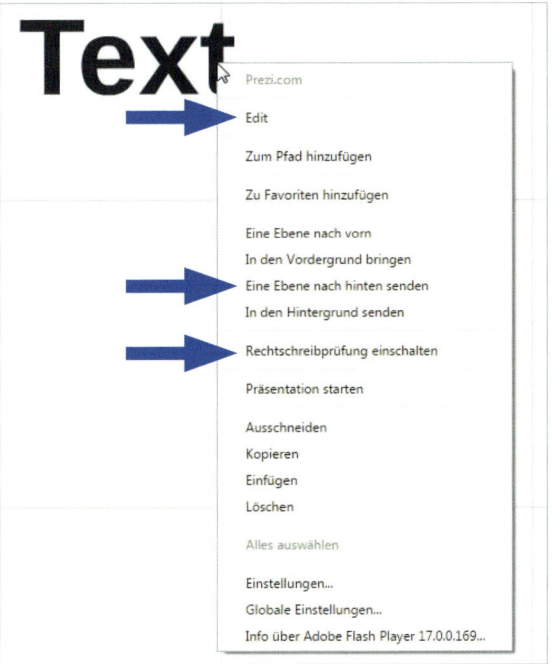

Abb. 4–8   Das Rechtsklick-Menü ist in erster Linie wichtig für das Anordnen von Objekten, das Editieren von Texten (insbesondere, wenn diese gruppiert sind) und das Aktivieren bzw. Deaktivieren der Rechtschreibprüfung.

Das letzte relevante, menüähnliche Werkzeug ist das sogenannte *Transformationswerkzeug*. Es wird Ihnen immer dann eingeblendet, wenn Sie einmal mit der **linken Maustaste** auf ein Objekt (z. B. einen Text) klicken.

Es dient dazu, Objekte auf Ihrer Leinwand zu **verschieben, zu vergrößern bzw. zu verkleinern oder zu drehen**. Zusätzlich bietet das Transformationswerkzeug jeweils ein Sondermenü (oben in Dunkelgrau) für das jeweilige Objekt.

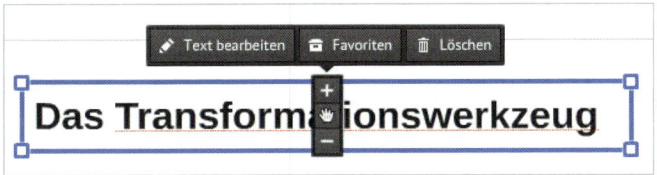

Wenn Sie auf die **Hand in der Mitte** klicken und die linke Maustaste gedrückt halten, können Sie das **Textobjekt verschieben**. Ein Klick auf das **Plus- oder Minuszeichen** vergrößert oder verkleinert das Objekt.

Wenn Sie auf eines der kleinen **Quadrate an den Ecken** des blauen Rahmens klicken, die linke Maustaste gedrückt halten und die Maus bewegen, **vergrößern oder verkleinern** Sie das Textobjekt stufenlos.

Wenn Sie mit dem Mauszeiger auf eines der kleinen Quadrate gehen und dort einen kleinen Augenblick warten, wird Ihnen ein **kleiner Kreis eingeblendet**. Klicken Sie auf den Kreis, halten Sie die linke Maustaste gedrückt, und bewegen Sie die Maus: **So drehen Sie Ihren Text.**

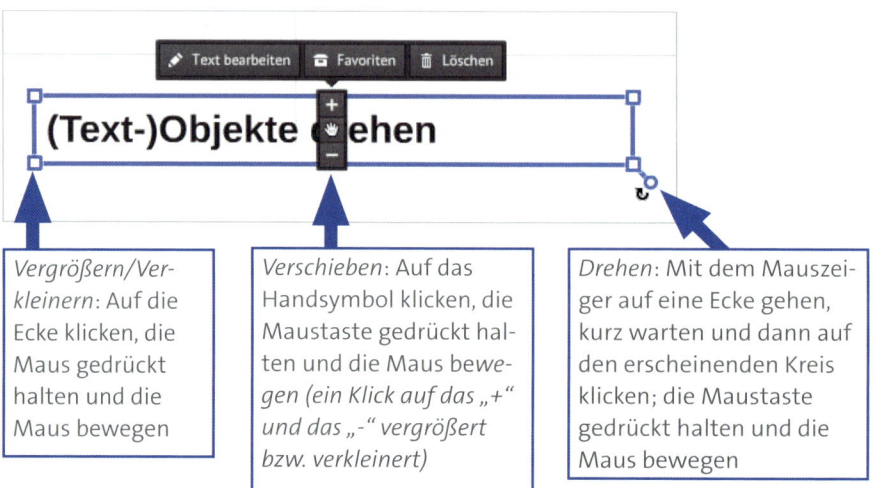

Vergrößern/Verkleinern: Auf die Ecke klicken, die Maus gedrückt halten und die Maus bewegen

Verschieben: Auf das Handsymbol klicken, die Maustaste gedrückt halten und die Maus bewegen (ein Klick auf das „+" und das „-" vergrößert bzw. verkleinert)

Drehen: Mit dem Mauszeiger auf eine Ecke gehen, kurz warten und dann auf den erscheinenden Kreis klicken; die Maustaste gedrückt halten und die Maus bewegen

4.6.2 Die Navigation auf der Leinwand

Wie bewegen Sie sich am besten auf der Leinwand? Nutzen Sie eine **externe Maus mit Mausrad**. Wenn Sie das **Mausrad bewegen**, können Sie **zoomen**. Je nachdem, in welche Richtung Sie das Mausrad bewegen, zoomen Sie hinein oder hinaus. Probieren Sie es jetzt aus. Sie werden feststellen, dass die Leinwand sehr groß ist und Ihrer Präsentation somit viel Raum gibt.

Navigation kurz und knapp
- Mausrad bewegen = Hinein- oder Hinauszoomen
- Linksklick gedrückt halten + Maus bewegen = Leinwand verschieben
- Maus an rechten Rand + *Home*-Button = in Überblicksansicht zoomen

Um die **Leinwand zu verschieben**, klicken Sie mit der **linken Maustaste** auf die Leinwand und halten die Taste gedrückt, während Sie Ihre **Maus in die entsprechende Richtung bewegen**.

Es ist möglich, dass Sie gerade am Anfang den Überblick auf der Leinwand verlieren. Sollte das geschehen, gibt es auf der Leinwand eine versteckte Navigationshilfe.

Wenn Sie den **Mauszeiger ganz an den rechten Rand bewegen**, wird Prezi Ihnen diese Knöpfe einblenden:

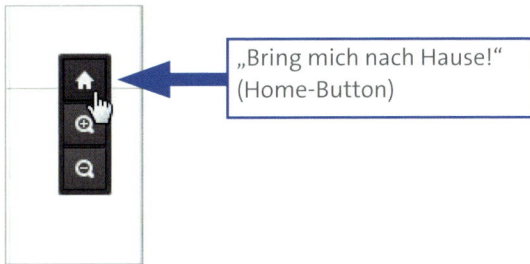

„Bring mich nach Hause!"
(Home-Button)

Mit dem Plus- bzw. Minuszeichen haben Sie eine zusätzliche Möglichkeit zu zoomen. Interessanter ist allerdings der sogenannte *Home*-Button, der von mir auch liebevoll »Bring-mich-nach-Hause«-Knopf genannt wird. Ein Klick auf das Haus-Symbol zeigt Ihnen **alle Ihre Inhalte auf der Leinwand im Überblick**.

4.6.3   Texte einfügen und bearbeiten

Das Wichtigste zu Texten in Prezi
- Text einfügen: Linksklick + losschreiben
- Textmenü schließen: auf eine freie Stelle auf der Leinwand klicken
- Texte wieder editieren: Doppelklick auf den Text
- Text verschieben, vergrößern/verkleinern oder drehen: mit einem Klick auf das Textelement das Transformationswerkzeug aktivieren

Text einfügen

Jetzt, wo Sie sich mit der Leinwand vertraut gemacht haben, starten Sie mit dem einfachsten Vorgang auf Ihrer Prezi: dem **Einfügen von Text**.

Klicken Sie mit der linken Maustaste auf eine beliebige Stelle auf der weißen Leinwand, und es öffnet sich sofort ein Textfeld, in dem Sie losschreiben können.

Wie Sie sehen, bekommen Sie ein komplettes Menü zur Textbearbeitung. Sie können zwischen **drei voreingestellten Textstilen** wählen (Titel, Untertitel und Textkörper).[13]

Über die Knöpfe mit dem kleineren und größeren »A« verändern Sie die **Schriftgröße**.

---

13   Diese lassen sich einstellen. Wie das funktioniert, erfahren Sie in Kapitel 5.

Abb. 4–9   Ein Klick auf die freie Leinwand öffnet ein Textfeld, in dem Sie sofort schreiben können.

Ihnen ist vermutlich schon aufgefallen, dass es kein Feld gibt, in dem Sie die **Schriftgröße** mit einer absoluten Zahl festlegen können, wie es in anderen Programmen der Fall ist. Bei Prezi werden Schriften grundsätzlich nicht mit bezifferten Schriftgrößen festgelegt, da die Schriftgröße auf einer Leinwand, in die man hinein- und aus der man vor allem herauszoomen kann, relativ ist. **Ob ein Text ausreichend groß und lesbar ist, steuern Sie nicht über das Festlegen einer bestimmten Schriftgröße, sondern darüber, wie dicht Sie die Kamera an den Text heranzoomen lassen**[14].

Wenn Sie auf das nach unten zeigende Dreieck neben dem **Farbfeld** klicken (im Beispiel ist es schwarz), öffnet sich eine kleine Farbpalette.

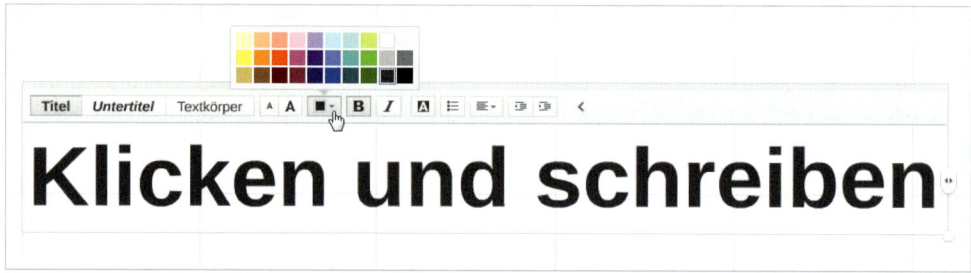

Markieren Sie entweder ein oder mehrere bestimmte Wörter, um deren Farbe zu ändern oder ändern Sie mit einem Klick auf die gewünschte Farbe die Farbe des gesamten Textes in der aktuellen Textbox.

Sie können Ihren **Text fett und/oder kursiv hervorheben**[15], und mit dem **Knopf mit dem hinterlegten A** können Sie den Text mit einer leicht transparenten Farbbox hinterlegen:

---

14   Wie Sie Texte in Prezi gleich groß bekommen, erfahren Sie gleich ab S. 72.

15   Die Hervorhebung »Unterstrichen« gibt es deshalb nicht, weil Prezi im Kern browserbasiert ist und online verwendet wird. Dort würde eine Unterstreichung bedeuten, dass es sich um einen Hyperlink handelt, was ja bei einfachen Texten in Prezi nicht zutreffend wäre.

Abb. 4–10   Die Funktion »Text hinterlegen«

Die Funktion *Text hinterlegen* ist dafür gedacht, die Lesbarkeit von Text sicherzustellen, der z. B. auf ein Bild gelegt wird, indem die halbtransparente Farbbox für einen ausreichenden Kontrast sorgt. Zudem können Sie die Hinterlegung selbstverständlich auch als farbige Hervorhebung eines Textes einsetzen[16].

Daneben gibt es eine **einfache Listenfunktion**, den Knopf für die **Ausrichtung** des Textes und die Knöpfe zum **Einrücken und Ausrücken** von Text.

Abb. 4–11   Ein Klick auf das Symbol mit den beiden kleinen Pfeilen ermöglicht es Ihnen, die Breite der Textbox zu verändern. So können Sie auch sogenannte »weiche Umbrüche« für Ihren Text anlegen.

---

16   Fortgeschrittene Benutzer erfahren im Abschnitt 4.6.5, wie Sie diese Farben individuell einstellen.

Wichtig ist, dass sich die Textausrichtung immer auf die **Breite der Box rund um den Text** herum bezieht. Sie können die Breite der Box an der rechten Seite ändern. Klicken Sie dazu mit der linken Maustaste auf das Icon mit den beiden kleinen Pfeilen, halten Sie die Taste gedrückt, und verändern Sie die Boxbreite durch das Bewegen der Maus.

Abb. 4–12 Ein Klick auf den Kreis unten rechts ermöglicht es Ihnen, die Textgröße schnell und stufenlos zu verändern.

Mit dem **kleinen Kreis unten rechts an der Textbox** können Sie den Text schnell und **stufenlos verkleinern oder vergrößern**. Klicken Sie mit der linken Maustaste auf den Kreis, halten Sie die Maustaste gedrückt, und ziehen Sie Ihre Maus über die Leinwand.

Sobald Sie mit Ihrem Text fertig sind, klicken Sie an einer anderen Stelle auf die freie Leinwand. Das Textmenü schließt sich.

Texte erneut editieren

Wollen Sie den Text nachträglich editieren, müssen Sie mit der linken Maustaste **doppelt auf den Text klicken**. Es öffnet sich wieder das Bearbeitungsmenü des Textes. Alternativ machen Sie einen Rechtsklick und wählen *Edit*.

Das Transformationswerkzeug bei Texten

Im grauen Menü des Transformationswerkzeuges finden Sie für Texte folgende Funktionen:

- *Text bearbeiten*: Ein Klick hierauf bringt Sie wieder zum **Editierbereich für den Text**.

- *Favoriten*: fügt Ihren Text in Ihre persönliche Sammlung von Elementen aus Ihren Prezis ein. Diese Funktion dient zur Arbeitserleichterung, da Sie auf diese Elemente über *Einfügen* und *Favoriten* in jeder Prezi schnellen Zugriff haben. Man kann die Funktion mit einer Schnellsammlung vergleichen:

Abb. 4–13 Legen Sie sich über die *Favoriten* Ihre persönliche Sammlung von Inhalten an, die Sie häufig für Prezis verwenden.

- *Löschen*: löscht das Textobjekt (alternativ drücken Sie Entf).

Texte gleich groß bekommen

Auch wenn Sie bei Prezi keine absoluten Textgrößen einstellen können, gibt es eine einfache Möglichkeit, um Texte gleich groß zu machen.

Wichtig ist, dass die Textelemente, die Sie aneinander anpassen möchten, auf dem für Sie sichtbaren Teil der Leinwand liegen.

Text auf der Leinwand

**Dieser Text soll
gleich groß werden.**

Klicken Sie auf das Textelement, das Sie anpassen möchten, und aktivieren Sie so das **Transformationswerkzeug**. Ziehen Sie an einer Ecke des Transformationswerkzeuges den Text »in die richtige Richtung«, d. h. entweder größer oder kleiner.

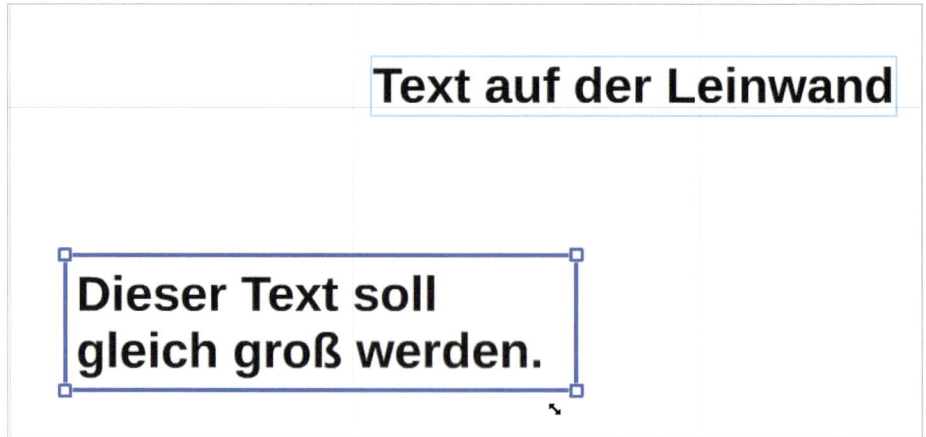

Abb. 4–14   Texte gleich groß machen: Sobald zwei Texte dieselbe Größe haben, wird eine hellblaue Box um den zweiten Text gelegt und die Maus hakt kurz.

Sobald Sie beim anzupassenden Text die Schriftgröße erreicht haben, **erscheint um den zweiten Text ein blaues Rechteck** und Sie spüren **ein leichtes Haken in** der **Mausbewegung** (haptisches Feedback). Jetzt können Sie die Maus loslassen, und die Texte haben dieselbe Schriftgröße.

Alltagsproblem: Die blauen Hilfslinien werden nicht eingeblendet

Manchmal kann es sein, dass – gerade im Online-Editor – die blauen Hilfslinien nicht eingeblendet werden. Dabei handelt es sich um einen **Darstellungsfehler**, der ab und zu auftreten kann. Sollte dies geschehen, **verlassen Sie sich einfach auf das Haken in der Mausbewegung**. Alternativ können Sie auch auf *Speichern* klicken und es erneut versuchen. In den meisten Fällen werden die Hilfslinien dann wieder eingeblendet. Funktioniert auch das nicht, schließen Sie die Prezi und öffnen sie erneut.

(Text-)Objekte parallel ausrichten und kontrolliert drehen

Um zwei Texte (oder andere Objekte, z. B. einen Text und ein Bild oder Bilder und einen Rahmen) **zueinander parallel auszurichten**, nutzen Sie ebenfalls das **Transformationswerkzeug**.

Beide Elemente müssen – wie beim Anpassen von Textgrößen – im **sichtbaren Bereich der Leinwand** liegen. Klicken Sie auf das Objekt, das Sie anpassen möchten, und drehen Sie es. Sobald die Objekte parallel zueinander sind, sehen Sie einen **blauen Rahmen um das zweite Objekt** und bemerken ein **Haken in der Mausbewegung**:

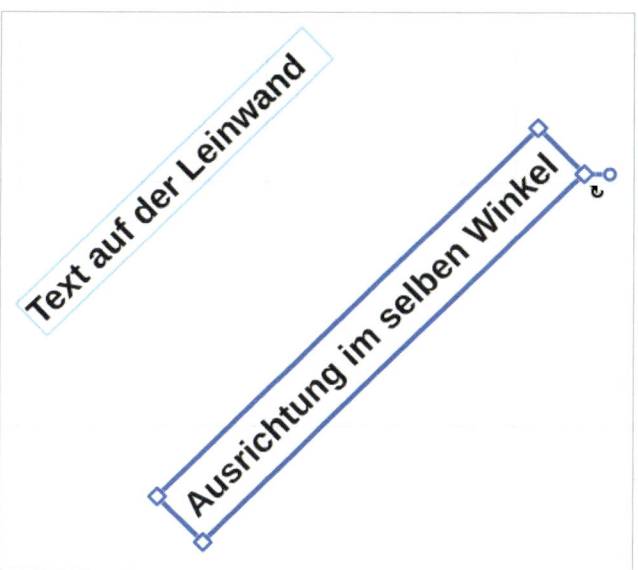

Abb. 4–15   Ein haptisches Feedback und der blaue Rahmen signalisieren, dass die Objekte parallel sind.

Tipp für effizientes Arbeiten: Texte am Stück schreiben und einfach auseinanderziehen

Wenn Sie eine Präsentation mit Prezi erstellen wollen, kommt es häufig vor, dass Ihnen schon die Überschriften für die einzelnen Kapitel und Themen bekannt sind oder Sie den Text sogar schon in einem Texteditor oder in Power-Point geschrieben haben.

Anstatt jetzt jedes Mal auf die Leinwand zu klicken und jeden Text einzeln zu schreiben, können Sie auch etwas schneller arbeiten.

Klicken Sie auf die Leinwand, und öffnen Sie ein Textfeld. Schreiben Sie dort **alle Ihre Texte nacheinander, und umbrechen Sie die Texte jeweils an ihrem Ende mit der** ⏎-**Taste.** Alternativ können Sie Ihren schon fertigen Text wie bei anderen Programmen kopieren und in das Prezi-Textfeld einfügen.[17]

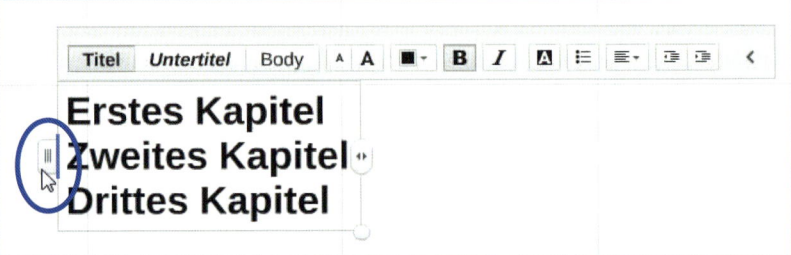

Jetzt können Sie mit dem Mauszeiger in eine Zeile des Textes gehen. An der linken Seite erscheint ein Griffsymbol. Klicken Sie auf den Griff, halten Sie die linke Maustaste gedrückt, und bewegen Sie die Maus, um die Zeile auf eine andere Stelle auf der Leinwand zu ziehen.

Lassen Sie die Maus los, haben Sie ein zweites, eigenständiges Textelement. Das können Sie mit jeder einzelnen Zeile bzw. jedem einzelnen Absatz wiederholen.

---

17 Text kopieren Sie, indem Sie den Text mithilfe der Maus markieren und dann die Tastenkombination `Strg`+`C` (unter Mac: `cmd`+`C`) drücken oder einen Rechtsklick darauf ausführen und in dem sich öffnenden Fenster *Kopieren* wählen. Text fügen Sie mit der Tastenkombination `Strg`+`V` (unter Mac: `cmd`+`V` oder mit einem Rechtsklick und *Einfügen* ein.

Prezi und die Rechtschreibkorrektur

Auch wenn Sie in Ihrem Prezi-Account als Sprache »Deutsch« ausgewählt haben, läuft im Hintergrund für den Text, den Sie eingeben, eine **Rechtschreibprüfung für »American-English«.** Aus diesem Grund werden auch die deutschen Texte unterschlängelt als Hinweis auf einen Fehler im Text:

Abb. 4–16   Rote Linien unter dem Text werden durch die Rechtschreibprüfung verursacht.

Dies gilt zurzeit auch noch für die Prezi-Software. Sobald Sie in den Vorführmodus wechseln, sind diese Linien nicht länger zu sehen. Wenn diese Hervorhebungen Sie beim Arbeiten stören, können Sie **mit der rechten Maustaste auf das Textelement klicken und die Rechtschreibprüfung deaktivieren**.

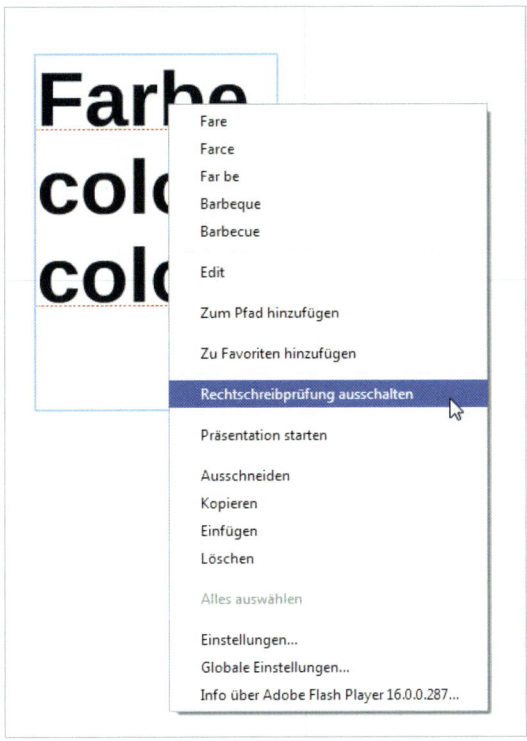

Abb. 4–17   Ein Rechtsklick auf ein Textobjekt ermöglicht es Ihnen, die Rechtschreibkorrektur auszuschalten.

4.6.4   Arbeiten mit Bildern

Auch wenn Sie mit schöner Typografie beeindruckende Bilder und auch ganze Prezis erstellen können, ist Prezi ein wunderbares Werkzeug, um Bilder für Ihre Präsentation einzusetzen.

Das Wichtigste zur Verwendung von Bildern in Prezi

- Sie können Bilder (auch mehrere gleichzeitig) über *Einfügen* und *Bild...* oder per Drag & Drop auf Ihre Prezi-Leinwand bringen.
- Bildformate: JPG, PNG, SWF (ohne Actionscript), GIF (ohne Actionscript)[18]
- Wollen Sie ein Bild im Vollbild zeigen, sollte die Auflösung des Vorführmediums haben, d. h. bei Full HD 1920 x 1080 Pixel.
- Verwenden Sie größere Bilder nur dann, wenn Sie in das Bild hineinzoomen möchten (z. B. beim Hintergrundbild).
- Setzen Sie große Bilder sparsam ein.

18 Die jeweils aktuell gültige Dateiliste finden Sie unter: *https://prezi.com/support/article/ troubleshooting/supported-file-types/* (9.7.2015)

Bilder einfügen

Das Einfügen von Bildern in Ihre Prezi ist sehr einfach. Klicken Sie oben in der Mitte auf *Einfügen* und dann auf *Bild...*:

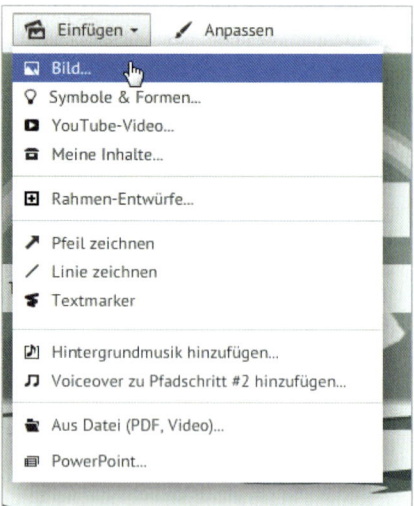

Abb. 4–18   Hier fügen Sie Bilder in Ihre Prezi ein.

An der rechten Seite Ihrer Arbeitsfläche öffnet sich ein Fenster. Jetzt müssen Sie entscheiden, ob Sie ein Bild im **Internet** suchen und einfügen möchten oder lieber ein Bild, das Sie auf Ihrem **Computer** gespeichert haben.

Wenn Sie im Internet nach einem Bild suchen möchten, müssen Sie also nicht extra ein neues Browserfenster aufmachen, sondern können **direkt aus Ihrer Prezi heraus die Suche starten**.

Ich empfehle Ihnen dringend, mit dem Einsatz von Bildern aus dem Internet sehr vorsichtig zu sein. Insbesondere dann, wenn Sie Ihre Prezi bei einem öffentlichen Vortrag oder gar im Internet zeigen möchten, würde ich an Ihrer Stelle ausschließlich Bilder verwenden, für die Sie die entsprechenden Nutzungsrechte erworben haben. Andernfalls riskieren Sie eine – meist kostenintensive – **Abmahnung** wegen der Verletzung von Urheberrechten.[19]

Um ein Bild von Ihrem Computer einzufügen, wählen Sie die entsprechende Datei aus, und Prezi lädt das Bild auf die Prezi-Leinwand.

Sie können folgende Formate für Ihre Bilddatei verwenden: **JPG, PNG, SWF** (ohne Actionscript), **GIF** (ohne Actionscript).[20]

Darüber hinaus können Sie ein Bild auch als **.pdf-Datei** einfügen.

> **Tipp: Fügen Sie mehrere Bilder gleichzeitig ein**
> Sie können bei Prezi mehrere Bilddateien von Ihrem Computer auf die Leinwand bringen, wenn Sie über *Einfügen*, *Bild…* und *Dateien auswählen* vorgegangen sind. Markieren Sie mit der ⇧-Taste oder der Strg-Taste alle Dateien, die Sie einfügen möchten, und klicken Sie dann auf *Öffnen*.

---

19   Seien Sie auch bei der Verwendung von Logos und Marken sehr vorsichtig, und erkundigen Sie sich am besten vorher, ob Sie die entsprechenden Bilder verwenden dürfen.

20   Die jeweils aktuell gültige Dateiliste finden Sie unter: *https://prezi.com/support/article/troubleshooting/supported-file-types/*

> **Tipp: Fügen Sie Bilder per Drag & Drop ein**
>
> Sie können bei Prezi Bilddateien von Ihrem Computer per Drag & Drop einfügen. Machen Sie dazu Ihr Browserfenster mit Prezi (oder das Prezi-Softwarefenster) so klein, dass Sie Ihre Bilddateien daneben sehen können. Klicken Sie auf die Datei, und ziehen Sie sie mit gedrückter Maustaste auf die Leinwand.

Bildgrößen

Wenn Sie ein Bild auf die Prezi-Leinwand laden, kann es sein, dass Prezi Ihnen die folgende **Warnung** anzeigt:

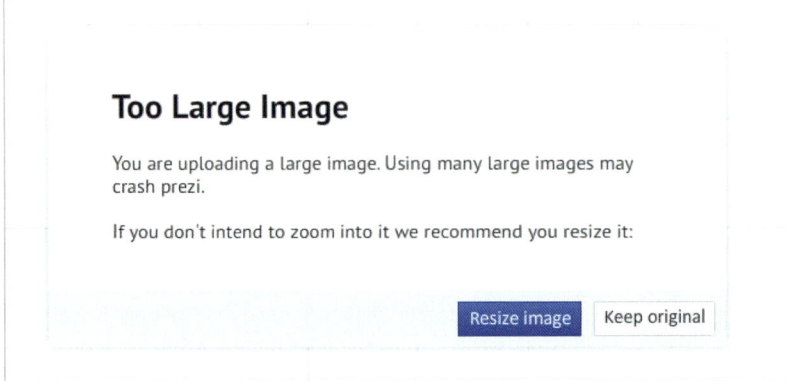

Abb. 4–19 Prezi warnt Sie, wenn Sie sehr große Bilder einfügen.

Diese Warnung erscheint in der Regel auch dann noch auf Englisch, wenn Sie als Sprache Deutsch eingestellt haben. Frei übersetzt lautet sie:

»Sie laden ein (sehr) großes Bild in Ihre Prezi. Wenn Sie zu viele (sehr) große Bilder einfügen, kann Ihre Prezi abstürzen. Wenn Sie nicht die Absicht haben, in das Bild hineinzuzoomen, empfehlen wir, das Bild zu verkleinern.«

Diese Warnung von Prezi werden Sie immer dann bekommen, wenn eine Kante des Bildes größer als 1800 Pixel ist (und Sie das Bild nicht per Drag&Drop eingefügt haben).

Sie müssen sich jetzt **entscheiden, ob Sie das Bild in der vollen Größe auf der Leinwand verwenden möchten oder ob es Ihnen auch in kleinerer Auflösung genügt**. Machen Sie Ihre Entscheidung – wie von Prezi formuliert – davon abhängig, was Sie mit dem Bild vorhaben:

- Sie möchten das **Bild z. B. als großes Gesamtbild** benutzen und an einer oder an mehreren Stellen **hineinzoomen**: Klicken Sie auf *Keep original*, und behalten Sie die ursprüngliche Bildgröße bei.

- Sie möchten das **Bild maximal im Vollbild** zeigen: In diesem Fall kommt es darauf an, welche **Auflösung der Monitor oder Beamer** hat, mit dem Sie die Prezi zeigen möchten. Wenn Prezi Bilder verkleinert, wird die längere Seite auf 1800 Pixel reduziert (selbstverständlich wird proportional verkleinert!). Wenn Ihr Beamer oder Monitor eine geringere Auflösung hat, können Sie also auf *Resize Image* klicken und Prezi Ihr Bild verkleinern lassen. Wollen Sie einen hochauflösenden Beamer oder ein hochauflösendes Display (z. B. bei den aktuellen iPad-Modellen) nutzen, prüfen Sie am besten im Einzelfall, ob Ihnen die Darstellungsqualität genügt. Falls nicht, sollten Sie das Bild mit einer externen Software auf die notwendige (aber auch ausreichende) Größe bringen, erneut hochladen und dann bei dem Warndialog auf *Keep original* klicken.

- Sie möchten das **Bild als eine kleine Illustration gemeinsam mit anderen Objekten** (Texten, Bildern etc.) zeigen, sodass das Bild nicht im Vollbild gezeigt wird: Klicken Sie auf *Resize Image*, und lassen Sie Prezi das Bild verkleinern.

Tipp: Bringen Sie Ihre Bilder vorab auf die richtige Größe

Inzwischen gibt es bei Prezi keine strikte Beschränkung mehr, was die Bildgrößen angeht (früher lag diese bei 2880 x 2880 Pixeln). Somit können Sie auch sehr große Bilder in der Prezi verwenden. Ob Sie dies wirklich tun sollten, ist eine andere Frage.

Je mehr hochaufgelöste Bilder Sie in Ihrer Prezi verwenden, desto langsamer und ruckeliger kann Ihre Prezi beim Abspielen werden. Im schlimmsten Fall stürzt sie sogar ab. Je größer und umfangreicher und/oder je grafisch anspruchsvoller ein Prezi-Projekt ist, desto eher werden Sie an die Grenzen von Prezi (bzw. der Leistungsfähigkeit Ihres Rechners) stoßen.

Im Laufe meiner Arbeit habe ich ein paar Erfahrungswerte[21] gesammelt:

- Drei bis fünf große Bilder (mit einer Kantenlänge von 3000 bis 4000 Pixeln) funktionieren auf einem modernen Büro-PC sehr gut. Allerdings sollten Sie dann alle anderen Bilder vorab auf die wirklich notwendige Größe reduzieren.

- Verwenden Sie lieber kein Bild mit einer Kantenlänge von über 7000 Pixeln – es wird Ihnen immer wieder Ärger bereiten.

---

21 Es handelt sich hierbei um Werte aus meiner Praxiserfahrung, nicht um vom Unternehmen Prezi selbst formulierte Richtwerte. Die Werte können sich ändern, und zwar in Abhängigkeit von der Leistungsfähigkeit Ihres Rechners, der Stabilität Ihrer Internetverbindung, der Anzahl aller in der Prezi verwendeten Dateien, der Zusammensetzung der Dateitypen etc. Sie sollen Ihnen lediglich eine Orientierungshilfe bieten.

Praxistipp: Dateigrößen für Bilder anpassen

Insbesondere dann, wenn Sie eine umfangreichere Prezi planen, sollten Sie sich vorab genau überlegen, in welcher Größe Sie Ihre Bilddateien wirklich benötigen.

Größenanpassungen können Sie – sofern Sie über die entsprechende Software verfügen – z. B. mit Photoshop vornehmen.

Falls Sie keine Bildbearbeitungssoftware besitzen, sind diese beiden Programme (beide Open Source, d. h. kostenfrei) für Sie interessant:

- **paint.net** ist eine einfach zu bedienende Bildbearbeitungssoftware für den PC (leider nicht für den Mac), die Sie auf der Seite *http://www.getpaint.net/* herunterladen können.
- **gimp** ist eine komplexe (und sehr leistungsstarke), für Einsteiger nicht ganz einfach zu bedienende Software, die Sie auf der Seite *http://www.gimp.org/* herunterladen können. (Dort finden Sie auch die Benutzerhandbücher in verschiedenen Sprachen.)

Wenn es Ihnen nur um das Verkleinern der Bilder geht, können Sie auch einen »Image Resizer« verwenden. Wenn Sie bei Google mit diesem Begriff suchen, finden Sie entsprechende Werkzeuge für Windows oder Mac bzw. browserbasiert (d. h. Sie müssen gar nichts installieren).

Praxistipp: Nutzen Sie die Funktion »Duplizieren«, um die Datenmenge in Ihrer Prezi klein zu halten

Wenn Sie an einer Prezi arbeiten, kommt es immer wieder vor, dass Sie ein bestimmtes Bild oder eine Grafik nicht nur an einer Stelle verwenden möchten, sondern an mehreren Orten. Wenn Sie das Bild immer wieder (per Drag & Drop oder über den Weg *Einfügen → Bild...*) auf die Leinwand bringen, speichert Prezi es jedes Mal neu für Ihre Prezi ab. Das bedeutet, dass die Datenmenge wächst und Ihre Prezi unter Umständen weniger flüssig läuft. Dies können Sie vermeiden, indem Sie

- entweder prüfen, ob es möglich ist, den Ablauf und die Kamerafahrt Ihrer Prezi so zu planen, dass Sie einfach immer wieder zu dem einen Bild zurückkehren (sofern dies bei der Struktur und Logik Ihrer Prezi möglich ist),
- oder die Funktion *Duplizieren* ([Strg] + [D])[22] nutzen – in dem Fall erscheint Ihr Bild ebenfalls an mehreren Stellen auf der Leinwand, allerdings greift Prezi immer wieder auf dieselbe Datei zu.

---

22 Für Mac: [cmd]+[D]; sollte die Tastenkombination auf Ihrem PC oder Mac nicht oder anderweitig belegt sein (wenn Sie im Browser arbeiten, kommt das immer wieder vor), können Sie stattdessen mit *Kopieren* ([Strg]+[C]) und *Einfügen* ([Strg]+[V]) arbeiten.

Bilder auf der Leinwand anpassen und bearbeiten

Sobald Sie ein Bild auf Ihrer Prezi-Leinwand haben, sehen Sie – spätestens wenn Sie einmal mit der linken Maustaste auf das Bild klicken – wieder das Ihnen ja schon von Textobjekten bekannte **Transformationswerkzeug**:

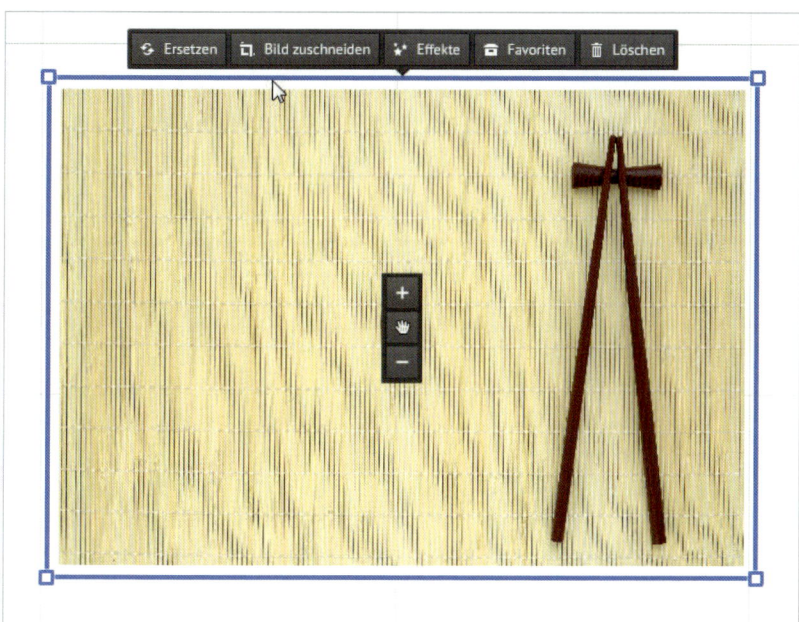

Abb. 4–20 Das Transformationswerkzeug bei Bildern

Der einzige Unterschied besteht in den Funktionen, die Ihnen im dunkelgrauen Menü zur Verfügung stehen. Neben den bekannten Funktionen *Favoriten* und *Löschen*[23] gibt es für Bilder folgende Möglichkeiten:

- *Ersetzen*: Wenn Sie ein bereits eingefügtes Bild schnell gegen ein anderes austauschen möchten, klicken Sie auf *Ersetzen* und **wählen das neue Bild**. Dieses wird an genau der gleichen Stelle und in derselben Größe wie das Ursprungsbild auf die Leinwand geladen.[24]

---

23 Informationen zu diesen Funktionen finden Sie ab S. 71.

24 Wenn das neue Bild eine deutlich höhere Auflösung oder andere Proportionen als das zu ersetzende Bild hat, kann es sein, dass die Ersetzen-Funktion einen für unsere Augen merkwürdigen Bildausschnitt wählt. Lassen Sie sich davon nicht aus der Ruhe bringen. Klicken Sie bei dem neuen Bild auf *Zuschneiden*, und wählen Sie selbst den Ausschnitt, den Sie zeigen möchten.

- *Bild zuschneiden*: Wählen Sie direkt auf der Leinwand, welchen Ausschnitt eines Bildes Sie auf der Leinwand zeigen möchten, indem Sie die jetzt eingeblendeten Ecken auf dem Bild verschieben. Sie können Ihre Auswahl auch später noch einmal verändern, indem Sie erneut auf *Bild zuschneiden* klicken.

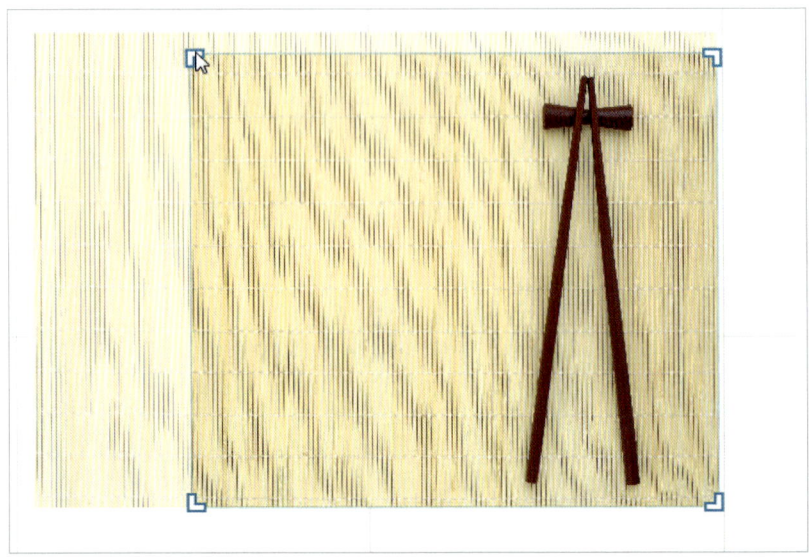

Abb. 4–21 »Bild zuschneiden«: Legen Sie den gewünschten Bildausschnitt direkt auf der Leinwand fest.

- *Effekte*: Dieser Knopf öffnet das **Bildbearbeitungswerkzeug** auf Ihrer Prezi-Leinwand, bei dem der **Funktionsumfang von der Lizenz abhängt**, die Sie bei Prezi haben. Mit einer Pro-Lizenz stehen Ihnen alle Bildbearbeitungsfunktionen zur Verfügung, die Sie im Screenshot sehen. Bei den **Public- und Enjoy-Lizenzen** haben Sie **lediglich Zugriff auf die ersten drei Funktionen** (*Verbessern*, *Effekte* und *Rahmen*). Die gute Nachricht lautet: Auch mit diesen Funktionen können Sie schon einiges bewirken.

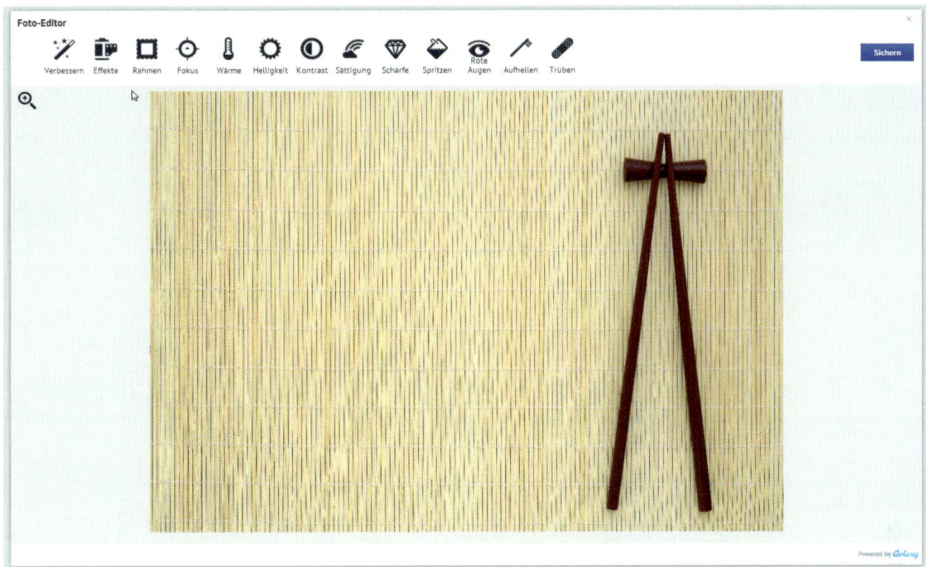

Schauen Sie sich die Funktionen unter *Effekte* im Einzelnen an:

Abb. 4–22 Alle Funktionen des Foto-Editors in Prezi stehen Ihnen nur mit der Pro-Lizenz zur Verfügung. Bei den Public- und Enjoy-Lizenzen haben Sie lediglich Zugriff auf die ersten drei Funktionen.

- *Verbessern* bietet nach einem Klick die drei Optionen *Hohe Auflösung*, die Ihr Bild schärft, *Aufhellen* und eine automatische *Farbkorrektur*.

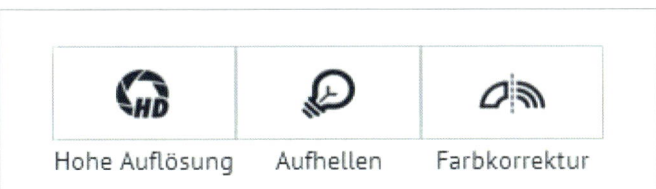

Für **jede Bildbearbeitungsfunktion** gilt, dass Sie zunächst die Vorschau der Funktion sehen. Wenn Sie die Funktion wirklich auf Ihr Bild anwenden lassen möchten, müssen Sie rechts auf *Anwenden* klicken.

Abb. 4–23   Ein Klick auf »Anwenden« bestätigt den ausgewählten Effekt.

- *Effekte*: Hier finden Sie eine Auswahl von Farbfiltern, mit denen Sie die Stimmung Ihres Bildes ändern können.

> **Praxistipp: Vereinheitlichen Sie den Stil Ihrer Bilder in Ihrer Prezi (entweder im Ganzen oder für einzelne Teile)**
>
> Häufig passen die einzelnen Bilder, die Sie für eine Präsentation verwenden möchten, vom jeweiligen Stil (Farben, Farbtemperatur etc.) nicht zusammen. Nutzen Sie in dem Fall doch einfach **einen Farbfilter**, und wenden Sie diesen auf **alle Ihre Bilder** an. Gerade wenn Sie in der Prezi »das große Ganze« zeigen, wird die Präsentation viel ruhiger und damit professioneller wirken, wenn die Bilder denselben Stil haben. Alternativ können Sie die Farbfilter auch **gezielt für die richtige Bildstimmung in den einzelnen »Kapiteln«** Ihrer Prezi nutzen, z. B. die Filter *Boardwalk* oder *S&W* für einen Rückblick in die Vergangenheit eines Unternehmes, eines Projekts oder eines beliebigen Zeitstrahls.
>
> **Achtung: Notieren Sie sich unbedingt den Namen des verwendeten Filters** (insbesondere dann, wenn Sie beabsichtigen, diesen noch auf weitere Bilder anzuwenden), da Sie leider bei einem Bild im Nachhinein nicht mehr anzeigen lassen können, welche Filter Sie verwendet haben.

- *Rahmen*: Hier finden Sie eine Auswahl von Rahmen, die Sie verwenden können, um Ihre Bilder optisch aufzuwerten oder zu vereinheitlichen (wodurch die Prezi professioneller wirkt).

Praxistipps: Nutzen Sie die Rahmen für schnelle, eigene Prezi-Designs

Variante 1: Ein Tisch von oben

Nutzen Sie als Hintergrund die Aufnahme eines Tisches (z. B. eines Schreibtisches) von oben, und wenden Sie auf Ihre Bilder die Rahmen »Instant« oder »Negative« an, um Bilder und Hintergrund eleganter miteinander zu verbinden.

Variante 2: Ihre eigene Bilderwand

Nutzen Sie als Hintergrund das Bild eines Raumes oder einer Wand (Frontalaufnahme), wenden Sie auf Ihre Bilder die Rahmen »Antique«, »Museum« oder »Matte« an, und sorgen Sie so dafür, dass Ihre Bilder Halt bekommen und an der Wand hängen.

- *Fokus*: Mithilfe dieses Werkzeugs können Sie den **Blick des Betrachters auf einen bestimmten Punkt des Bildes lenken**, indem Sie auf diesen fokussieren (scharf stellen) und den Rest des Bildes unscharf machen. Sie können dabei entscheiden, ob der Fokus ein Kreis oder ein Rechteck sein soll und welche Größe und Position er hat.

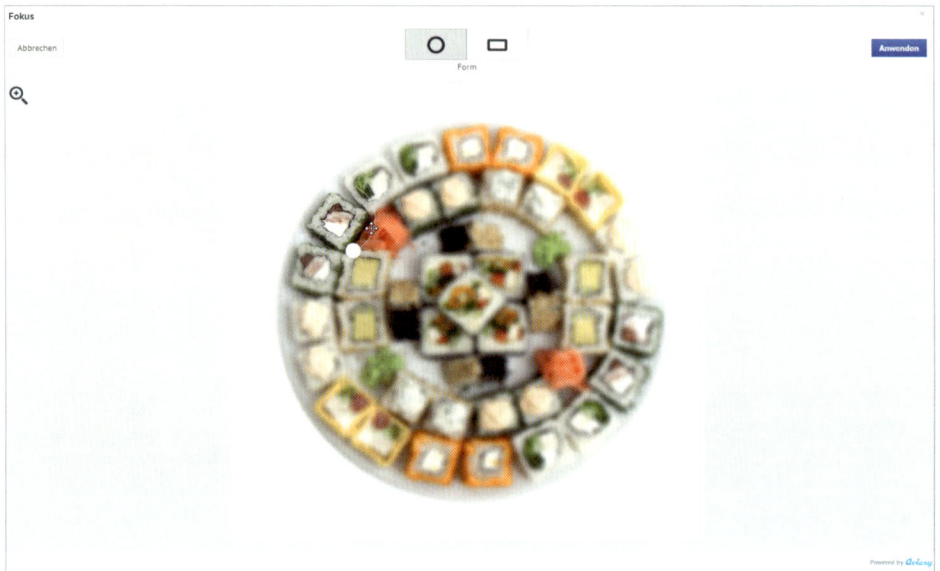

Abb. 4–24 Lenken Sie mit der Fokus-Funktion gezielt den Blick des Betrachters, oder heben Sie etwas aus der Masse heraus.

- *Wärme*: Verändern Sie über den Schieberegler die Farbtemperatur Ihres Bildes.

- *Helligkeit*: Verändern Sie über den Schieberegler die Helligkeit Ihres Bildes.

- *Kontrast*: Verändern Sie über den Schieberegler den Kontrast in Ihrem Bild.

- *Sättigung*: Verändern Sie über den Schieberegler die Farbsättigung Ihres Bildes.

- *Schärfe*: Verändern Sie über den Schieberegler die Schärfe Ihres Bildes.

- *Spritzen*: Wenn Sie hier klicken, haben Sie die Möglichkeit, ein Schwarz-Weiß-Bild mit farbigen Highlights zu erstellen. Im ersten Schritt sehen Sie Ihr Bild automatisch in Schwarz-Weiß. Jetzt haben Sie über *Freie Farbwahl* die Möglichkeit, Ihr Bild an einzelnen Stellen farbig zu gestalten, indem Sie mit dem Pinsel (die Pinselgröße können Sie einstellen) bei gedrückter

Maustaste über den Bereich fahren, der farbig werden soll. Nutzen Sie die Funktion *Intelligente Farbwahl*, um sich eine Farbe aus dem Bild auszusuchen und diese anschließend (indem Sie mit gedrückter Maustaste über das ganze Bild fahren) im ganzen Bild hervorheben zu lassen. Möchten Sie farbige Bereiche wieder schwarz-weiß machen, wählen Sie den *Radierer*.

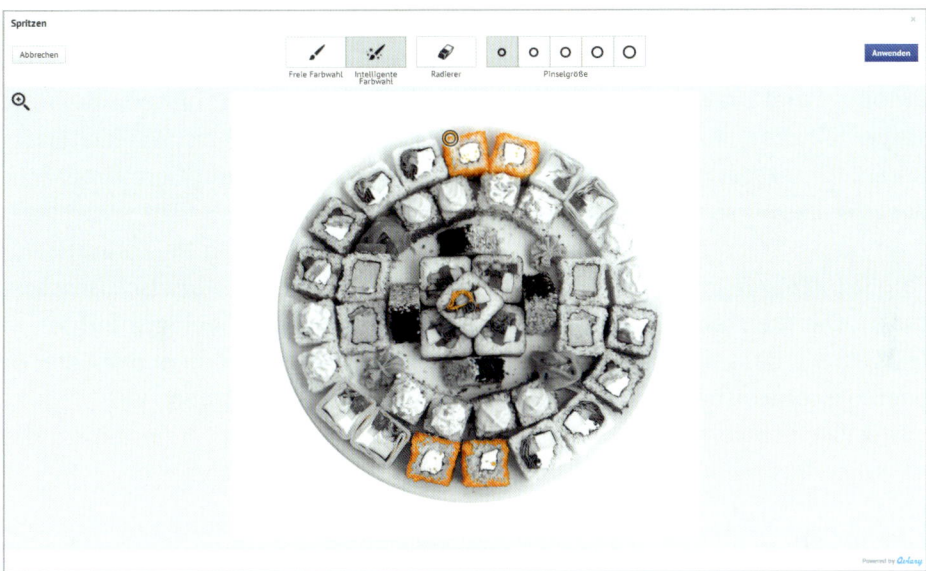

- *Rote Augen*: Diese Funktion ermöglicht es Ihnen, rote Bereiche (z. B. in Fotos mit roten Augen) zu entfernen.

- *Aufhellen*: Mit dieser Funktion können Sie Bereiche aufhellen, die auf Ihrem Bild möglicherweise eher etwas grau statt weiß erscheinen.

- *Trüben*: Diese Funktion entfernt kleinere Schönheitsfehler aus dem Bild, indem die betroffenen Stellen weichgezeichnet und so an die Umgebung angepasst werden.

Vektorgrafiken

Vektorgrafiken basieren nicht auf einzelnen Pixelpunkten und bieten gegenüber den Pixelgrafiken zwei Vorteile: Sie benötigen in der Regel **weniger Speicher**, und sie sind **stufenlos skalierbar**.

In der zweiten Eigenschaft liegt der interessante Teil für ein Präsentationswerkzeug mit Zoomfunktion. Wenn Sie in einer Prezi Vektorgrafiken benutzen (z. B. für Ihr Unternehmenslogo), können Sie dort **beliebig tief hineinzoomen** und die Grafik bleibt durchweg **gestochen scharf** (es sei denn, Sie führen die Prezi auf dem iPad vor).

Vektordateien können Sie in Prezi in zwei verschiedenen Formaten verwenden: **PDF und SWF**. Wenn es für Sie kein Problem ist, dass Ihre Grafik einen weißen Hintergrund hat, ist das PDF-Format für die meisten Nutzer gängiger und einfacher zu erzeugen. Funktionieren tut dies natürlich nur, wenn die ursprüngliche Grafik bereits als Vektorgrafik angelegt ist. Eine Pixelgrafik wird nicht allein durch den Export als PDF-Datei zur Vektorgrafik.

Um Vektorgrafiken zu erstellen oder z. B. bei Fotolia erworbene Vektorgrafiken zu bearbeiten, benötigen Sie ein **Vektorprogramm**, wie z. B. den **Adobe Illustrator** oder **Corel Draw**. Alternativ dazu gibt es auch eine kostenlose Software: **Inkscape**. Mit dem Illustrator können Sie die Dateien einfach als SWF-Datei exportieren; für Inkscape benötigen Sie eine Erweiterung, und mit CorelDraw scheint der SWF-Export zurzeit nicht möglich.

An dieser Stelle ein Hinweis: Ich selbst verwende sehr oft Vektorgrafiken von Fotolia (*http://de.fotolia.com/*) oder auch iStockphoto (*http://deutsch.istockphoto.com/*). Die meisten Vektorgrafiken sind mit Illustrator angelegt, und ich habe festgestellt, dass sich manche dieser Dateien entweder gar nicht mit Corel Draw oder Inkscape öffnen lassen oder fehlerhaft dargestellt werden.

Falls Sie also vorhaben, regelmäßig mit Vektorgrafiken zu arbeiten, empfehle ich Ihnen aus meiner Erfahrung heraus den Adobe Illustrator.

Bildquellen

Im Internet gibt es jede Menge Datenbanken für Bilder. Bei jeder Datei müssen Sie genau auf die Lizenz schauen, ob und – wenn ja – wie Sie sie verwenden dürfen.

Einige kostenfreie Datenbanken sind:

- *www.piqs.de*
- *www.commons.wikimedia.org*
- *www.pixabay.com*

Gute kostenpflichtige Datenbanken sind:

- *www.fotolia.de*
- *www.istockphoto.de*

Die beiden zuletzt genannten Datenbanken bieten zudem auch Vektordateien und Videos an.

Externe Werkzeuge zur Bildbearbeitung

Zur einfachen Bildbearbeitung unter Windows gibt es im Netz das kostenfrei herunterladbare Programm **paint.net**. Sie finden es unter *www.getpaint.net/*.

Komplexere Grafikbearbeitung ist auch mit den kostenfreien Programmen **Gimp** (*www.gimp.org/*) und **Inkscape** (für Vektorgrafik; *http://inkscape.org*) möglich.

Ich arbeite für die Bildbearbeitung am liebsten mit den Adobe-Produkten, die es inzwischen auch einzeln als Cloud-Abo gibt (*https://creative.adobe.com/de/plans*).

4.6.5   Symbole, Formen, Pfeile und Linien

In Prezi können Sie auch **einfache Formen, Pfeile und Linien** einfügen. Darüber hinaus bietet Prezi eine **umfangreiche Sammlung von Symbolen**, mit denen Sie schnell eine Präsentation erstellen oder grafisch unterfüttern können.

Symbole

Um ein Symbol auf die Leinwand zu bringen, klicken Sie auf *Einfügen* und wählen Sie *Symbole & Formen*. Dann öffnet sich rechts am Rand ein Auswahlfenster, das Symbolsammlungen in sieben verschiedenen Designstilen (und die klassischen Standardformen) enthält:

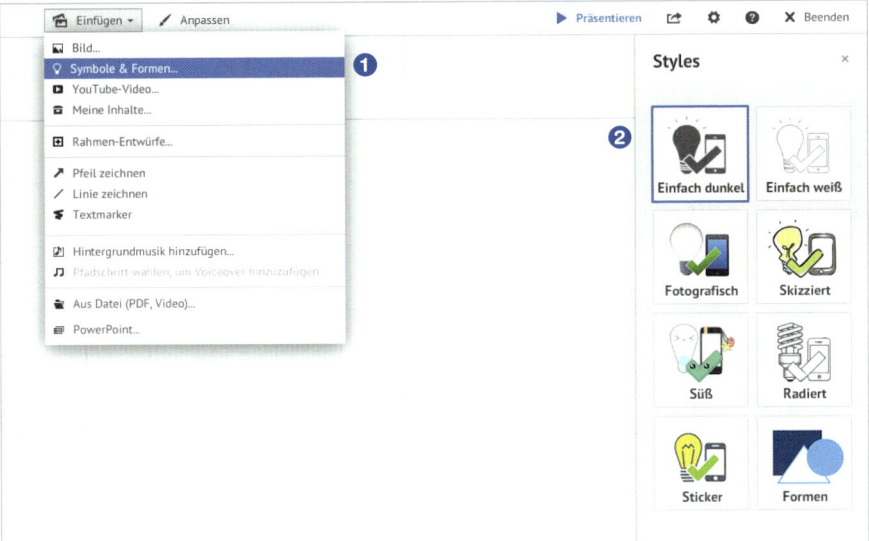

Abb. 4–25   Prezi bietet Ihnen eine umfangreiche Symbolsammlung.

Wenn Sie einen **Stil durch Anklicken auswählen**, öffnet sich die jeweilige **Icon-Sammlung**:

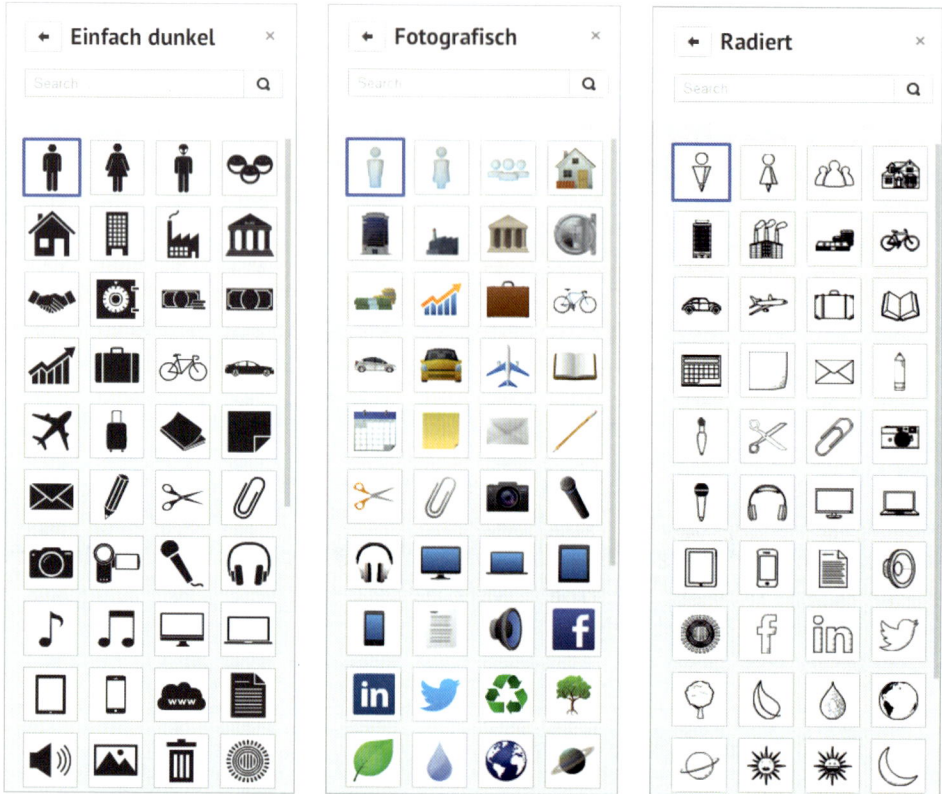

Abb. 4–26 Wählen Sie einen Stil für Ihre Symbole, und halten Sie diesen die gesamte Prezi
lang durch – so wirkt sie einheitlicher und professioneller.

Um ein Symbol auf die Leinwand zu bringen, **klicken** Sie auf das jeweilige Symbol, halten die linke Maustaste gedrückt und **ziehen** es auf die Leinwand.

Dort können Sie es mithilfe des **Transformationswerkzeugs** anpassen:

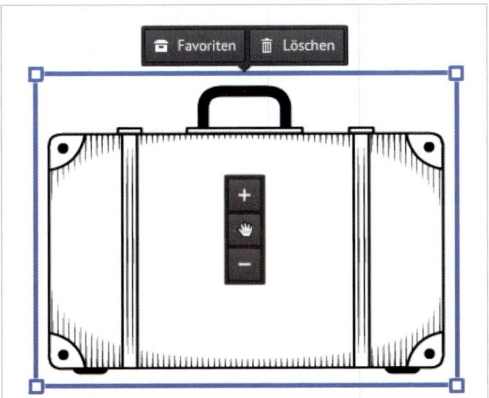

Bei den Prezi-Symbolen handelt es sich um Vektorgrafiken, die beim Hineinzoomen gestochen scharf bleiben (auch auf dem iPad).

Formen

Auch bei Prezi stehen Ihnen die einfachen **Standardformen** (Rechteck, Kreis und
Dreieck) zur Verfügung.

Klicken Sie auf *Einfügen* und dann auf *Symbole & Formen*. Statt auf die Sym-
bolstile klicken Sie nun auf *Formen* (unten rechts).

Abb. 4–27   Über »Einfügen« → »Symbole & Formen« → »Formen« gelangen Sie zu den
Standardformen.

Jetzt **ziehen Sie die gewünschte Form auf die Leinwand**:

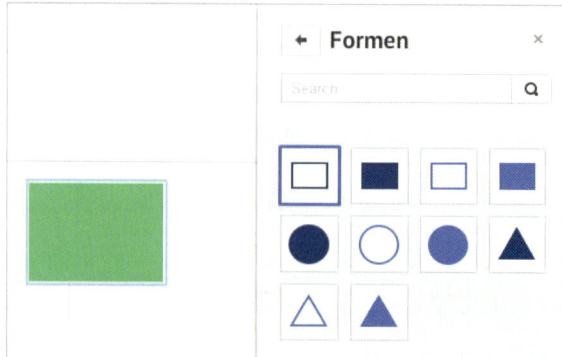

Wenn Sie einmal auf die Form klicken, können Sie diese mit dem **Transformationswerkzeug** bearbeiten:

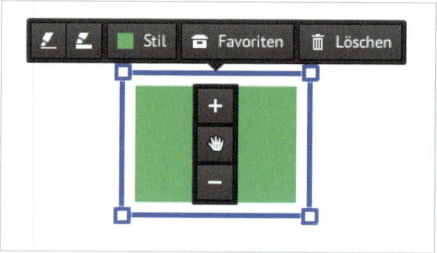

Abb. 4–28 Das Transformationswerkzeug für die Standardformen

Das Transformationswerkzeug funktioniert wie bei allen anderen Elementen in Prezi.

Eine Besonderheit ist der Punkt *Stil* im grauen Menü. Klicken Sie auf *Stil*, und Sie können zwischen **fünf verschiedenen Farbstilen** für Ihre Form wählen:

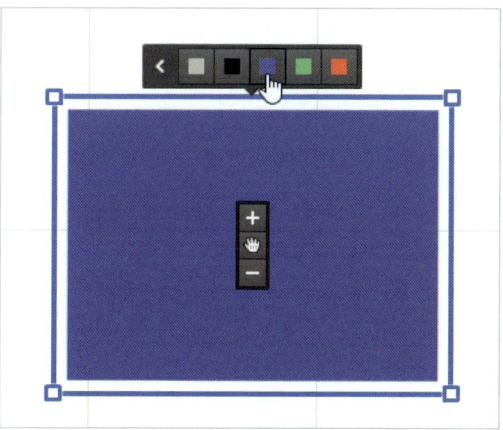

Abb. 4–29 Bestimmen Sie die Farbe der aktuellen Form.

Für den normalen Gebrauch reicht die Wahl zwischen diesen fünf Farben in der Regel aus. Anspruchsvollere bzw. fortgeschrittenere Benutzer haben die Möglichkeit, diese fünf Farben individuell über den Prezi-CSS-Editor[25] einzustellen. Wie das geht, lesen Sie in Abschnitt 5.3.

Beachten Sie, dass Sie die **Standardformen** *Rechteck* und *Dreieck* **auch nicht-proportional verändern** können, indem Sie auf die **blauen Linien** des Transformationswerkzeugs klicken und diese verschieben:

Abb. 4–30 Bringen Sie Ihre Rechtecke (und Dreiecke) in die von Ihnen gewünschte Form.

---

25 Den CSS-Editor finden Sie unter *Anpassen → Erweitert → Use the Prezi CSS editor* oder mit der Tastenkombination `Strg` + `⇧` + `C`.

Unterschätzen Sie nicht die Möglichkeiten, die Ihnen die einfachen Standardformen bieten

Der zurzeit von vielen geschätze Windows 8- oder Metro-Stil lässt sich sehr leicht mit **Standardformen** und den **Symbolen im Stil** *Einfach weiß* selbst erzeugen.

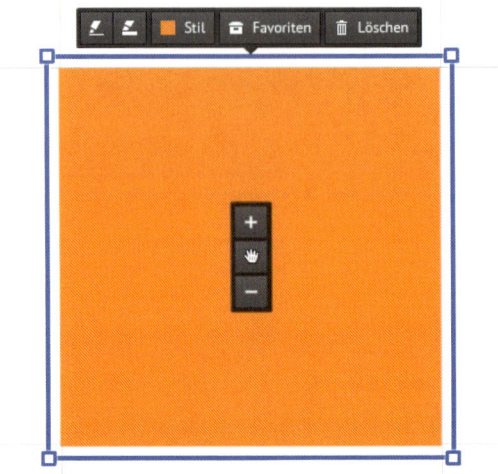

Erstellen Sie dafür als Erstes mithilfe der Gitternetzlinien ein **Quadrat**. **Duplizieren** Sie dieses Quadrat ([Strg]+[D]). Sie können auch einzelne Quadrate vergrößern und dann alle **zu einem Gitter zusammensetzen**:

Fügen Sie weiße Symbole aus der Symbolsammlung *Einfach weiß* und gegebenenfalls die passenden Stichwörter ein.

Ändern Sie nach Belieben die Farben der verschiedenen Quadrate:

Fertig ist der Metro-Stil Ihrer Prezi[26] – dieser passt sehr gut in Displays oder kann auch in schlicht-eleganten Prezis zum Einsatz kommen, die aus einer Kombination aus schick gestaltetem Text und einfacher Vektorgrafik bestehen.

---

26 Bei dem Monitor handelt es sich um einen Teil des Fotolia-Bildes »76328218 - Modern digital tech device collection«.

4.6.6 Pfeile und Linien

Die Pfeile und Linien finden Sie, wenn Sie auf *Einfügen* und dann auf *Pfeil zeichnen* oder *Linie zeichnen* klicken.

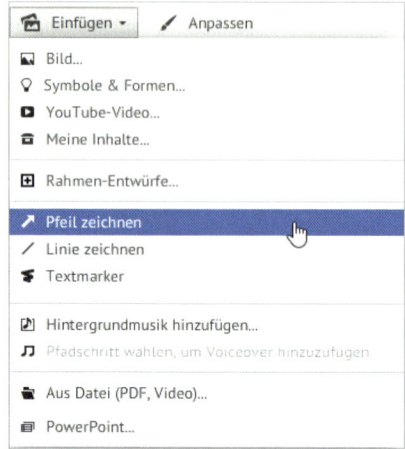

Abb. 4–31   Pfeile und Linien in Prezi einfügen.

Klicken Sie danach auf die Leinwand, halten Sie die Maustaste gedrückt, und **ziehen** Sie den gewünschten Pfeil oder die Linie auf die Leinwand:

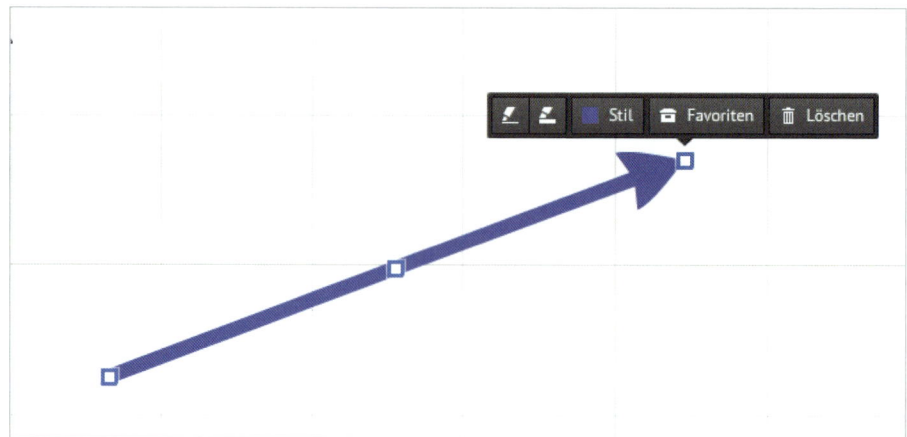

Abb. 4–32   Ein Klick auf den Pfeil öffnet das Transformationswerkzeug.

Auch bei den Pfeilen und Linien können Sie über *Stil* zwischen fünf verschiedenen Farbstilen wählen, die sich für fortgeschrittene Nutzer im Prezi-CSS-Editor einstellen lassen. Weitere Informationen dazu finden Sie in Abschnitt 5.3.1.

Um die **Stärke eines Pfeils oder einer Linie zu verändern**, klicken Sie auf die **Symbole mit der dicken oder dünnen Stiftspitze**:

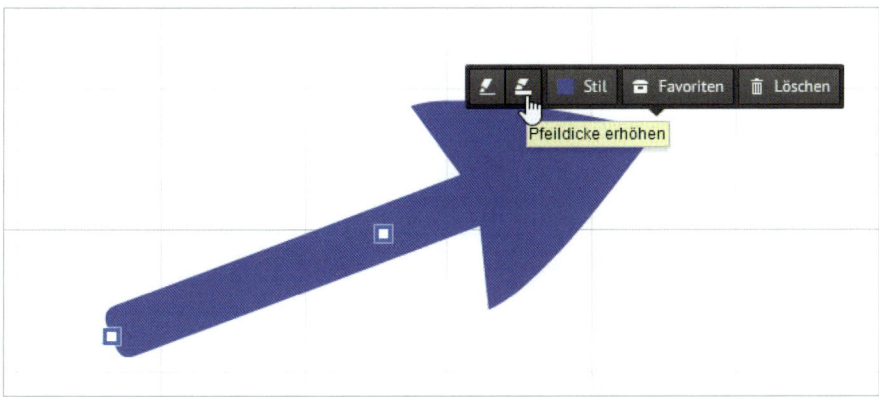

Abb. 4–33   Passen Sie Ihre Pfeile und Linien individuell an.

Sollte sich die Stärke der Linien einmal nicht mehr weiter verändern lassen, **verändern Sie die Zoomposition**. Wollen Sie die Linie feiner machen und es geht nicht mehr, zoomen Sie dichter heran, dann funktioniert es in der Regel wieder (und umgekehrt).

> **Praxistipp: Machen Sie Ihre Linien nicht zu dünn**
>
> Sehr dünne Linien sind mit der Maus **schwer anzuklicken** (um sie z. B. später zu verschieben), insbesondere dann, wenn die Linie sehr lang ist. In dem Fall müssen Sie zum Anklicken so weit herauszoomen, dass die gesamte Linie im sichtbaren Bereich des Prezi-Fensters liegt, und dann kommen Sie an die feinen Linien nicht mehr heran.

Wenn Sie mehrere **Linien in derselben Stärke** haben möchten, können Sie entweder die Linie duplizieren (Strg + D), oder Sie achten auf die blaue Hervorhebung, die Sie darüber informiert, welche zwei Linien dieselbe Stärke haben.

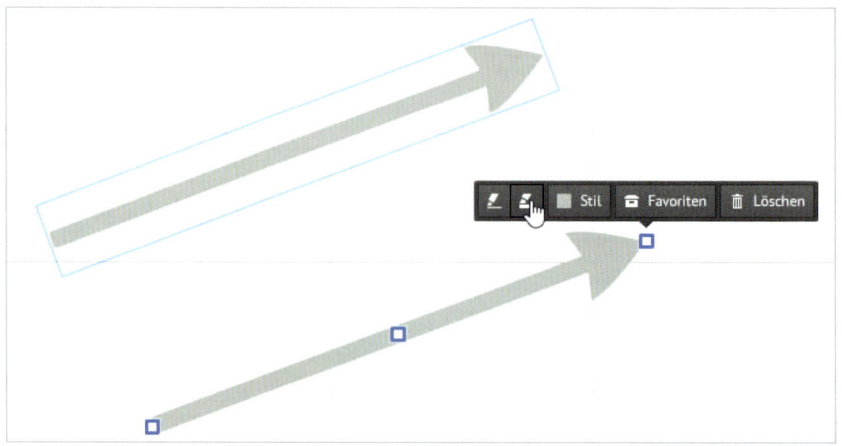

Abb. 4–34 Prezi hebt dieselbe Linienstärke durch eine dünne blaue Highlightbox hervor.

Bei Pfeilen und Linien wird das Transformationswerkzeug nicht durch blaue Linien angezeigt, die das Objekt umgeben, sondern nur **durch die drei kleinen blauen Quadrate** (sowie durch das dunkelgraue Menü).

Sie können Ihren Pfeil (oder Ihre Linie) an jedem der drei Quadrate **anfassen** und dadurch **Position und Länge beeinflussen**. Das mittlere Quadrat ermöglicht es Ihnen darüber hinaus, Ihren Pfeil (oder Ihre Linie) zu **verbiegen**:

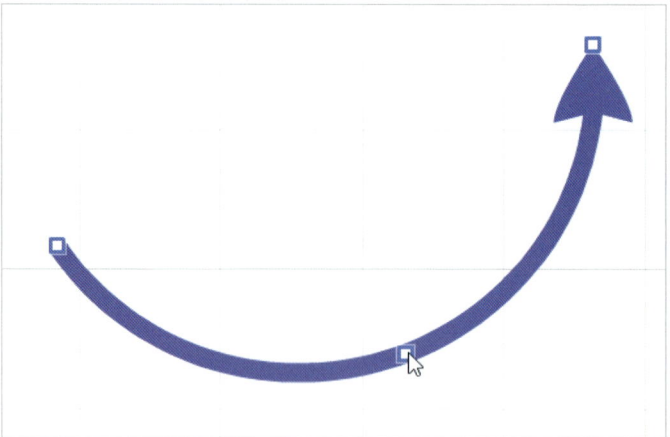

Abb. 4–35 In Prezi verbiegen Sie Pfeile und Linien sehr einfach stufenlos.

Praxistipp: Spiegeln Sie Ihre Pfeile

Es kommt immer wieder vor, dass Sie für ein Schaubild oder eine strukturelle Darstellung in Prezi zwei Pfeile benötigen, die Spiegelbilder voneinander sind:

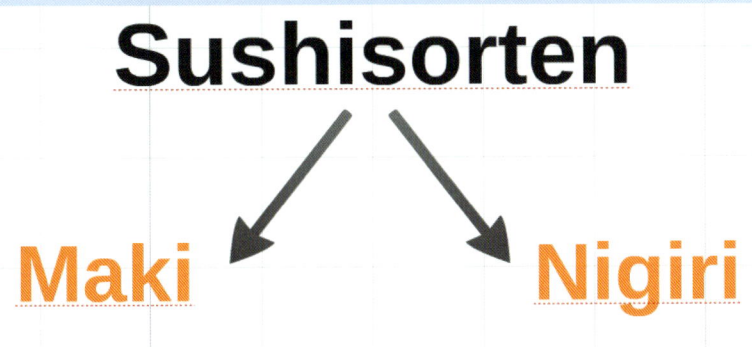

Abb. 4–36 Gespiegelte Pfeile erzeugen Sie mit der Tastenkombination Strg + ⇧ + D .

Dies erreichen Sie, indem Sie auf den Pfeil klicken, von dem Sie eine gespiegelte Kopie benötigen, und dann die Tasten Strg + ⇧ + D drücken.
Sie können beim Kopieren immer **nur vertikal** spiegeln.

4.6.7   Videos einbinden

Das Wichtigste zur Verwendung von Videos in Prezi

- Sie können Videos über YouTube oder als Datei in Ihre Prezi einbinden.
- YouTube-Videos benötigen immer (auch in tragbaren Prezis!) eine funktionierende Internetverbindung.
- Dateiformate: FLV, F4V, MOV, WMV, F4V, MPG, MPEG, MP4, M4V, 3GP[27]
- Für die Public-, Enjoy- und Edu-Enjoy-Nutzer ist die maximale Dateigröße 50 MB.

---

27   Die jeweils aktuell gültige Dateiliste finden Sie unter: *https://prezi.com/support/article/troubleshooting/supported-file-types/*

Videos können Sie auf zwei Arten in Ihre Prezi einbinden: **als Link zu einem YouTube-Video** (das zum Abspielen immer – auch in der tragbaren Variante der Prezi – eine funktionierende Internetverbindung benötigt) **oder als Videodatei** von Ihrem Rechner.

Per YouTube-Link

Klicken Sie auf *Einfügen* und *YouTube-Video*. In das Fenster, das sich dann öffnet, geben Sie die **URL des Videos** ein, das Sie einbinden möchten:

Abb. 4–37 Binden Sie Videos ganz einfach per YouTube-Link ein.

Die YouTube-URL erhalten Sie, wenn Sie auf der Seite *www.youtube.com* ein Video ausgewählt haben und **auf dieses Video rechtsklicken**. Dort haben Sie dann die Möglichkeit, den Link anzeigen zu lassen und zu kopieren:

Abb. 4–38 Ein Rechtsklick auf ein YouTube-Video ermöglicht es Ihnen, die URL anzuzeigen und dann zu kopieren.

Fügen Sie den kopierten Link ein:

Klicken Sie jetzt noch auf *Einfügen*, und Prezi zieht das Video auf die Leinwand:

Praxistipp: YouTube-Videos per Textfeld einbinden

Sie müssen noch nicht einmal über *Einfügen* und YouTube-Video gehen, sondern können **per Klick auf die Leinwand einfach ein Textfeld öffnen und den
Link dort einfügen:**

Prezi ist in der Lage, zu erkennen, dass es sich um einen YouTube-Link handelt,
und lädt das Video dann auch automatisch auf die Leinwand.

Als Videodatei

Wenn Sie Ihre Prezi auch vollständig offline vorführen möchten, sollten Sie keine Videos per YouTube-Link einbinden, sondern stattdessen **auf Ihrem Rechner gespeicherte Videodateien** in Ihre Prezi laden.

Sie können Videos in den folgenden Formaten verwenden: **FLV, F4V, MOV, WMV, F4V, MPG, MPEG, MP4, M4V und 3GP**.[28]

Das AVI-Format funktioniert manchmal, macht aber immer wieder Probleme, weshalb Sie es nicht verwenden sollten.

Um ein Video einzufügen, klicken Sie auf *Einfügen* und dann auf *Aus Datei (PDF, Video)…*:

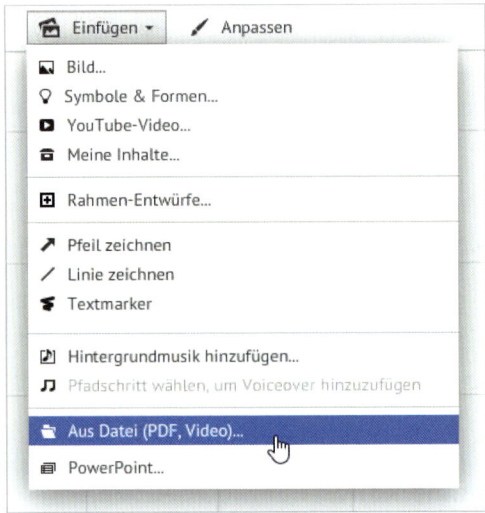

Abb. 4-39   Über den Menüpunkt »Aus Datei (PDF, Video)…« fügen Sie Videodateien in Ihre Prezi ein.

Wählen Sie die Datei aus, und Prezi lädt das Video in Ihre Präsentation. Dies kann, je nach verwendetem Dateiformat, der Dateigröße und der Geschwindigkeit Ihrer Internetverbindung eine Weile dauern:

---

28   Die jeweils aktuell gültige Dateiliste finden Sie unter: *https://prezi.com/support/article/troubleshooting/supported-file-types/*

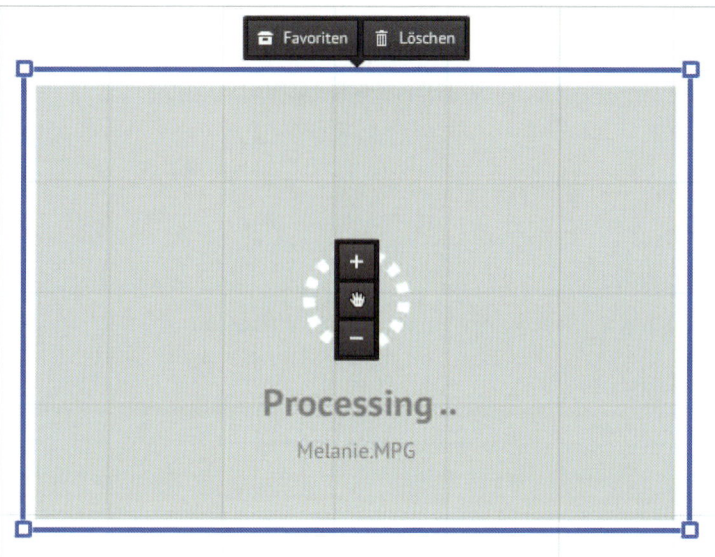

Um den Vorgang zu beschleunigen, empfehle ich Ihnen, Ihre **Videos vorher in eine FLV-Datei zu konvertieren**. Diese wird zum einen schneller hochgeladen, und zum anderen muss dieses Format nicht mehr in Ihrer lokal installierten Prezi-Software vor dem Einfügen über den Prezi-Server umgewandelt werden.

Bei anderen Videoformaten bekommen Sie – sofern eine Formatumwandlung nötig ist und Sie mit der Prezi-Software arbeiten – diesen Hinweis:

Abb. 4–40 Die Prezi-Software bittet vor der Online-Umwandlung von Videoformaten um
Ihre Zustimmung.

Es gibt viele kostenpflichtige und auch kostenlose Werkzeuge zum Umwandeln von Videoformaten. Ein solches kostenloses Onlinewerkzeug ist *Zamzar* (*http:// www.zamzar.com/*).

Am Ende noch ein Wort zu den Dateigrößen: Wenn Sie eine Public- oder Enjoy-Lizenz für Prezi haben, gibt es eine Beschränkung auf 50 MB pro Datei. Bei der **Pro-Lizenz** gibt es **keine generelle Größenbeschränkung**.

Praxistipp: Dosieren Sie Videos vorsichtig

Ebenso wie große Bilddateien sollten Sie auch Videos mit Bedacht einsetzen: Zu viele zu große Dateien können Prezi nicht nur verlangsamen, sondern sogar zum Absturz bringen. Und Videodateien sind typischerweise recht groß. Daher gilt:

- Setzen Sie in Ihrer Prezi also nicht zu viele Videos ein.
- Schneiden Sie Ihre Videos (mit einer externen Software) vorab zu, um die Dateigröße zu reduzieren.
- Reduzieren Sie die Videoauflösung (mit einer externen Software) auf die Größe, die zu Ihrem Display oder Beamer passt.

4.6.8 Links setzen

Sie können in Ihre Prezi **Hyperlinks** einfügen, die Sie im Vorführmodus auch anklicken können.

Klicken Sie auf die Leinwand, öffnen Sie ein Textfeld, und geben Sie **den vollständigen Link, beginnend mit »http« oder »https«** ein. Sobald Sie damit fertig sind und auf eine andere Stelle auf der Leinwand klicken, werden Sie sehen, dass Prezi Ihren Link automatisch unterstreicht. Sollte dies mal nicht funktionieren, schließen Sie Ihre Prezi und öffnen sie erneut.

http://www.zoom-studio.de

Abb. 4–41 Hyperlinks in Prezi – sie funktionieren nur, wenn sie vollständig geschrieben werden.

Wenn Sie im Vorführmodus auf einen Link klicken, öffnet sich – sofern Sie eine funktionierende Internetverbindung haben – die entsprechende Website.

4.6.9 PowerPoint-Dateien verwenden

Die gute Nachricht: Sie können in Ihre Prezi PowerPoint-Dateien einfügen. Die schlechte Nachricht: Ihre PowerPoint-Präsentation wird nach dem Einfügen nicht mehr so aussehen wie vorher. Aber der Reihe nach.

Um eine PowerPoint-Datei einzufügen, klicken Sie auf *Einfügen* und dann auf *PowerPoint...*:

Hier fügen Sie PowerPoint-Dateien in Ihre Prezi ein.

Wählen Sie jetzt im sich öffnenden Dateidialog Ihre PowerPoint-Datei aus und warten Sie einen Moment ab, während Prezi diese lädt.

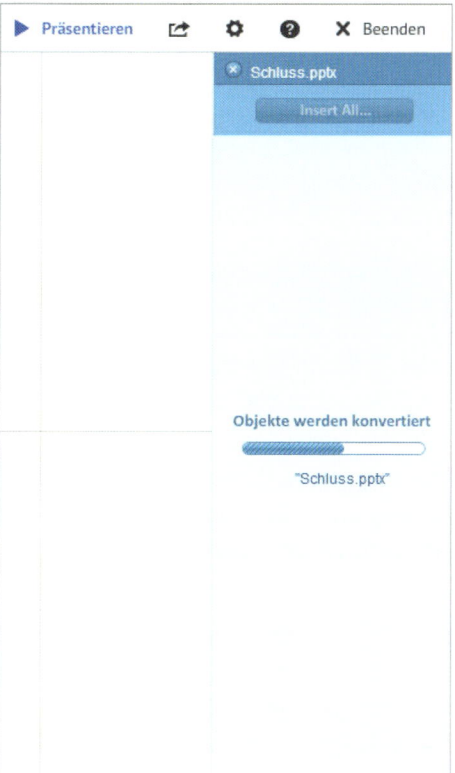

Abb. 4–42 Prezi lädt Ihre PowerPoint-Datei nicht direkt auf die Leinwand, sondern öffnet an der rechten Seite ein Fenster, in dem nach einer gewissen Wartezeit Ihre Folien angezeigt werden.

Wenn Sie statt im Browser mit der **Prezi-Software** arbeiten, wird Prezi Sie wieder um **Erlaubnis** bitten, diese Datei über den Server umwandeln zu dürfen, weil das Dateiformat anders nicht verarbeitet werden kann.

Sie sehen nach dem Laden der **Datei auf der rechten Seite Ihre Folien** – oder vielleicht sollte ich besser sagen: das, was Prezi aus Ihren Folien macht. Dies sieht in den seltensten Fällen so aus, wie Ihre ursprünglich gestaltete Folienpräsentation:

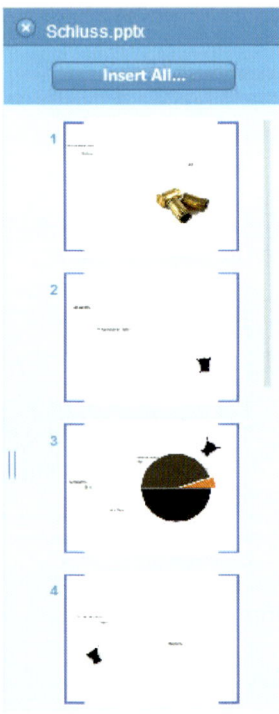

Abb. 4–43 Prezi hat nur beschränkten Zugriff auf die Inhalte Ihrer PowerPoint-Präsentation.

Wie Sie sehen werden, kann Prezi lediglich auf die **Texte und Bilder** zugreifen, die auf Ihren Folien platziert sind. Alles was bei PowerPoint im Folienmaster liegt oder PowerPoint-spezifisch ist (wie z.B. SmartArt-Grafiken), kann Prezi nicht importieren. Ebenso ist es nicht möglich, dass Prezi die von Ihnen verwendeten Schriftarten aus PowerPoint importiert. Vielmehr werden die eingestellten Prezi-Schriften verwendet. Meistens bedeutet das leider auch, dass die Umbrüche und die eingestellten Breiten der Textboxen hinüber sind.

Das Gute allerdings: **Ihre Texte sind auf der Leinwand editierbar und auch auf jedes Ihrer Bilder haben Sie einzeln Zugriff**.

Um die Inhalte der einzelnen Folien auf die Leinwand zu bekommen, können Sie auf eines der Vorschaubilder **klicken**, die linke Maustaste gedrückt halten und die Folie (jetzt: ein eckiger Rahmen mit Einzelelementen) auf die Leinwand **ziehen**.

Oder Sie klicken oben rechts auf *Insert All* und wählen anschließend, wie Prezi die ehemaligen Folien anordnen soll:

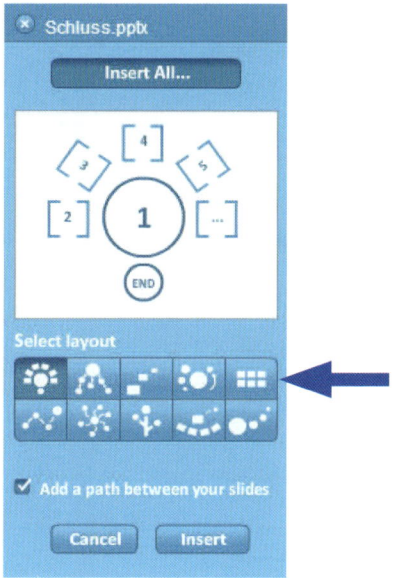

Abb. 4–44 Achtung: Auch wenn die Anordnungsvorschläge hübsch aussehen, kann Prezi natürlich keine Platzierung anhand der inhaltlichen Logik Ihrer Inhalte vornehmen. Ich empfehle daher die Variante »im Rechteck angeordnet« (1. Zeile, letzter Button). Von da aus haben Sie alles im Blick und können selbst Ihre Inhalte anordnen.

Möglicherweise sind Sie von der PowerPoint-Importfunktion jetzt enttäuscht. Allerdings wollen Sie ja auch nicht einfach eine PowerPoint-Präsentation mit Kamerafahrt bauen, oder?

Die Funktion soll es Ihnen ermöglichen, **Ihre schon gesammelten Bilder und Texte aus PowerPoint einfach weiterzuverwerten**. Stellen Sie sich also die Funktion als eine Art **Schubkarre** vor, mit deren Hilfe Sie in einem Rutsch Inhalte auf die Leinwand kippen können, um von dort mit ihnen weiterzuarbeiten.

Und wollen Sie wirklich mal eine liebevoll gestaltete **Folie eins zu eins in Ihrer Prezi zeigen**, haben Sie zwei Möglichkeiten: Sie exportieren sich diese Folie als **.pdf-Datei** oder Sie speichern die **Folie als Bild** und fügen dieses in die Prezi ein.

4.6.10 PDF-Dateien einfügen

Prezi hat den großen Vorteil, dass Sie PDF-Dateien sehr komfortabel **einfügen** und in einem geringen Umfang auch bearbeiten können.

Klicken Sie oben in der Mitte auf *Einfügen*, und wählen Sie dann über *Aus Datei (PDF, Video)...* Ihre PDF-Datei aus. Prezi lädt Ihnen diese Datei seitenweise auf die Prezi-Oberfläche.

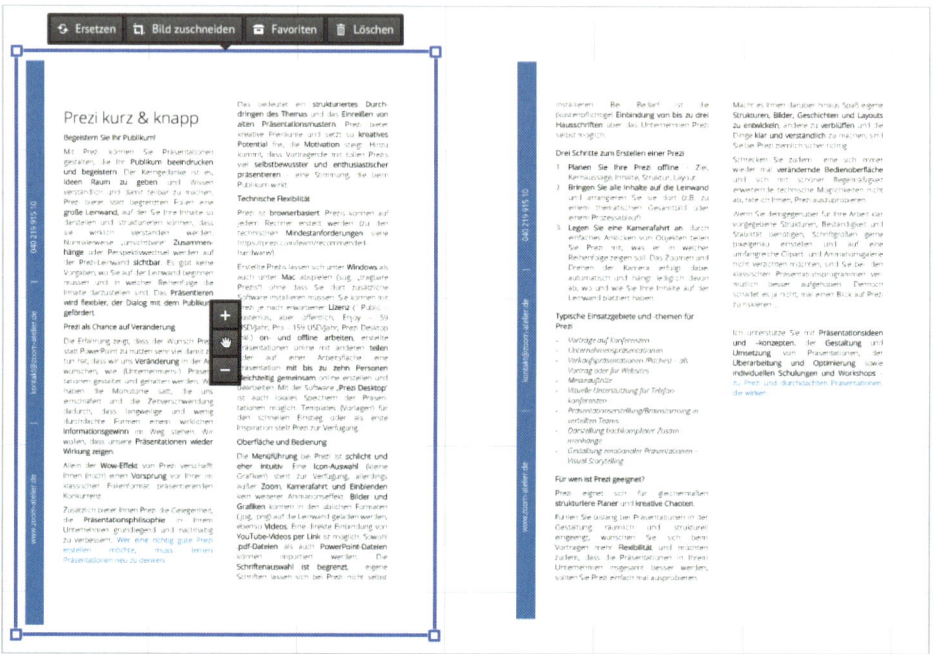

Abb. 4–45 PDF-Dateien werden seitenweise auf die Prezi-Leinwand geladen und können ähnlich wie Bilder bearbeitet werden.

Sie können jede Seite **einzeln verschieben, zuschneiden oder löschen**.

> **Praxistipp: Laden Sie PDF-Dateien immer auf freie Leinwand-Stellen**
>
> Weil Prezi die Seiten nebeneinander platziert, ist es sinnvoll, PDF-Dateien auf einem freien Teil der Leinwand einzufügen, damit nicht alle schon vorhandenen Inhalte überdeckt werden.

Achtung: Wenn Sie mit der Prezi-Software arbeiten, benötigen Sie zum Einfü-
gen von PDF-Dateien eine **Internetverbindung**, da diese Dateien über den Prezi-
Server umgewandelt werden müssen. Auch hier bittet Prezi Sie **bei der ersten
PDF-Datei**, die Sie einfügen möchten, um **Erlaubnis**:

Abb. 4–46 Entscheiden Sie per Klick, ob die konkrete Datei umgewandelt werden darf.

4.6.11   Musik und Voiceover nutzen

Das Wichtigste zur Verwendung von Sounddateien in Prezi
- Audiodateien können entweder als **Hintergrundmusik** (Dauerschleife!) oder
  als **Voiceover** (punktuell) eingebunden werden.
- Dateiformate: **MP3, M4A, FLAC, WMA, WAV, OGG, AAC, MP4, 3GP**[29]
- Hintergrundmusik ist am besten für Präsentationen geeignet, die Sie online
  verwenden möchten (z. B. durch Einbindung in eine Internetseite). Die
  Voiceover-Funktion kann auch sehr gut für Vortragspräsentationen genutzt
  werden.
- Achtung: die Abmahngefahr bei Musik ist hoch. Stellen Sie also vor Verwendung unbedingt sicher, dass Sie die Audiodatei in Ihrer Prezi nutzen dürfen.

---

29 Die jeweils aktuell gültige Dateiliste finden Sie unter: *https://prezi.com/support/article/troub-
leshooting/supported-file-types/*

Hintergrundmusik in die Prezi einfügen
Klicken Sie in der Prezi auf *Einfügen* und dann auf *Hintergrundmusik hinzufügen*.
Wählen Sie die gewünschte Musikdatei aus, und lassen Sie sie von Prezi hoch-
laden.

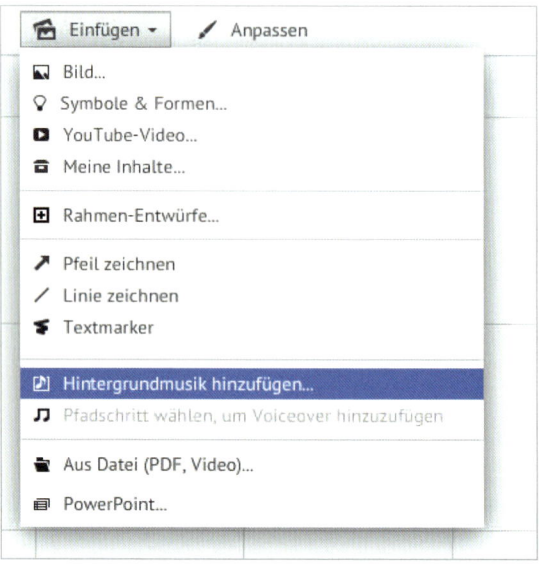

Abb. 4–47 Hintergrundmusik läuft in der Dauerschleife von dem Zeitpunkt an, zu dem Sie Ihre Prezi starten, und dann so lange, bis Sie die Präsentation beenden.

Die hochgeladene Datei finden Sie an der linken Seite Ihrer Prezi:

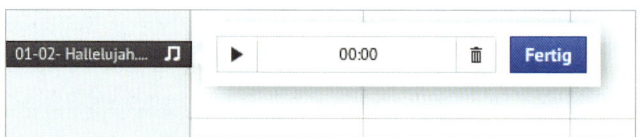

Um eine Hintergrundmusik zu ändern, gehen Sie auf *Einfügen* und dann auf *Hintergrundmusik ersetzen*.

Verwenden können Sie folgende Musikformate: **MP3, M4A, FLAC, WMA, WAV, OGG, AAC, MP4 und 3GP.**

Voiceover: Musik oder eine andere Audiodatei auf einen bestimmten Pfadpunkt legen

Wenn Sie Audiodateien (Musik oder gesprochener Text) gezielt an einzelnen Stellen Ihrer Prezi verwenden möchten, nutzen Sie die Voiceover-Funktion. Sie finden sie unter *Einfügen*:

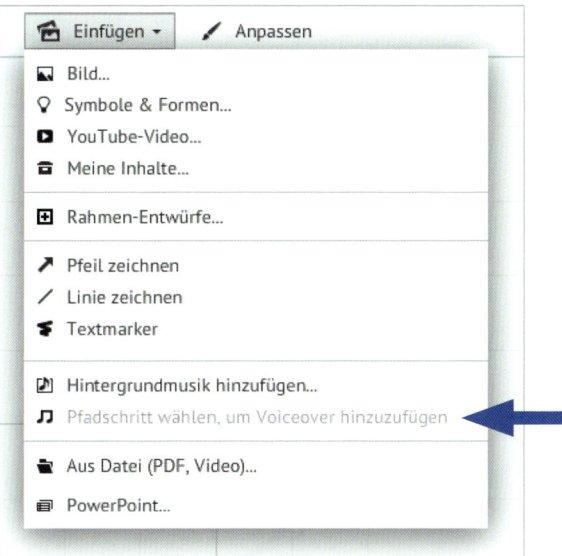

Abb. 4–48 Die Voiceover-Funktion finden Sie – im Moment noch ausgegraut – über
»Einfügen«.

Solange Sie in Ihrer Prezi noch **keine Kamerafahrt** angelegt haben (d. h., solange sie noch nicht über einen Pfadpunkt verfügen), ist die Funktion *Pfadschritt wählen, um Voiceover hinzuzufügen* **ausgegraut** und nicht verfügbar.

Sobald Sie in der Prezi einen ersten **Pfadpunkt angelegt** *und* **in der Pfadvorschau auf der linken Seite angeklickt** haben, schaut dasselbe Menü so aus:

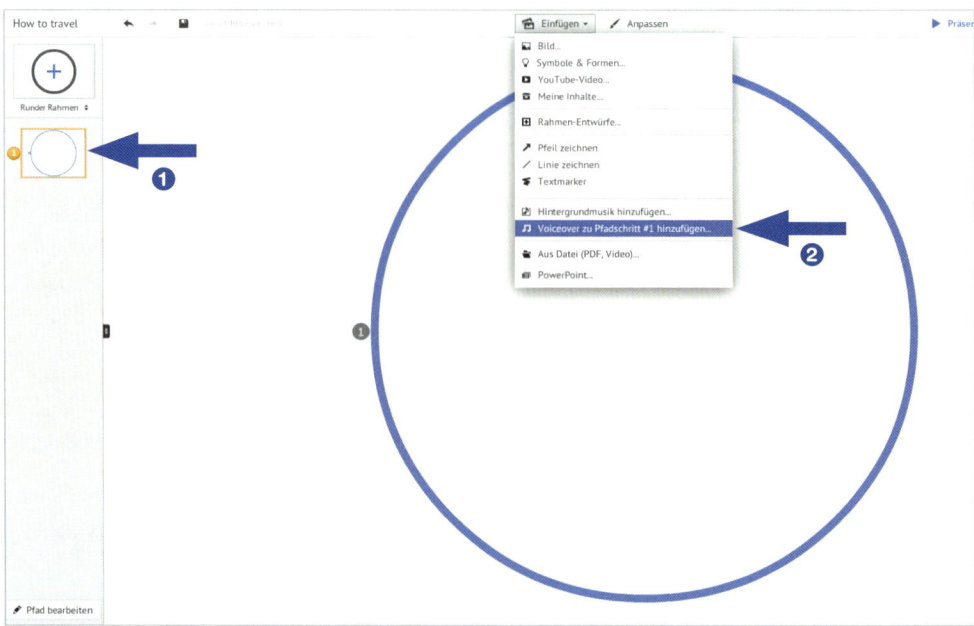

Abb. 4–49 Sobald Sie in Ihrer Prezi eine Kamerafahrt angelegt haben, können Sie zu ausgewählten Pfadpunkten ein Voiceover hinzufügen.

Wählen Sie die **Audiodatei**, und Prezi lädt diese zum entsprechenden Pfadpunkt
hoch:

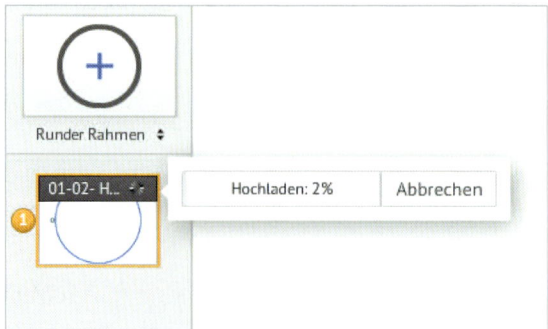

Abb. 4–50 Hier wird eine Musikdatei zum Pfadpunkt Nummer 1 hinzugefügt.

**Ein Voiceover wird beim Vorführen gestartet, sobald Sie den entsprechenden
Pfadpunkt erreichen, und endet, sobald Sie zum nächsten Pfadpunkt wechseln.**
Wenn Sie die Autoplay-Funktion in Prezi nutzen, wird der Pfadpunkt so lange
angezeigt, wie die Audiodatei lang ist.

Wie Sie einen Pfadpunkt anlegen, erfahren Sie in Kapitel 6.2.

Wenn Sie selbst **Tonaufnahmen** erzeugen möchten, können Sie das leider nicht in Prezi selbst, sondern müssen es mit einer **externen Software** tun. Unter Windows gibt es ein ganz einfaches Aufnahmeprogramm. Sie finden es unter *Start → Alle Programme → Zubehör → Audiorecorder*.

Wichtig ist, dass Sie ein **gutes Mikrofon** benutzen. Wenn Sie nicht viel Geld für ein Profi-Mikro ausgeben möchten, weil Sie nicht vorhaben, besonders oft Audioaufnahmen zu erstellen, sollten Sie es am bestem mit einem **Headset-Mikro** versuchen. Die Aufnahmenqualität diese Mikrofone für das gesprochene Wort ist in der Regel gar nicht schlecht.

4.7   Schnelleres Arbeiten mit Tastenkombinationen

In Prezi können Sie Tastenkombinationen verwenden, um schneller zu arbeiten. Sie müssen diese allerdings vorher aktivieren.

Um Ihre **Tastenkombinationen zu aktivieren**, klicken Sie im Bearbeitungsmodus oben rechts auf das kleine Zahnrad:

Abb. 4–51   Tastenkombinationen in Prezi aktivieren

Die nachfolgende Tabelle gibt Ihnen eine Übersicht über nützliche Tastenkombinationen in Prezi. **Die Strg-Taste unter Windows entspricht der cmd-Taste auf dem Mac.** Sollte in Ihrem Browser eine Tastenkombination nicht funktionieren, kann dies daran liegen, dass diese Tastenkombination in Ihren Browsereinstellungen anderweitig belegt ist. Am häufigsten ist das meiner Erfahrung nach leider für die Kombination Strg + D der Fall.

Taste(nkombination)	Funktion
Esc	Beendet den Vollbildmodus und auch das Pfadmenü.
1	Zoomt rein.
2	Zoomt raus.
3	Dreht die Arbeitsfläche nach rechts (wenn nichts angeklickt ist).
4	Dreht die Arbeitsfläche nach links (wenn nichts angeklickt ist).
Entf / ←	Löscht.
P	Startet den Pfadmodus.
S	Aktiviert die »Shapes« (Formen) – erneutes Drücken schaltet durch die verschiedenen Formen.
F	Aktiviert die »Frames« (Rahmen) – erneutes Drücken schaltet durch die verschiedenen Rahmenarten.
I	Öffnet ein Fenster, um Mediendateien hochzuladen.
→	Vorführmodus: zum nächsten Pfadpunkt gehen
←	Vorführmodus: zum vorherigen Pfadpunkt gehen
↑	Vorführmodus: näher heranzoomen
↓	Vorführmodus: herauszoomen
Leertaste	Wechselt vom Bearbeitungsmodus in den Vorführmodus; sind Sie schon im Vorführmodus, kommen Sie mit der Leertaste zum nächsten Pfadpunkt.
⇧ + Maus	Wenn Sie die Taste ⇧ (Umschalttaste) gedrückt halten, können Sie per Mausklick mehrere Objekte auswählen.
Strg + ⇧ + C	Öffnet den CSS-Editor.
Z + Maus auf- und abbewegen	Zoomen
Strg + ⇧ + M	Im Bearbeitungsmodus zwischen den Seitenverhältnissen 4:3 und 16:9 (und »off«) als Grundeinstellung für die Vorführung der Prezi wechseln.
Alt + Mausklick auf einen Rahmen	Verändern und verschieben Sie den Rahmen, ohne die Inhalte zu verändern.
Strg + Z	Rückgängig
Strg + A	Alles auswählen
Strg + C	Kopieren
Strg + V	Einfügen
Strg + D	Duplizieren
⇧-Taste beim Drehen gedrückt halten	Objekt wird um 15° gedreht.

Tabelle 4–1   Nützliche Tastenkombinationen in Prezi

5 Individuelle Anpassungen des Layouts

In diesem Kapitel erfahren Sie, wie Sie die Farben und Schriftarten in Prezi einstellen und einmal erstellte Farb- und Schriftkombinationen für die Verwendung in weiteren Prezis als sogenanntes »Theme« speichern können.

Das Wichtigste zu den Farb- und Schriftanpassungen in Prezi

- Einstellungen nehmen Sie über *Anpassen* vor. Klicken Sie dann rechts unten auf *Erweitert*.
- Farben können per RGB-Code eingestellt werden.
- Die Schriftenauswahl ist begrenzt; eigene Schriften können nicht in die Prezi geladen werden.[1]
- Fortgeschrittene Einstellungen sind im CSS-Editor möglich (Strg + ⇧ + C).

---

1 Es gibt allerdings die (kostenpflichtige) Möglichkeit, direkt beim Unternehmen Prezi ein sogenanntes Unternehmenstemplate in Auftrag zu geben. In diesem können Hausschriften integriert und die Unternehmensfarben eingestellt werden. Weitere Informationen dazu finden Sie über das Stichwort »Teamlizenzen«: *https://prezi.com/contact/sales/grouplicense/*

5.1 Schriftarten und Farben im »Theme Wizard« einstellen

Erinnern Sie sich noch, dass Sie bei jedem Textfeld drei mögliche Schriftstile zur Auswahl haben: **Titel, Untertitel und Textkörper**?

Diese Schriftstile (Schriftart und Farbe) können Sie selbst einstellen. Klicken Sie dazu auf *Anpassen* (oben in der Mitte). An der rechten Seite öffnet sich ein Fenster, in dem Sie verschiedene Auswahlmöglichkeiten haben:

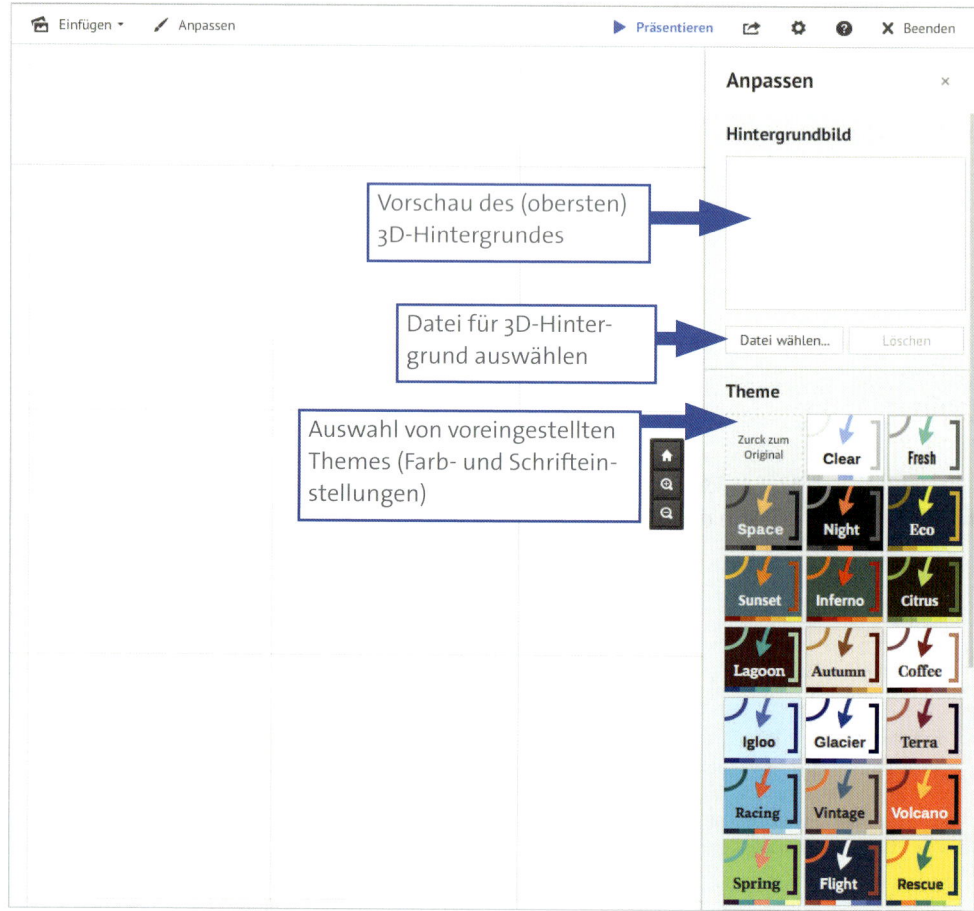

Um eines der **voreingestellten Themes** zu aktivieren, klicken Sie auf das gewünschte Theme. Sie sehen dann, wie Prezi **automatisch** alle bereits auf Ihrer Leinwand liegenden Inhalte anpasst:

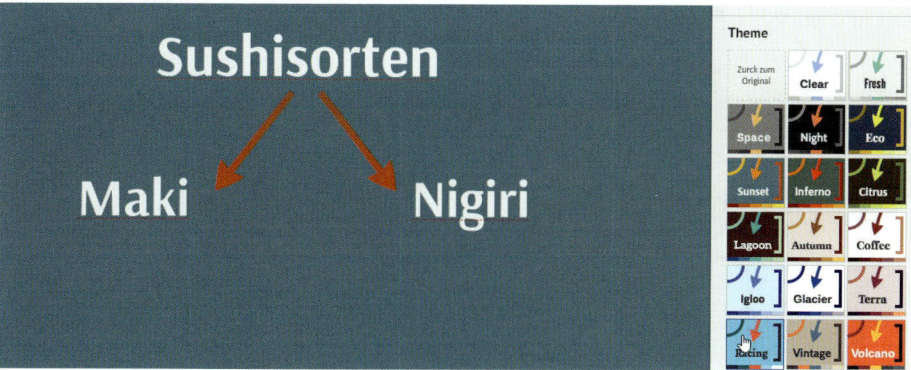

Abb. 5–1   Ein voreingestelltes Theme wählen Sie per Klick aus. Wenn Sie zurück zu Ihren Einstellungen möchten, klicken Sie auf »Zurück zum Original«.

Sollten Ihnen die voreingestellten Themes nicht genügen, können Sie auch **individuelle Einstellungen** vornehmen.

Scrollen Sie dazu auf der rechten Seite **ganz nach unten**, und klicken Sie dort auf *Erweitert*.

Abb. 5–2   Über »Anpassen« und dann »Erweitert« gelangen Sie zum Theme Wizard, in dem Sie Farben und Schriften einstellen können.

117

Es öffnet sich der **Theme Wizard**:

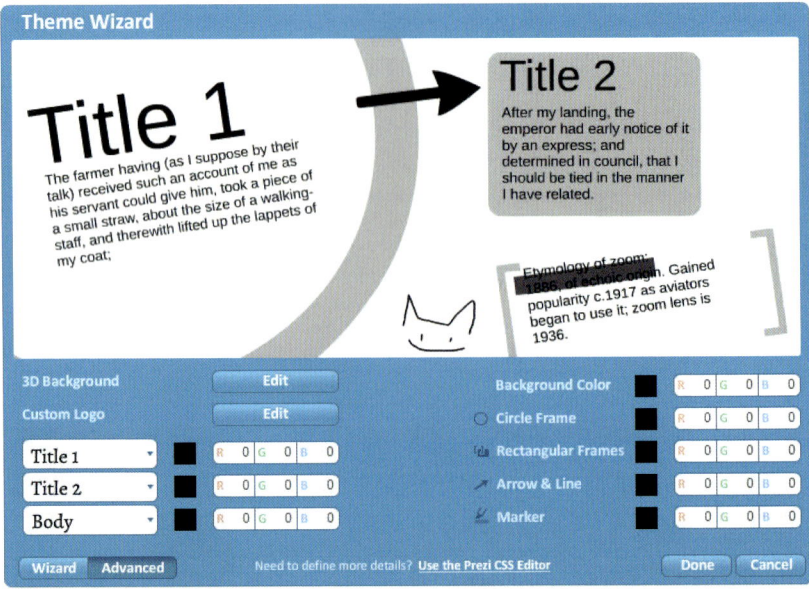

Abb. 5–3   Hier können Sie Farben und Schriften einstellen.

Der Theme Wizard ist zweigeteilt aufgebaut. Im oberen Bereich sehen Sie eine **Live-Vorschau** Ihrer Einstellungen, und im unteren Bereich nehmen Sie Ihre **Einstellungen** vor.

5.1.1   Farben einstellen

Farben stellen Sie ein, indem Sie die entsprechenden RGB-Codes der Farben eingeben. Farben setzen sich auf Monitoren aus einer Mischung der drei Farben **R**ot, **G**rün und **B**lau zusammen. Die Werte bewegen sich alle zwischen 0 und 255.
   Hier ein paar Beispielwerte:

Farbe	Rot	Grün	Blau
Weiß	255	255	255
Schwarz	0	0	0
Rot	255	0	0
Grün	0	255	0
Blau	0	0	255

Haben Sie bis gerade eben noch nie etwas von RGB-Codes gehört und wollen Sie sich damit auch nicht aufhalten, können Sie unten links auf *Wizard* klicken und es wird Ihnen eine alternative Einstelloberfläche angezeigt, auf der Sie die Farben mit Hilfe von Farbfeldern auswählen können.

Abb. 5–4   Wenn Sie unten links den »Wizard« ausgewählt haben, haben Sie weiterhin alle Einstellmöglichkeiten, allerdings verteilt auf drei »Seiten«. Mit einem Klick auf »Next« (unten in der Mitte) navigieren Sie zu den übrigen Einstellmöglichkeiten.

Wenn Sie herausfinden wollen, welchen RGB-Wert eine Farbe hat, können Sie z. B. die Website **www.colorpicker.com** nutzen, oder Sie verwenden das Pipetten-Werkzeug z. B. in der Software *paint.net*.

In der linken Spalte des Theme Wizard stellen Sie die Farben für die drei verschiedenen Textformatierungen ein. *Title 1* entspricht dem »Titel«, *Title 2* dem »Untertitel« und *Body* dem »Textkörper« – an dieser Stelle ist die Übersetzung nicht vollständig.

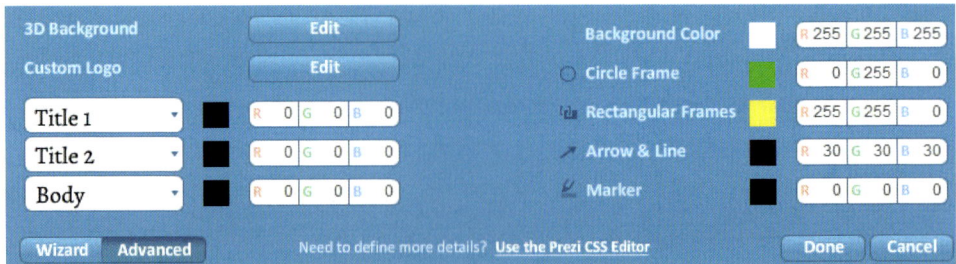

Abb. 5–5   In der »Advanced«-Ansicht sehen Sie alle Einstellmöglichkeiten auf einen Blick.

Oberhalb der Einstellungen für die Schriftarten finden Sie noch die Funktionen *3D Background* und *Custom Logo*.[2]

> **Praxistipp: Verzichten Sie auf die Logo-Funktion**
>
> Sofern Sie über eine kostenpflichtige Prezi-Lizenz verfügen, sehen Sie auch einen *Edit*-Knopf neben *Custom Logo*. Hiermit können Sie **Ihr Logo** in die Präsentation hochladen. Allerdings würde ich Ihnen empfehlen, auf diese Funktion zu verzichten.
>
> Weshalb? Ganz einfach: Sobald Sie eine Logodatei auf diesem Weg in die Prezi laden, wird diese **immer unten links** im Bild (nein, die Position lässt sich nicht ändern) und vor allem **immer im Vordergrund** eingeblendet. Das bedeutet, das Logo nimmt keine Rücksicht darauf, ob sich unten links in einem Ihrer Stopps Inhalte befinden. Darüber hinaus bietet das Logo, das in jedem Stopp eingeblendet wird, **keinen Mehrwert für den Betrachter**: Es hat keinerlei Informationsgehalt und überfrachtet das Bild unter Umständen nur. Geschickter ist es, wenn Sie **das Logo als Bild in Ihre Prezi laden und dort auf der Leinwand platzieren, wo Sie es auch wirklich zeigen möchten** (z. B. ganz am Anfang und/oder ganz am Ende im großen Gesamtbild).

In der rechten Spalte des Theme Wizards finden Sie die Farbeinstellungen für die übrigen Prezi-Elemente[3].

---

2   Mehr zu den 3D-Hintergründen erfahren Sie in Kapitel 7.

3   Hintergrundfarbe (*Background Color*), Farbe der Kreisrahmen (*Circle Frame*), Farbe der rechteckigen Rahmen (*Rectangular Frames*), Farbe der Pfeile und Linien (*Arrow & Line*), Farbe des Textmarkers (*Marker*)

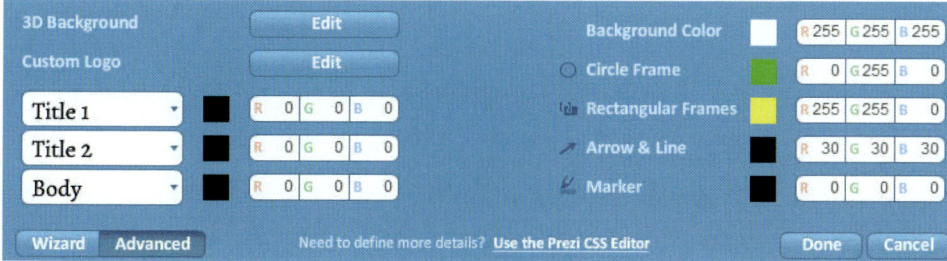

Sie bestätigen Ihre Einstellungen, indem Sie rechts unten auf *Done* klicken.

5.1.2   Schriftarten einstellen

Um Schriftarten auszuwählen, klicken Sie auf das **kleine Dreieck** neben *Title 1*, *Title 2* und *Body* und wählen die gewünschte Schrift:

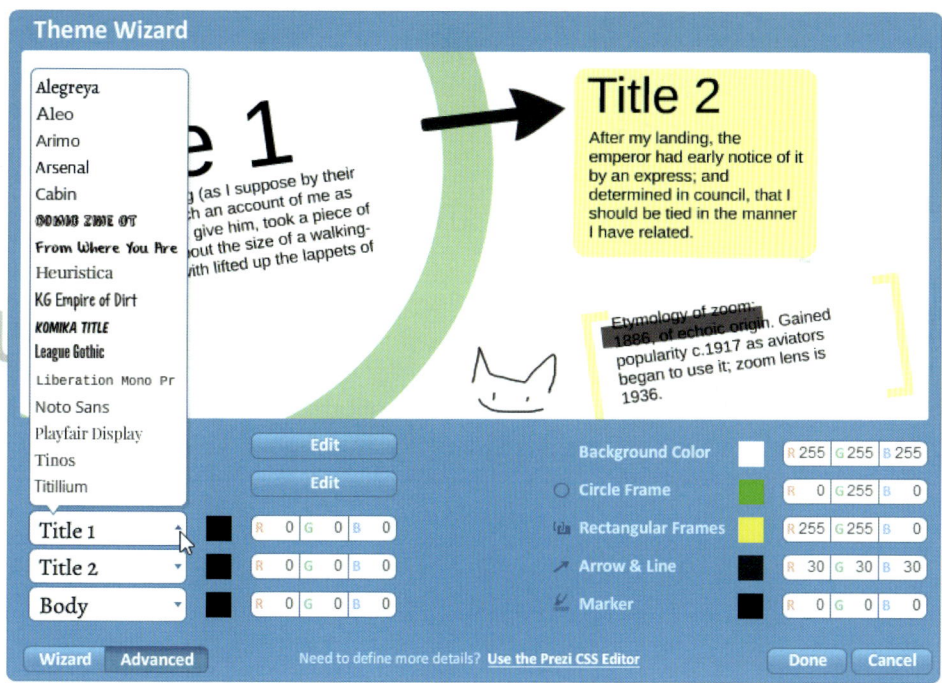

Abb. 5–6   Hier finden Sie jeweils für alle drei einstellbaren Formatierungen die Schriftenauswahl in Prezi.

Wählen Sie die gewünschte Schrift durch **Anklicken**. Drei Schriftarten pro Präsentation sind vollkommen ausreichend; **in den meisten Fällen genügen zwei Schriftarten**. Wenn Sie z. B. für die Kategorie *Title 2* und für *Body* dieselbe Schriftart wählen, haben Sie die Möglichkeit, zwei spezielle Farben für diese Schrift einzustellen und in der Prezi zu verwenden.

Da die **Schriftenauswahl sehr begrenzt** ist, ist die Wahrscheinlichkeit sehr hoch, dass Ihre Wunschschrift nicht dabei ist. Jetzt haben Sie **vier Möglichkeiten**:

1. Sie wählen Schriften, die Ihren **Wunschschriften sehr ähnlich** sind.

2. Sie wählen (gut leserliche!) **Schriften, die Ihnen gut gefallen**.

3. Sie lassen sich ein sogenanntes **Unternehmenstemplate** mit Ihren Hausschriften bei Prezi erstellen.[4]

4. Sie entscheiden sich für eine **neutrale, gut leserliche Schrift** (z. B. Arimo) und legen die Texte, für die Sie eine bestimmte Schrift benötigen, z. B. in PowerPoint oder in einem Grafikprogramm an, speichern diese **als Grafik** (PNG, JPG oder SWF) und laden diese in die Prezi.

Vergessen Sie nicht, Ihre gemachten Einstellungen unten mit *Done* zu bestätigen.

5.2 Eingestellte Layouts speichern

Sie können die von Ihnen eingestellte Kombination aus Farben und Schriften in Prezi **als Theme speichern**.

Klicken Sie dazu unten rechts auf *Aktuelles Theme speichern*. Prezi speichert Ihr Theme, sodass es Ihnen künftig in neuen Präsentationen zur Verfügung steht und Sie die Einstellungen nicht jedes Mal neu vornehmen müssen.

---

4   Es gibt die (kostenpflichtige) Möglichkeit, direkt beim Unternehmen Prezi ein sog. Firmen-Theme in Auftrag zu geben. In diesem können bis zu drei Hausschriften integriert und die Unternehmensfarben eingestellt werden. Weitere Informationen dazu finden Sie über das Stichwort »Teamlizenzen«: *https://prezi.com/contact/sales/grouplicense/*

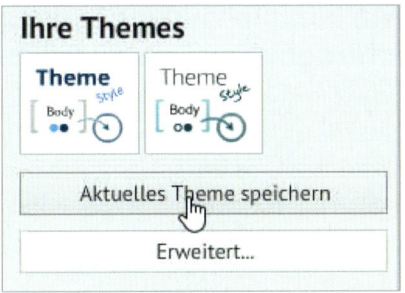

Abb. 5–7   Im Bereich »Anpassen« an der rechten Seite finden Sie fast ganz unten die Möglichkeit, Ihre Farb- und Schrifteinstellungen als eigenes Theme zu speichern.

Leider ist es nicht möglich, dem Theme einen eigenen Namen zu geben, und Sie
können auch nur **maximal fünf eigene Themes** speichern.

> **Praxistipp: Speichern Sie sich eine Prezi als Vorlage**
>
> Auch wenn Sie nur fünf Themes (ohne individuelle Namensvergabe) spei-
> chern können, haben Sie immer die Möglichkeit, in einer neuen Prezi Farb- und
> Schrifteinstellungen vorzunehmen und **diese Prezi in Ihrem Account zu spei-
> chern**. Benennen Sie sie als *Vorlage + Name/Schlagwort*. Um eine neue Prezi mit
> denselben Einstellungen zu erstellen, legen Sie zu Beginn eine **Kopie dieser Vor-
> lagenprezi** an, benennen diese um und arbeiten mit der Kopie weiter.
>
> Auf diese Weise speichern Sie **beliebig viele Vorlagen mit Wunschnamen in
> Ihrem Account**. Um sie leichter wiederzufinden, können Sie dort auch einen
> **Vorlagenordner** anlegen.

5.3 Vertiefung: Wie kann ich ein eigenes Layout anlegen, z. B. als ein Unternehmenstemplate?

Ich werde oft gefragt, wie man dafür sorgen kann, dass eine Prezi der Corporate Identity (CI) eines Unternehmens entspricht. Die meisten sind dabei auf der Suche nach dem, was sie als Folienmaster in PowerPoint kennen.

Bei Prezi stellen Sie dazu im ersten Schritt – wie zuvor beschrieben – die gewünschten Farben und Schriften im Wizard ein.

Zusätzlich können Sie noch typische Grafikelemente (z. B. einen Satz Symbole oder Ihre Logo-Dateien) auf die Leinwand bringen und von dort aus per Rechtsklick zu Ihren Favoriten hinzufügen, damit Ihnen diese jederzeit schnell zur Verfügung stehen.

Abb. 5–8   Haben Sie bestimmte Hintergrundbilder, die Sie immer wieder für Ihre Präsentationen nutzen? Fügen Sie diese am besten auch zu Ihren Favoriten hinzu.

Meiner Erfahrung nach wünschen sich viele Anwender, dass sie neben den Einstellungen, die sie bislang vorgenommen haben, noch drei Dinge definieren können: die **fünf Farben** für die **Pfeile, Linien** und **Standardformen** und für die **Hinterlegung von Texten**:

Abb. 5–9   Wenn Sie die vertraute Umgebung der Einstelloptionen verlassen und sich in
einen fortgeschrittenen Bereich wagen, können Sie die fünf Farben individuell
einstellen und somit genau an Ihre Unternehmensfarben anpassen.

Bevor Sie sich an diese Änderungen wagen, noch ein Hinweis: Was ich Ihnen jetzt
zeige, **ist von Prezi nicht als »normale Nutzung« bzw. für den »Normalnutzer«
vorgesehen**. Aus diesem Grund erwartet Sie jetzt keine hübsche Bedienoberflä-
che, sondern ein Fenster mit Programmiercode. Ich verspreche Ihnen, dass Sie
die Farbeinstellungen dort vornehmen können, ohne dass Sie über Program-
mierkenntnisse verfügen müssen.

Wagen Sie es! Klicken Sie auf *Anpassen → Erweitert* und danach im »Wizard«
auf den kleinen Link unten in der Mitte mit dem Titel *Use the Prezi CSS Editor*:

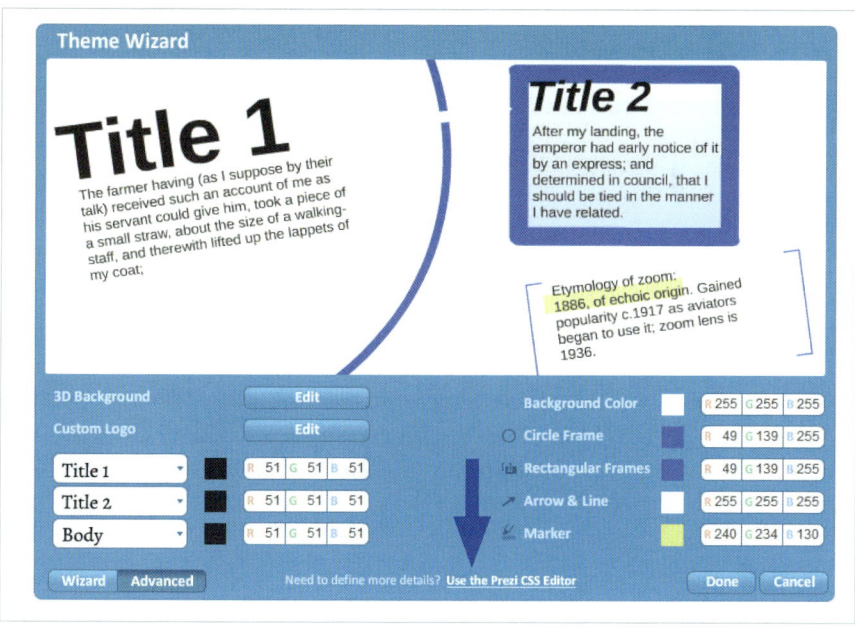

Abb. 5–10   Mit dem Klick auf diesem Link verlassen Sie den »normalen« Nutzungsbereich
von Prezi.

Es öffnet sich der sogenannte *CSS Editor*:

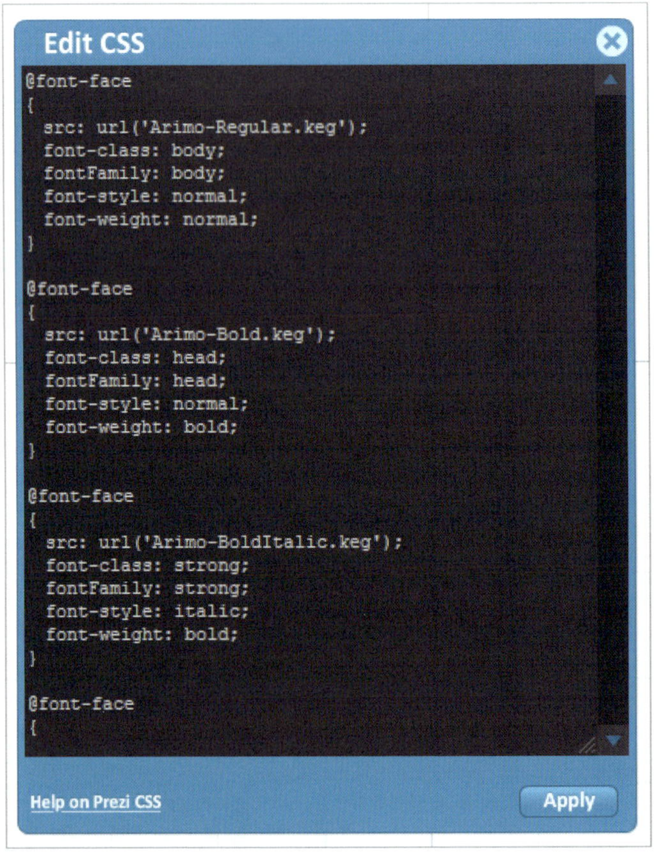

Abb. 5–11 Die Tastenkombination [Strg] + [⇧] + [C] öffnet ebenfalls den CSS-Editor.

CSS steht für »Cascading Style Sheet« – und in diesem Editor können Sie Layouteinstellungen für die Darstellungen der Prezi-Elemente vornehmen.

Wenn Sie sich mit CSS auskennen: super! Hier stehen Ihnen viele zusätzliche Einstellmöglichkeiten für Profis zur Verfügung.

Wenn Sie bis gerade eben noch nicht mal den Begriff »CSS« gehört haben, beschränke ich meine Erklärung ganz pragmatisch auf das Wichtigste, was Sie unbedingt wissen müssen, um die gewünschten Anpassungen vornehmen zu können.

5.3.1   Die fünf Linienfarben einstellen

Scrollen Sie im CSS-Editor bis an diese Stelle:

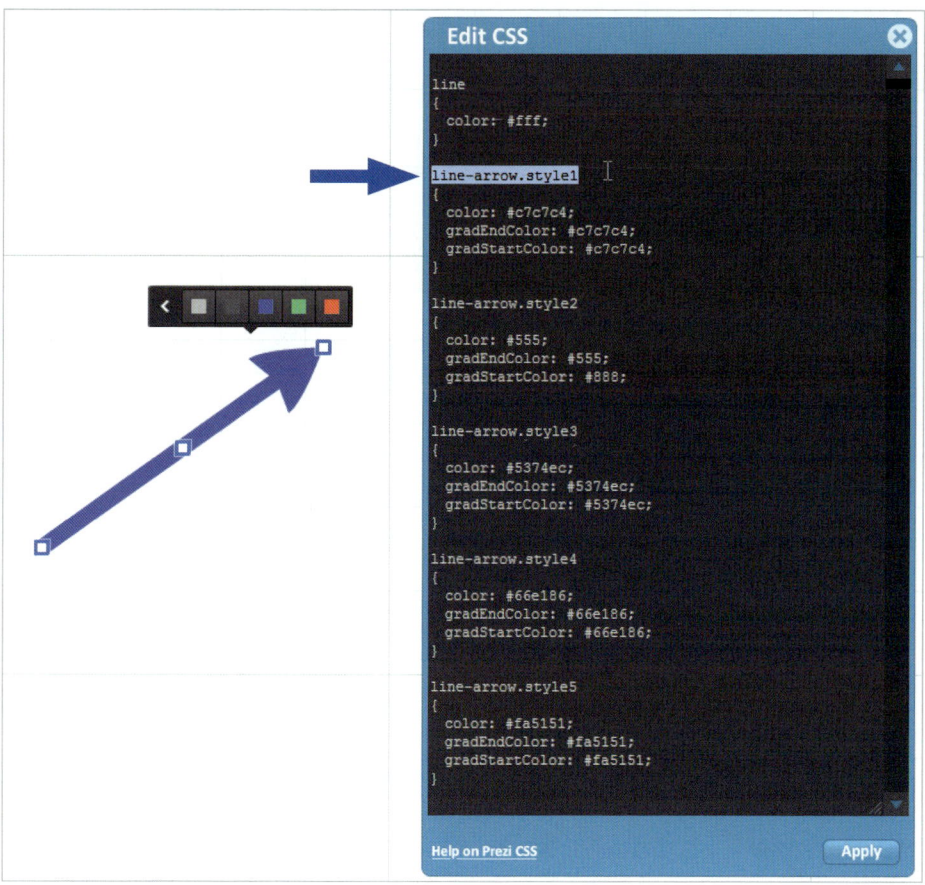

Abb. 5–12   Das entscheidende Schlagwort, nach dem Sie suchen müssen, ist »line-arrow«.

Den Stil *line-arrow* gibt es fünfmal: *.style1* bis *.style5*. Diese durchnummerierten Abschnitte legen die **fünf Farbstile für die Pfeile und Linien** (von links nach rechts) fest, die im Bild bei dem blauen Pfeil geöffnet sind.

Bei den **Zahlen- und/oder Buchstabenkombinationen hinter den #-Zeichen** handelt es sich um sogenannte **Hexadezimalcodes für Farben**, die auch kurz als **Hexcodes** oder **HEX-Farben** bezeichnet werden. Wenn Sie den RGB-Wert einer Farbe kennen, können Sie diese auf verschiedenen Internetseiten (z. B. auf *www. colorpicker.com*) in den HEX-Wert umrechnen lassen:

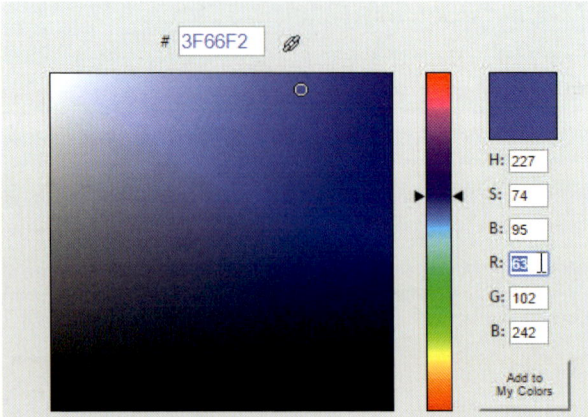

Abb. 5–13 Geben Sie rechts die RGB-Werte ein, und ColorPicker zeigt Ihnen oben in der Mitte den HEX-Wert der Farbe an.

Entscheiden Sie sich für fünf Farben, und tragen Sie ihre Hexadezimalwerte im CSS-Editor ein. Wichtig ist: Wenn unter den Abschnitten *.style1* bis *.style5* jeweils mehr als ein Farbwert steht, tragen Sie die gewünschte Farbe mehrfach ein:

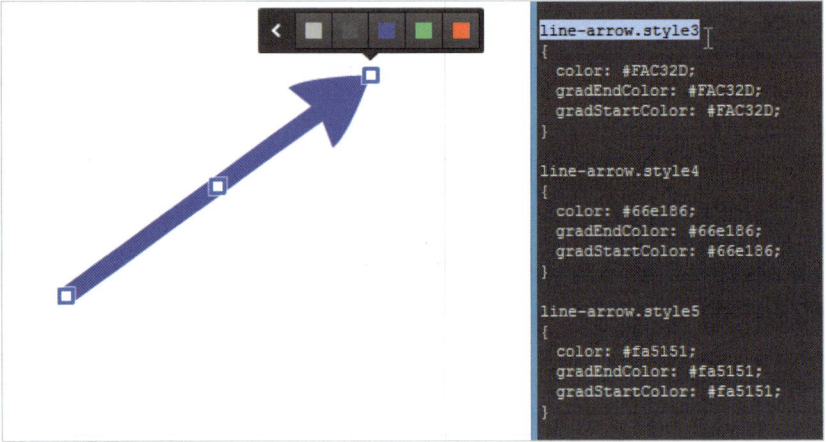

Abb. 5–14 In diesem Beispiel möchte ich als dritte Farbe nicht länger das gerade angezeigte Blau, sondern stattdessen ein Gelb. Ich habe den Hex-Wert des gewünschten Gelbtons (»FAC32D«) herausgefunden. Da ich die dritte Farbe ändern möchte, muss ich die Änderungen im Bereich »line-arrow.style3« vornehmen. Dort habe ich den Gelbwert dreimal eingetragen.

Sobald Sie Ihre Änderungen unten rechts mit *Apply* bestätigen, wird Prezi den Pfeil gelb färben. Wenn Sie erneut auf den Pfeil klicken und die fünf Farbstile öffnen, wird Ihnen auch dort das neu eingestellte Gelb angezeigt:

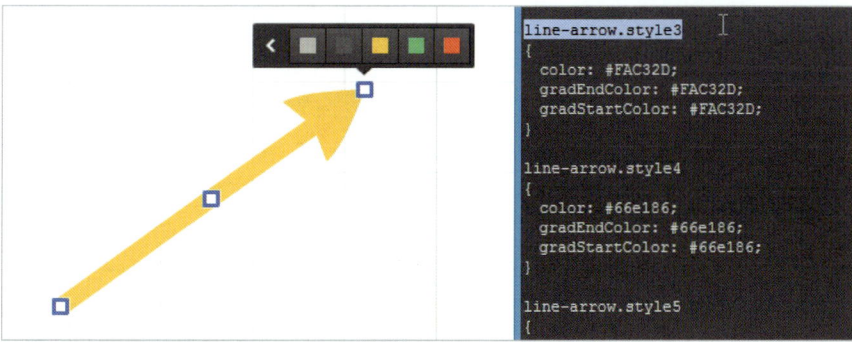

Abb. 5–15   Ob Sie einen Buchstaben bei den HEX-Werten klein- oder großschreiben, ist übrigens irrelevant.

Wiederholen Sie das Eintragen der Farben für alle fünf Stile, und vergessen Sie nicht, Ihre Einstellungen mit *Apply* zu bestätigen.

5.3.2   Die fünf Farben für die Standardformen einstellen

Um die Farben für die Standardformen einzustellen, gehen Sie ebenso vor. Der einzige Unterschied besteht darin, dass Sie im CSS-Editor diesen Bereich finden müssen:

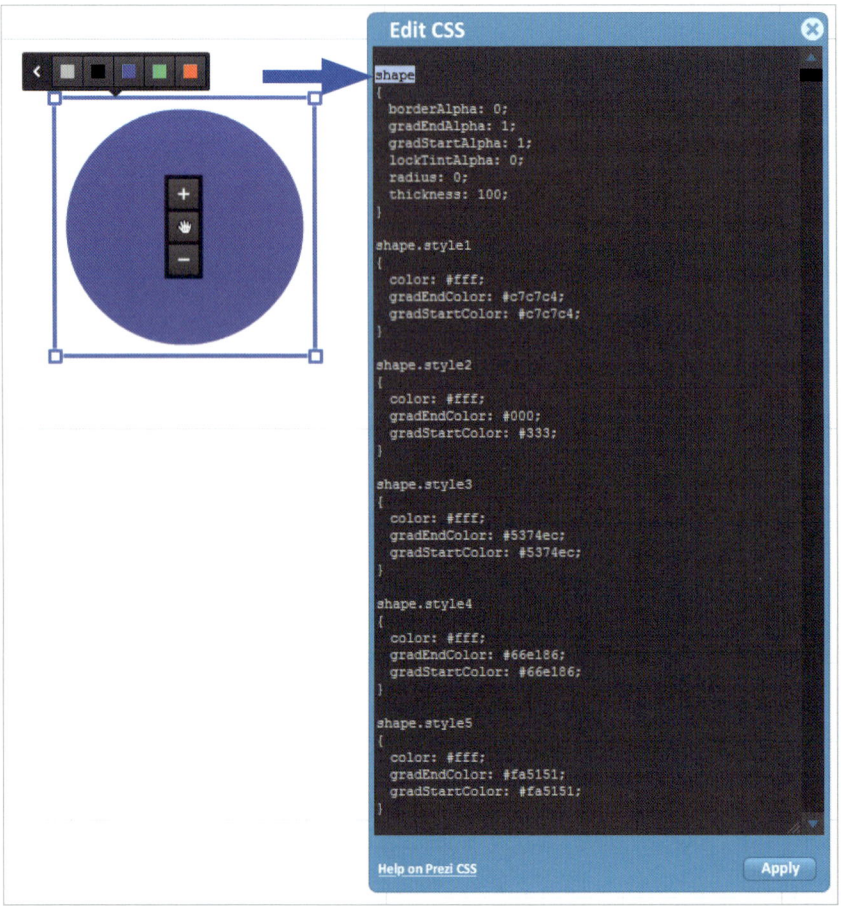

Abb. 5–16 Das entscheidende Schlagwort, nach dem Sie suchen müssen, ist »shape«. Die
fünf möglichen Farben von links nach rechts entsprechen wieder der Nummerie-
rung hinter »shape.style«.

Wenn Sie mehr über CSS erfahren möchten, können Sie auch auf *Help on Prezi
CSS* klicken. Der Link führt Sie zu einem (englischen) Tutorial.

5.3.3   Die Farben zum Hinterlegen der Texte einstellen

Auch diese Einstellungen funktionieren wie die vorangegangenen. Finden müssen Sie lediglich diese Stelle im CSS:

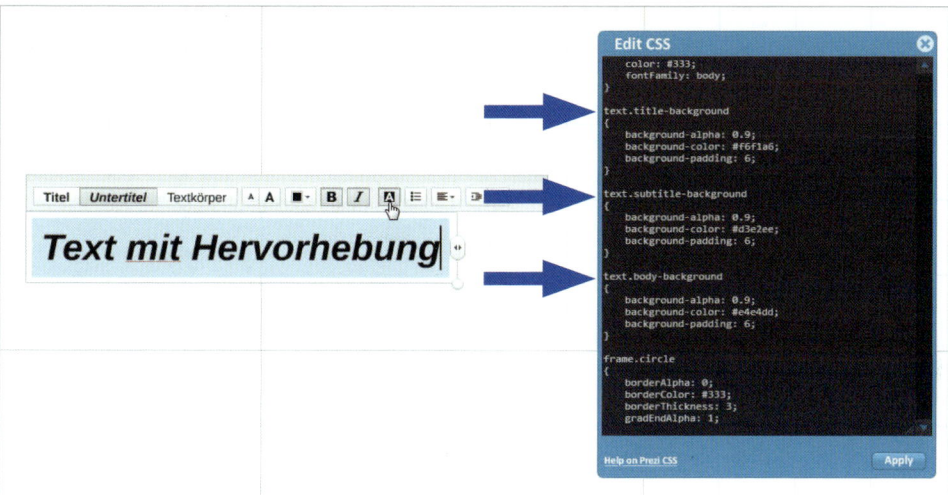

Abb. 5–17   Beim Stichwort »text.title-background« (bzw. »subtitle- und body-background«) stellen Sie die Hintergrundfarben (»background-color«) der Texthinterlegung ein.

Und falls Sie sich jetzt fragen, was es mit den Zeilen *background-alpha* und *background-padding* auf sich hat: Ersteres legt fest, wie transparent die Box hinter dem Text ist[5] und Letzteres bestimmt, wie breit die Box in Relation zum Text ist. Experimentieren Sie einfach mal mit den Werten.

Damit Sie die Einstellungen im CSS nicht jedes Mal aufs Neue vornehmen müssen, denken Sie daran, Ihr Theme zu speichern (oder sich die Prezi als Vorlagendatei zu sichern)!

---

5   Die Werte liegen zwischen 0 und 1. 0 bedeutet durchsichtig, 1 undurchsichtig.

6 Die Kamerafahrt bei Prezi: Einen Pfad anlegen

Nachdem Sie Ihre Inhalte auf die Leinwand gebracht haben, müssen Sie Prezi im nächsten Schritt sagen, **was wann und wie gezeigt werden soll** – sprich: Sie planen **die Kamerafahrt (den sog. Pfad)**.

Das Wichtigste zur Kamerafahrt bei Prezi

- Links unten aktivieren Sie den Pfadmodus durch einen Klick auf *Pfad bearbeiten*.
- Mit einem Klick fügen Sie Objekte zum Pfad hinzu.
- Den Pfad verändern Sie entweder links in der Vorschauansicht oder mit Hilfe der blauen Kreise mit den Zahlen bzw. Pluszeichen auf der Leinwand.
- Veränderungen der Kamerafahrt wirken sich nicht auf Ihre Inhalte aus.
- Sie können Objekte mehrfach anfahren.
- Mit Hilfe von Rahmen können Sie mehr als ein Objekt zeigen oder in Bilder hinein zoomen.
- Prezi stellt alle Objekte vollständig, mittig und so groß wie möglich dar.
- Prezi dreht die Kamera, um gedrehte Objekte (bei der Vorführung) horizontal ausgerichtet anzuzeigen.
- Der zeitliche Abstand zwischen zwei Pfadpunkten ist immer gleich.

Unabhängig davon, ob Sie einen Pfad geplant haben (auf dem Sie sich beim Vorführen mit einfachen Klicks bewegen können), haben Sie bei Prezi grundsätzlich jederzeit die Möglichkeit, beim Vorführen auf ein Objekt oder einen Bereich der Prezi zu klicken[1], und die Kamera fährt sofort dorthin. Doch bevor wir zur Handhabung des Vorführmodus kommen, werfen Sie erst mal einen genaueren Blick auf den **Pfadmodus**.

---

1 Ausnahmen ergeben sich allenfalls daraus, dass ein Einzelobjekt nicht einzeln klickbar ist. Die Gründe dafür erfahren Sie in Abschnitt 10.3

6.1   Der Pfadmodus

Grundsätzlich unterscheidet man bei Prezi zwei Modi: den *Bearbeitungsmodus* und den *Vorführmodus*. Der *Pfadmodus* ist ein **Sonderfall des Bearbeitungsmodus**. Sie wechseln in diesen Modus, indem Sie **unten links auf** *Pfad bearbeiten* **klicken**. Oben wird ein dunkler Balken eingeblendet, der Ihnen signalisiert, dass Sie jetzt im Pfadmodus sind:

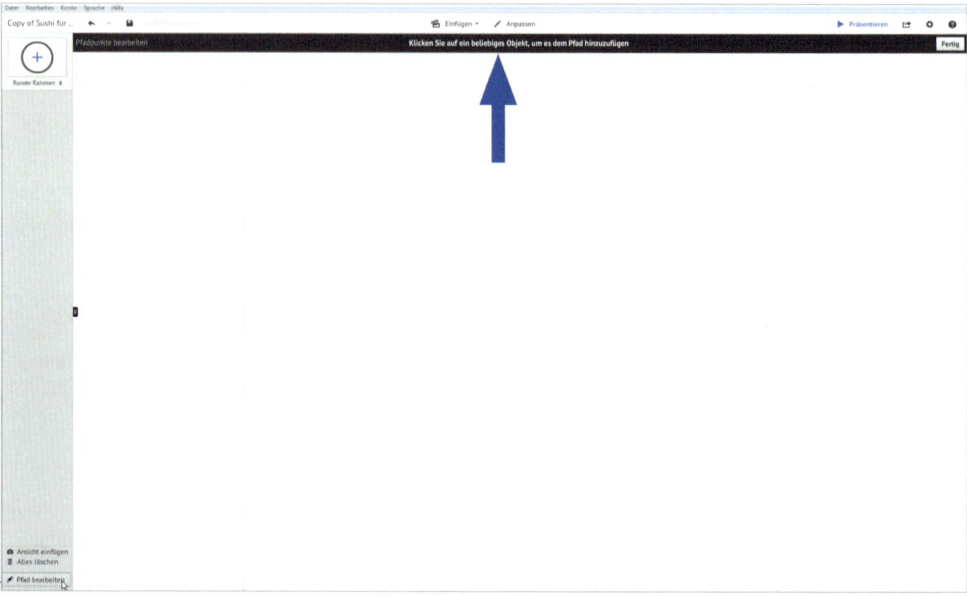

Abb. 6–1   Unten links aktivieren Sie den Pfadmodus mit einem Klick auf *Pfad bearbeiten*.

6.2   Einen ersten Pfad anlegen

Sofern Sie bereits ein paar Inhalte auf Ihrer Leinwand liegen haben (Texte, Bilder etc.), können Sie jetzt sehr einfach Ihren ersten Pfad anlegen. **Klicken Sie dazu in der Reihenfolge auf Ihre Objekte, in der Sie sie zeigen möchten.** Mit jedem Ihrer Klicks legt Prezi einen **Pfadpunkt** (Kamerastopp) auf dieses Objekt.

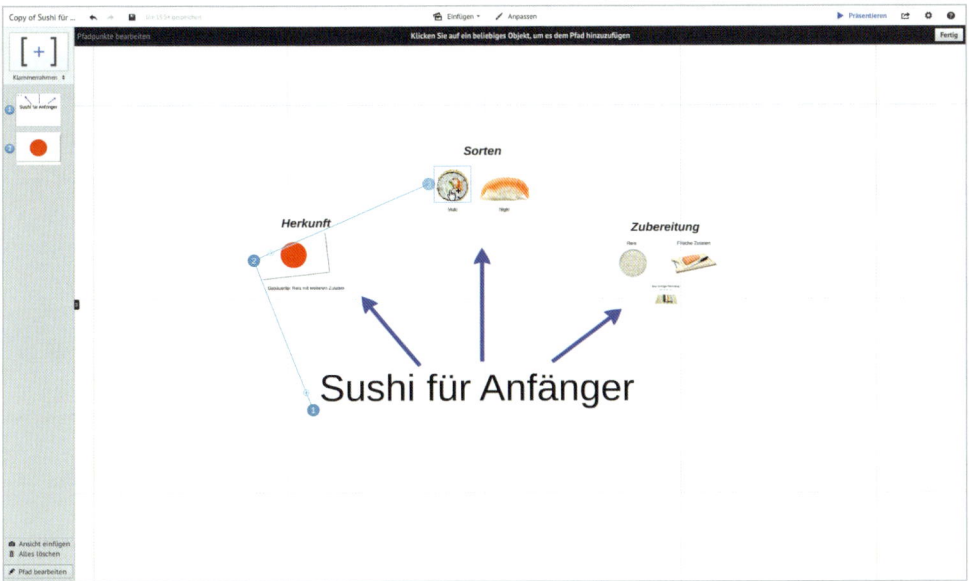

Abb. 6–2   Klicken Sie auf ein Objekt, und Prezi fügt einen Kamerastopp hinzu.

In der Spalte links im Editor können Sie als **Mini-Vorschau** sehen, wie der Pfad-punkt (oder »Stopp«) aussieht. Die kleine Zahl neben Ihrem Objekt verrät Ihnen, an wievielter Stelle der Stopp auf dem Pfad liegt, und die blauen Linien auf der Leinwand skizzieren die Kamerafahrt.

Klicken Sie sich jetzt einmal durch die verschiedenen Objekte auf Ihrer Lein-wand. Danach klicken Sie oben rechts auf *Fertig*. Mit einem weiteren Klick auf *Präsentieren* gelangen Sie in den Vorführmodus. Dort können Sie sich Ihr Erst-lingswerk anschauen.

Abb. 6–3   Beenden Sie erst den Pfadmodus (*Fertig*), und schauen Sie sich Ihre Prezi dann mit *Präsentieren* an.

An dieser Stelle schon mal einen kleinen Ausblick auf das Vorführen: Sobald Sie im Präsentationsmodus sind, können Sie sich unten mit den **Pfeilen** oder mit den **Pfeiltasten** (rechts/links) auf Ihrer Tastatur durch Ihre Prezi navigieren:

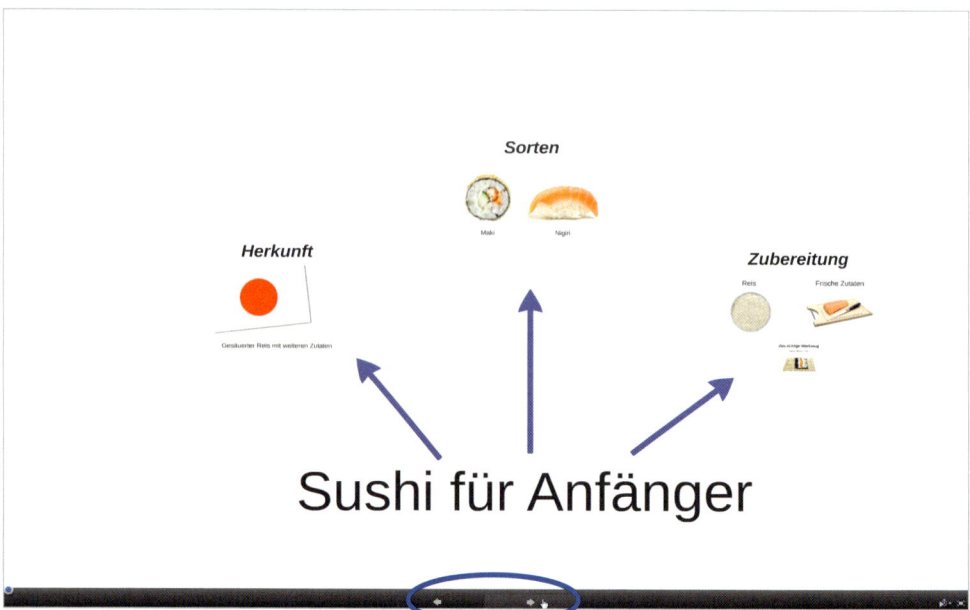

Abb. 6–4   Die Pfeiltasten unten (oder die entsprechenden Tasten auf Ihrer Tastatur) bringen
Sie schrittweise durch Ihre Prezi.

Die meisten, die sich zum ersten Mal die mit Prezi erstellte Kamerafahrt anschauen, erleben Folgendes: Erst ist es ein »**Wow** … (es bewegt sich)«, dann kommt ein »**Hmm** … (wieso tut es das?)« und schließlich ein »**Nein**, das muss noch anders …«.

Aus diesem Grund erfahren Sie jetzt zuerst, wie Sie Ihre Kamerafahrt technisch verändern. Danach geht es darum, wieso Prezi Ihre Inhalte so darstellt, wie Sie es gerade gesehen haben (siehe Abschnitt 6.3). Sobald Sie die dahinterliegenden Prinzipien verstanden haben, sind Sie in der Lage, die Kamera gezielt zu steuern.

Möglicherweise fragen Sie sich bereits an dieser Stelle, wie Sie mehr als ein Element auf der Leinwand gleichzeitig zeigen (momentan klicken Sie ja immer nur auf genau einen Text oder ein Bild). Für Ungeduldige verrate ich hier schon die Lösung: Rahmen. Mehr Informationen dazu finden Sie in Abschnitt 5.7.

Sie haben verschiedene Möglichkeiten, einen angelegten Pfad zu verändern. Das Erste, was Sie dafür tun müssen, ist, den Pfadmodus (unten links *Pfad bearbeiten*) **aktivieren**.

Wenn Sie mit dem Mauszeiger auf die Vorschauansicht eines Pfadpunktes gehen, sehen Sie, dass Ihnen ein roter Kreis mit einem »x« eingeblendet wird. Ein Klick auf den roten Kreis mit dem »x« **löscht den Pfadpunkt**.

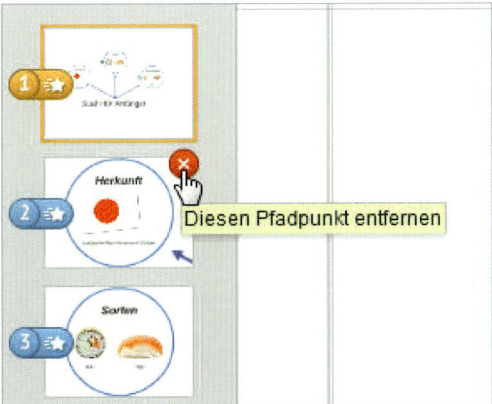

Abb. 6–5   Im Vorschaubereich können Sie die Kamerafahrt verändern.

Eine Veränderung der Kamerafahrt hat keinen Einfluss auf die Inhalte, die auf der Leinwand liegen!

An dieser Stelle ist es wichtig zu verstehen, dass eine Veränderung der Kamerafahrt **keine** Auswirkungen auf die Inhalte der Leinwand hat.

Ihre Inhalte liegen auf der Leinwand – gleichgültig, ob Sie eine Kamerafahrt angelegt haben oder nicht. **Das Anlegen der Kamerafahrt in Prezi bedeutet lediglich, der Software mitzuteilen, in welcher Reihenfolge sie welchen Ausschnitt der Leinwand zeigen soll. Ob dort** (außer einem Rahmen weitere) **Inhalte liegen oder welche das sind, ist der Kamera vollkommen egal.** Das bedeutet: Wenn Sie die Kamerafahrt verändern, teilen Sie Prezi lediglich mit, dass eine Stelle auf der Leinwand gar nicht oder zu einem anderen Zeitpunkt gezeigt werden soll. Sie können sich das so vorstellen, dass Ihre Leinwand eine Tischplatte ist, auf der allerlei Kram liegt. Sie haben eine Videokamera in der Hand und filmen von oben ein Ding nach dem anderen. Wenn Sie jetzt beschließen, die Dinge in einer anderen Reihenfolge zu filmen – erst ein Schwenk zur Tasse und danach erst zum Schlüsselbund – dann hat das ja auch keinen Einfluss auf die Anordnung der Dinge auf dem Tisch.

Anders ist es z. B. bei PowerPoint: Wenn ich dort in der Vorschauansicht eine Folie lösche, dann lösche ich tatsächlich die Folie (d. h. die entsprechende Seite mit allen Inhalten).

Das **Umsortieren** der Pfadpunkte in der Vorschauansicht ist ebenfalls sehr einfach. **Klicken** Sie auf ein Vorschaubild, halten Sie die linke Maustaste **gedrückt**, und **ziehen** Sie das Vorschaubild an die gewünschte Stelle.

Abb. 6–6   Zum Ändern der Pfadreihenfolge ziehen Sie die Vorschaubilder an die richtige Stelle.

Sie können Ihren Pfad allerdings auch **direkt auf der Leinwand** umbauen.

Die blauen Kreise mit den Zahlen auf der Leinwand können Sie anklicken und, wenn Sie die linke Maustaste gedrückt halten, bewegen:

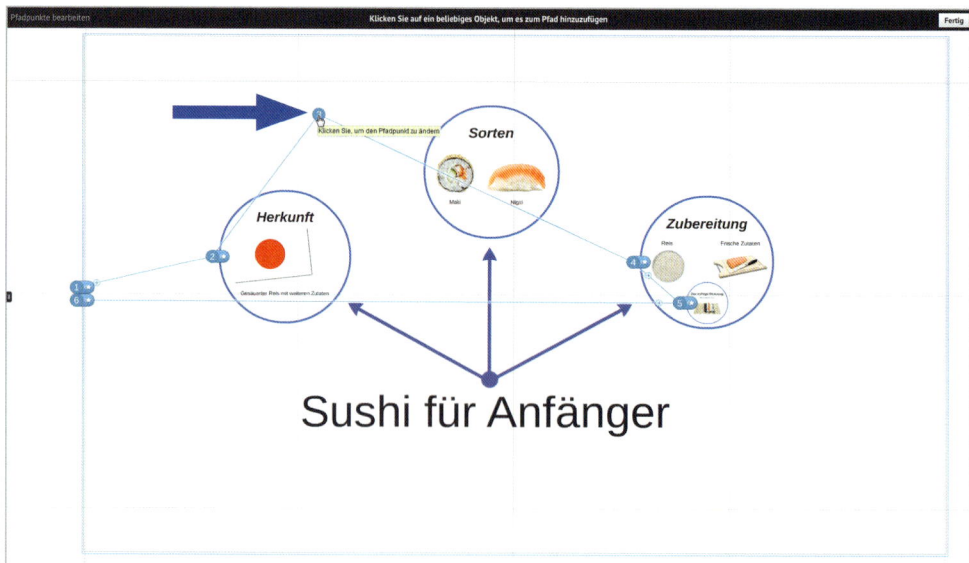

Abb. 6–7   Verändern Sie die Kamerafahrt über die blauen Kreise direkt auf der Leinwand.

Wenn Sie den blauen Kreis mit einer Zahl (der einen Pfadstopp anzeigt) auf eine freie Fläche auf der Leinwand ziehen und dann den Mauszeiger loslassen, **löschen** Sie diesen Pfadpunkt.

Ziehen Sie ihn auf ein anderes Objekt, z. B. ein anderes Bild, verändern Sie so, was wann gezeigt wird (die Reihenfolge bzw. den Ablauf der Kamerafahrt).

Sie können **Objekte mehrfach »anfahren«** (d. h. dort mehrere Pfadstopps platzieren), allerdings nicht unmittelbar hintereinander.

Auf allen Verbindungslinien zwischen den einzelnen Pfadpunkten finden Sie jeweils ein kleines **Pluszeichen**. Wenn Sie dies anklicken und mit gedrückter linker Maustaste auf ein anderes Objekt ziehen, fügt Prezi einen zusätzlichen Pfadstopp ein, der zeitlich genau **zwischen den beiden Pfadpunkten** liegt, deren Pluszeichen Sie ausgewählt haben:

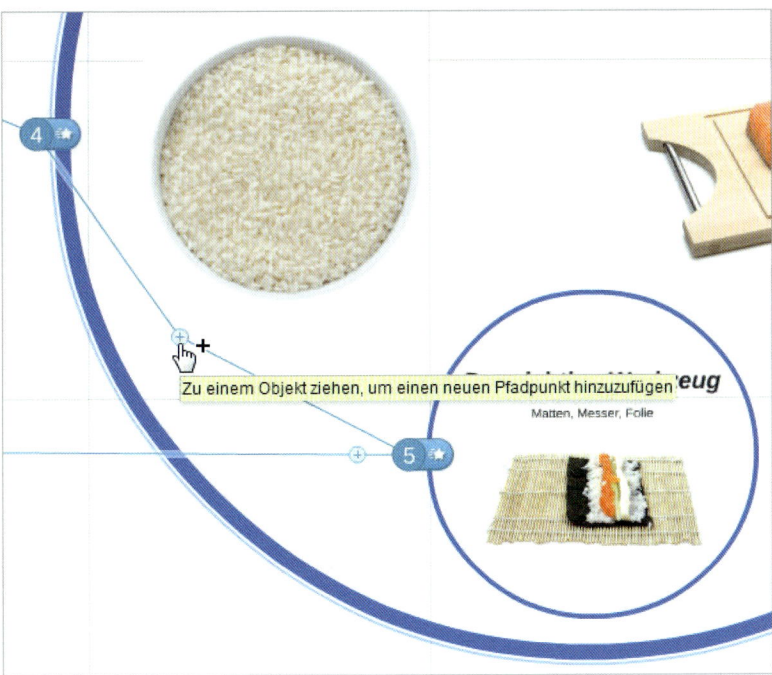

Abb. 6–8   Wenn Sie also dieses Pluszeichen zwischen der (4) und der (5) auf ein anderes Objekt ziehen, bekommt dieses die neue Pfadnummer (5) und die ursprüngliche (5) wird zur (6) (vgl. nächste Abbildung).

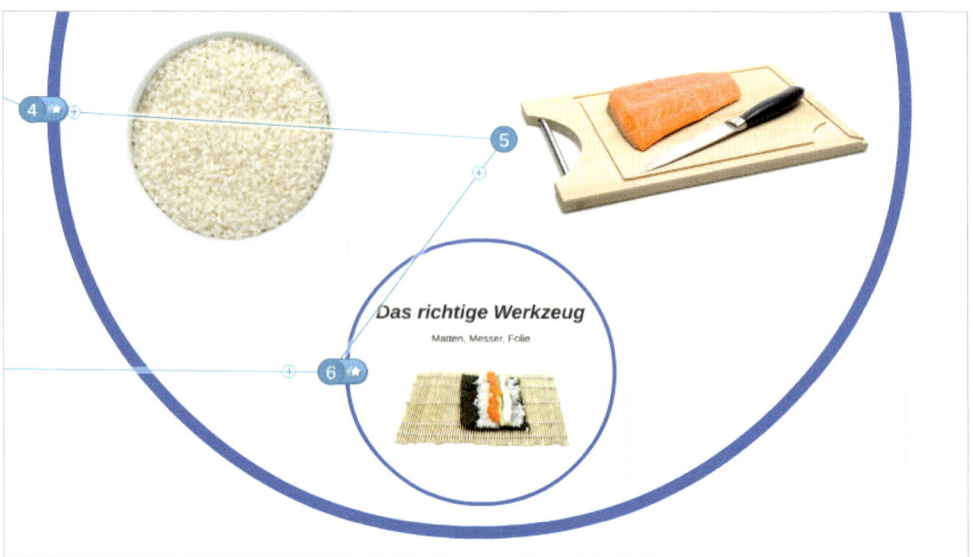

Abb. 6–9   Sie haben so also einen Pfadstopp dazwischen geschoben, statt ihn am Ende des
Pfades hinzuzufügen.

6.3   Die Geheimnisse der Kamerafahrt oder: Wieso tut es das?

Jetzt ist es an der Zeit, Sie in die Geheimnisse der Kamerafahrt bei Prezi einzu-
weihen. Die **Art und Weise**, wie Prezi Ihre Inhalte anzeigt, ist keinesfalls zufällig,
sondern sehr **durchdacht** und dadurch auch **planbar**.

Ausgangspunkt ist, dass Prezi ein **Werkzeug zum Teilen von Ideen** sein möchte.
Um Ideen wirkungsvoll mit anderen zu teilen, ist es wichtig, dass das **Publikum
versteht**, was der Vortragende sagen möchte.

Mit der Art und Weise der Kameradarstellung möchte Prezi es **dem Publikum
so leicht wie möglich machen**, den Vortrag zu verstehen. Damit ein Betrachter
verstehen kann, ist es **entscheidend, dass er zuerst einmal erkennt**, was er vor
sich hat.

Damit er das möglichst gut erkennen kann, befolgt Prezi **zwei wesentliche Dar-
stellungsregeln**:

1. **Vollständig, zentriert und so groß wie möglich**

   Prezi zoomt mit der Kamera so lange an ein Objekt heran (oder so weit hinaus), bis das **Objekt vollständig und so groß wie möglich** dargestellt wird.

Dazu ist es am besten, wenn ein **Objekt mittig im sichtbaren Bereich** liegt, d.h., Prezi wählt den Ausschnitt entsprechend. Kurz und gut: Prezi sorgt bei der Kamerafahrt dafür, dass jedes Objekt vollständig und so groß wie möglich gezeigt wird, und dabei liegt es stets mittig auf dem Monitor. Dies sehen Sie auch schon in der Mini-Vorschau.

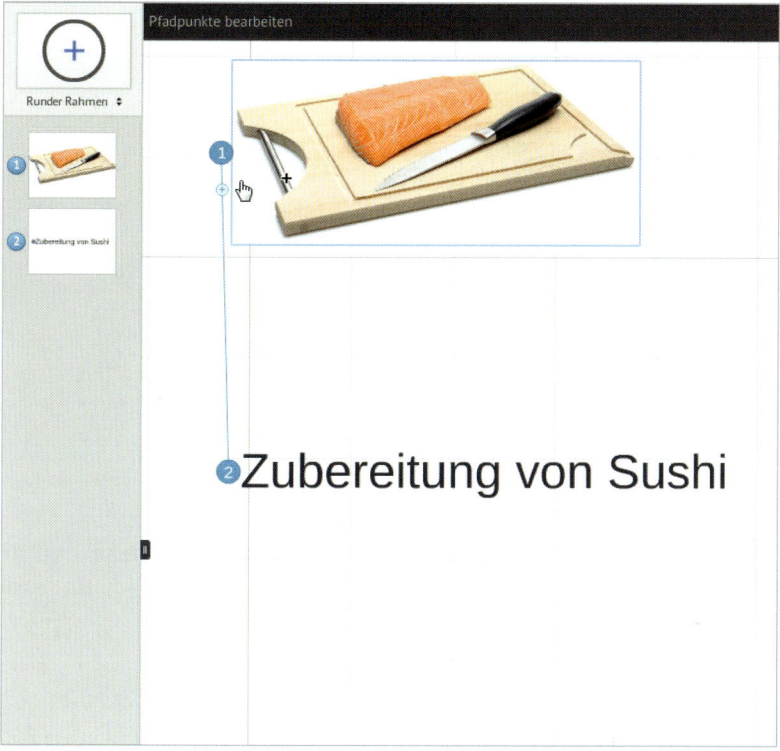

Abb. 6–10   Prezi stellt jedes Objekt vollständig, mittig und so groß wie möglich dar.

Das bedeutet, dass Sie darüber, in welcher **Größe** Sie ein Objekt auf die Leinwand legen, den **Zoom** der Kamera steuern können. Machen Sie z.B. einen Text sehr klein, wird Prezi tief hineinzoomen. Ziehen Sie dagegen z.B. ein Bild auf der Leinwand sehr groß, wird Prezi entsprechend hinauszoomen.

2. **Oben bleibt oben, unten bleibt unten.**

Damit der Betrachter gut erkennen kann, was er vorne sieht, zeigt Prezi automatisch **jedes Objekt richtig herum**. Das bedeutet, Prezi weiß, wo bei einem Element (Text, Bild, …) oben und unten ist. Liegt dieses Objekt gedreht auf der

Leinwand, wird Prezi beim Ansteuern die Kamera so drehen, dass **oben oben ist und unten unten** (das Objekt also horizontal ausgerichtet anzeigen).

Achten Sie in diesem Beispiel einmal auf die Vorschauansicht:

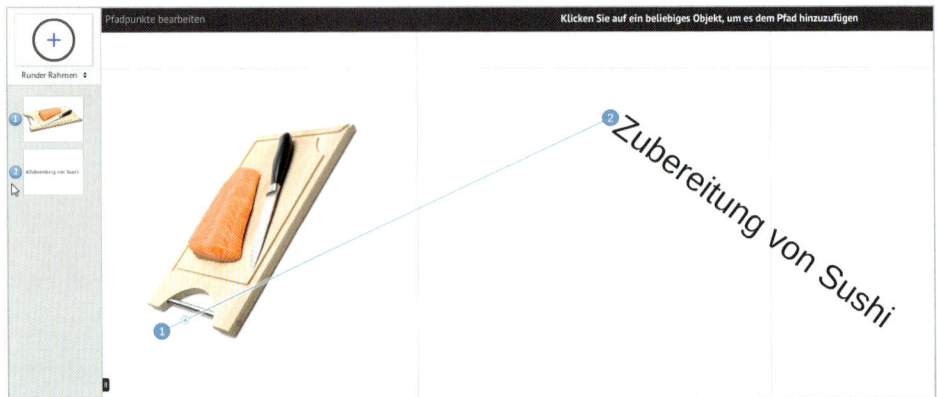

Abb. 6–11   Auch wenn das Bild und der Text ganz unterschiedlich auf der Leinwand gedreht sind, sind beide Elemente in der Vorschau waagerecht dargestellt. Die Kamera wird sich also über Ihre Leinwand drehen, wenn die Prezi vorgeführt wird.

Mit anderen Worten: **Ob und, wenn ja, auf welche Weise gedreht Sie ein Objekt auf die Leinwand legen, steuert unmittelbar, ob die Kamera sich gerade oder in einer Kurve bewegt.**

3. **Der zeitliche Abstand zwischen zwei Stopps ist immer gleich.**

Der dritte wesentliche Faktor für die Beeinflussung der Kamerafahrt ist die Frage, welchen Weg Prezi von einem Objekt zum anderen nimmt, in welcher **Geschwindigkeit die Kamera** fährt und ob **sie rechts oder links herum** dreht.

Die **Zeit** für den Wechsel zwischen zwei Pfadpunkten ist bei Prezi immer **dieselbe**, und Prezi sucht sich dafür stets die **kürzeste Strecke**. Das bedeutet: Wenn zwei Objekte weit auseinander liegen, wird Prezi die Kamera entsprechend beschleunigen, um die weitere Strecke in der festen Zeit zu bewältigen.

Auch **Zooms und Drehungen verlängern die Strecke**, sodass Sie die höchste Geschwindigkeit erreichen, wenn Sie ein sehr kleines und ein sehr großes Objekt weit auseinander und im Verhältnis zueinander gedreht auf der Leinwand platzieren. Wenn Sie möchten, dass Ihrem Publikum schlecht wird oder es von Ihrer Prezi genervt ist, sollten Sie diese Kombination so oft wie möglich wiederholen. Ansonsten platzieren Sie **Objekte in Prezi nicht so weit entfernt zueinander** oder sorgen dafür, dass die Kamera keine lange, hektische Fahrt macht, indem

Sie **Zwischenstopps** einfügen. Die rasantere Art der Kamerafahrt sollten Sie nur **sehr sparsam und sehr bewusst** einsetzen, z. B. für einen **Überraschungseffekt**, der die Aufmerksamkeit des Publikums weckt.

Zeit für ein Beispiel

Bauen Sie auf Ihrer Prezi einmal die Struktur aus der folgenden Abbildung nach. Klicken Sie beim Anlegen der Kamerafahrt jeweils auf der linken Seite direkt auf den Text und auf der rechten Seite stattdessen auf die (unsichtbaren) Rahmen. Falls es schneller gehen soll, können Sie sich das Ganze auch hier anschauen und kopieren *www.zoom-studio.de/packend-praesentieren-mit-prezi*.

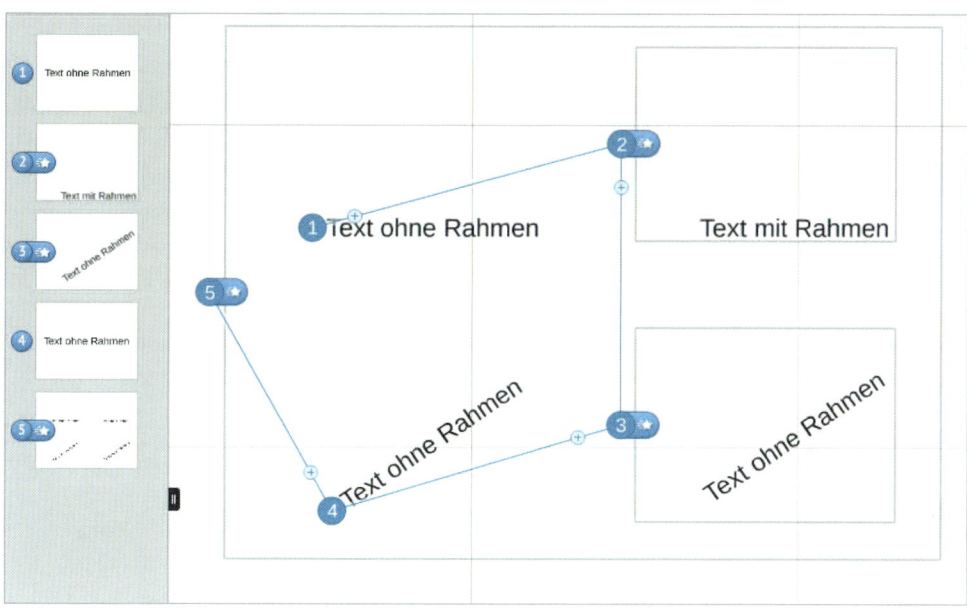

Abb. 6–12   Schauen Sie sich jetzt erst einmal die Vorschaubilder an, bevor Sie anschließend auf *Präsentieren* klicken.

Wenn Sie jetzt auf *Präsentieren* klicken und sich die einzelnen Schritte Ihrer Kamerafahrt anschauen, sehen Sie die Unterschiede in der Darstellung, die sich mit den Grundprinzipien der Kamerafahrt[2] (vgl. Abschnitt 6.3) erklären lassen.

Fährt Prezi direkt auf einen **Text**, wird dieser **immer mittig, vollständig und so groß wie möglich** dargestellt. Platzieren Sie den Text in einem Rahmen und sagen Sie Prezi, dass die Kamera auf den Rahmen fahren soll, so wird der **Rah-**

---

2   Kleine Erinnerung: (1) »Vollständig, mittig und so groß wie möglich« und (2) «Oben bleibt oben, unten bleibt unten.«

men vollständig, mittig und so groß wie möglich dargestellt. Platzieren Sie den Text jetzt klein rechts unten im Rahmen, dann wird er auch an dieser Stelle auf der Leinwand angezeigt.[3]

Ist der Text gedreht und fährt Prezi direkt auf den Text (Stopp 4), wird Prezi die Kamera schwenken und den Text vertikal ausgerichtet anzeigen. Soll der Text demgegenüber absichtlich schräg angezeigt werden, müssen Sie wie in Stopp 3 einen nicht gedrehten unsichtbaren Rahmen verwenden und den Pfadpunkt auf diesen Rahmen legen.

Alles klar?

6.4   Rahmen in Prezi – hilfreiche Objekte für Ihre Kamerafahrt

Wenn Sie in Prezi mehrere Objekte (z. B. einen Text und ein Bild) gleichzeitig anzeigen lassen möchten (ich nenne das Ganze eine »Szene«), in Bilder hineinzoomen und die Kamerafahrt möglichst genau steuern möchten, sollten Sie ein weiteres Element in Prezi kennenlernen und einsetzen: die Rahmen.

> **Das Wichtigste zu Rahmen in Prezi**
>
> - Mithilfe von Rahmen zeigen Sie im Vorführmodus **mehrere Objekte gleichzeitig** (eine sogenannte »Szene«, beispielsweise das Gesamtbild) oder ein **Objekt in einer ganz bestimmten Ausrichtung und Größe**.
> - Rahmen können Sie dazu verwenden, um die **Kamerafahrt** in Prezi möglichst **genau zu steuern**, in Objekte **hineinzuzoomen** und Ihre Inhalte zu **strukturieren**.
> - Möchten Sie nur die Kamerafahrt steuern (und z. B. in ein Bild oder einen Text hineinzoomen), wählen Sie **unsichtbare Rahmen**. Soll das Publikum Ihre Struktur schnell anhand einfacher Strukturelemente erkennen, entscheiden Sie sich für **sichtbare Rahmen**.
> - Rahmen sind **»besitzergreifend«**, d. h., alle Inhalte in einem Rahmen teilen das Schicksal des Rahmens (beim Verschieben, Vergrößern, Verkleinern, Drehen und Löschen)!
> - Möchten Sie einen Rahmen zum Bearbeiten von seinem Inhalt trennen, müssen Sie die ⌈Alt⌉-Taste drücken und gedrückt halten, bevor Sie den Rahmen anklicken.
> - Wenn Sie eine Prezi gestalten, legen Sie zu Beginn bei den Einstellungen ein **Seitenverhältnis** fest (4:3 oder 16:9) – alle eckigen Rahmen, die Sie danach einfügen, werden genau im eingestellten Seitenverhältnis eingefügt. Ändern Sie die Größe dieser Rahmen später nur noch **proportional** (d. h., indem Sie auf die Ecken klicken) und nicht durch Ziehen an den Seitenlinien. So behalten Sie die **genaue Kontrolle über die Darstellung Ihrer Szenen in Prezi**.

---

3   Für alle, die jetzt protestieren und sagen, sie wollten den Text aber bitte ganz rechts am Rand des Bildschirms haben und das tue Prezi nicht, hier schon der Hinweis: Dieses Problem hat etwas mit Seitenverhältnissen zu tun. Es lässt sich lösen, und die Erklärung folgt in Abschnitt 6.4.5.

Zur Erinnerung: Wenn Sie bei Prezi einen Pfadpunkt hinzufügen, können Sie grundsätzlich nur auf ein Objekt (z. B. einen Text oder ein Bild etc.) klicken. Dieses wird dann vollständig, mittig und so groß wie möglich auf der Leinwand dargestellt.

Rahmen sind nichts anderes als eine Art Box, in der Sie Ihre gewünschten Inhalte platzieren und arrangieren können. Da Rahmen auch ganz normale Objekte sind, werden diese Boxen bei der Kamerafahrt ebenfalls vollständig, mittig und so groß wie möglich dargestellt – und mit ihnen auch alle im Rahmen liegenden Inhalte (die gesamte Szene).

Das bedeutet, Rahmen sind eine Möglichkeit, um in Prezi auf einem Pfadpunkt mehrere Inhalte gemeinsam (als eine Szene) anzeigen zu lassen.[4]

6.4.1   Rahmen einfügen

Rahmen finden Sie bei Prezi im Bearbeitungsmodus **rechts oben**. Wenn Sie auf das Dropdown-Menü klicken, können Sie zwischen vier verschiedenen Rahmenarten wählen:

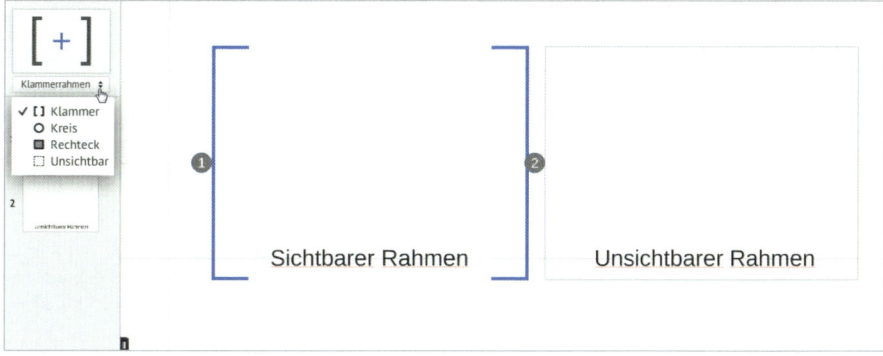

Abb. 6–13   Wählen Sie per Dropdown-Menü rechts oben im Bearbeitungsmodus Ihren Rahmen.

Die ersten drei Rahmenarten (Klammer, Kreis, Rechteck) sind **sichtbare Rahmen**, d. h., sie werden im Vorführmodus auf der Leinwand angezeigt. Die **unsichtbaren Rahmen** sind **demgegenüber nur im Bearbeitungsmodus als feine graue Linien erkennbar**, im Vorführmodus verschwinden sie vollständig:

---

4   Alternativ müssten Sie alle Objekte dauerhaft miteinander gruppieren und dann einen Pfadpunkt auf die Gruppe (eine Gruppe ist auch nichts anderes als ein Objekt) legen. Wie Sie später ausführlicher lesen werden, hat die Verwendung von Rahmen gegenüber Gruppen zwei Vorteile: Sie können Inhalte flexibler austauschen, ohne den Pfad »reparieren« zu müssen, und mit Rahmen steuern Sie die Darstellung des Bildausschnitts genauer.

Hier sehen Sie die Ansicht im **Bearbeitungsmodus**:

Abb. 6–14 Links der sichtbare (Klammer-)Rahmen, rechts der unsichtbare Rahmen im Bearbeitungsmodus

Und hier sehen Sie dieselbe Ansicht im **Vorführmodus**:

Abb. 6–15 Unsichtbare Rahmen (rechts) verschwinden im Vorführmodus vollständig.

Um einen **Rahmen** auf Ihrer Leinwand **einzufügen**, haben Sie zwei Möglichkeiten:

1. **Doppelklicken Sie rechts oben auf die Vorschauansicht** des ausgewählten Rahmens.

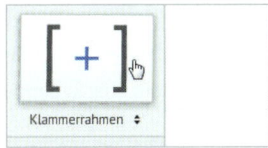

2. **Klicken** Sie einmal auf die Vorschauansicht des Rahmens, und **ziehen** Sie den Rahmen mit **gedrückter linker Maustaste** auf die Leinwand.

Wenn Sie einen Rahmen in Ihrer Prezi einfügen, legt Prezi Ihnen **automatisch einen Pfadpunkt auf diesen Rahmen**. Diese Funktion ist eine Serviceleistung des Programms und lässt sich nicht deaktivieren. Der Pfadpunkt wird in der Regel am Ende des jeweiligen Pfades eingefügt.[5]

6.4.2   Rahmen bearbeiten

Wenn Sie einmal mit der linken Maustaste auf einen Rahmen auf der Leinwand klicken, bekommen Sie – wie sonst auch – das **Transformationswerkzeug**.

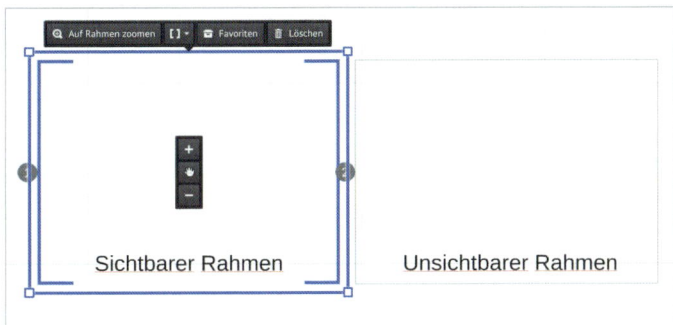

Falls Sie dieses jetzt so verwenden, wie Sie es bei anderen Objekten in Prezi gewohnt sind, werden Sie sehr schnell über eine besondere Eigenschaft von Rahmen[6] stolpern: **Rahmen** (und Standardformen) **sind besitzergreifend**.

Das bedeutet: Sobald sich andere Objekte (Texte, Bilder, Videos ...) innerhalb eines Rahmens befinden, betrachtet der Rahmen sie als zu sich gehörig. Wenn Sie jetzt den Rahmen anklicken, um seine Größe zu ändern, ihn zu drehen oder gar zu löschen, **teilen alle seine Inhalte sein Schicksal**. Das bedeutet, ein Vergrößern des Rahmens vergrößert automatisch auch die Rahmeninhalte. Drehen Sie den Rahmen, wird der Inhalt mitgedreht, und – und hier kann es kritisch werden – **löschen Sie den Rahmen, löschen Sie auch alle seine Inhalte.**

---

5   Ausnahme: Auf Ihrer Leinwand befindet sich bereits ein (größerer) Rahmen, auf dem ein Pfadpunkt liegt, und Sie ziehen den neuen Rahmen beim Einfügen per gedrückter linker Maustaste genau in diesen Rahmen. In dem Fall bekommt der neue Pfad die Pfadnummer, die auf die Pfadnummer des größeren Rahmens folgt.

6   Und von den Standardformen (»Shapes«).

Aus diesem Grund finden Sie beim Transformationswerkzeug für Rahmen nicht nur den »gefährlichen« Knopf *Löschen*, sondern auch den Knopf *Rahmen entfernen* (allerdings versteckt in einem Dropdown-Menü).

Abb. 6–16 Das Dropdown-Menü für Rahmen ermöglicht es Ihnen, nachträglich die Art des Rahmens zu verändern, und vor allem, den Rahmen zu löschen, ohne die Inhalte zu löschen. Klicken Sie dazu auf »Rahmen entfernen«.

Mit *Rahmen entfernen* löschen Sie **nur den Rahmen, nicht die Inhalte**.

Möchten Sie den Rahmen bewegen, skalieren oder drehen, ohne dass die Inhalte beeinflusst werden, müssen Sie die zweite wichtige Taste in Prezi (neben der ⬆-Taste) nutzen: die Alt-Taste.

Halten Sie die Alt-Taste gedrückt, **bevor** Sie auf den Rahmen klicken. Auf diese Weise trennen Sie den Rahmen von seinem Inhalt und wählen ausschließlich den Rahmen aus. Jetzt können Sie den Rahmen verschieben, vergrößern, drehen oder löschen, ohne dass sich dieser Vorgang auf seine Inhalte auswirkt.

6.4.3 Die Funktionen von Rahmen in Prezi

Mit Rahmen können Sie Folgendes in Ihrer Prezi tun:

1. **Inhalte strukturieren** – entweder für sich in Vorbereitung Ihres Themas oder für Ihr Publikum, damit es auf einen Blick die Struktur Ihrer Inhalte erkennt und leichter ins Thema kommt[7].

2. **Die Kamerafahrt steuern**, d. h.

   • Sie können festlegen, **wie** genau ein Element angezeigt wird (Größe, Ausrichtung, Drehung).

---

7 Zu diesem Zweck müssen Sie natürlich sichtbare Rahmen einsetzen.

- Sie können **mehrere Objekte** gleichzeitig (= eine Szene) zeigen (z. B. das Gesamtbild Ihrer Prezi).

- Sie können in Objekte **hineinzoomen**.

3. **Elemente per Klick einblenden**[8]

Mithilfe der Rahmen können Sie in Ihrer Prezi einzelne **Szenen** bauen, d. h., bestimmte Inhalte gemeinsam darstellen oder für einzelne Objekte gezielt einstellen, wo sie auf dem Bildschirm wie gezeigt werden.

Schauen Sie sich zur Erinnerung am besten noch mal das folgende Beispiel an:

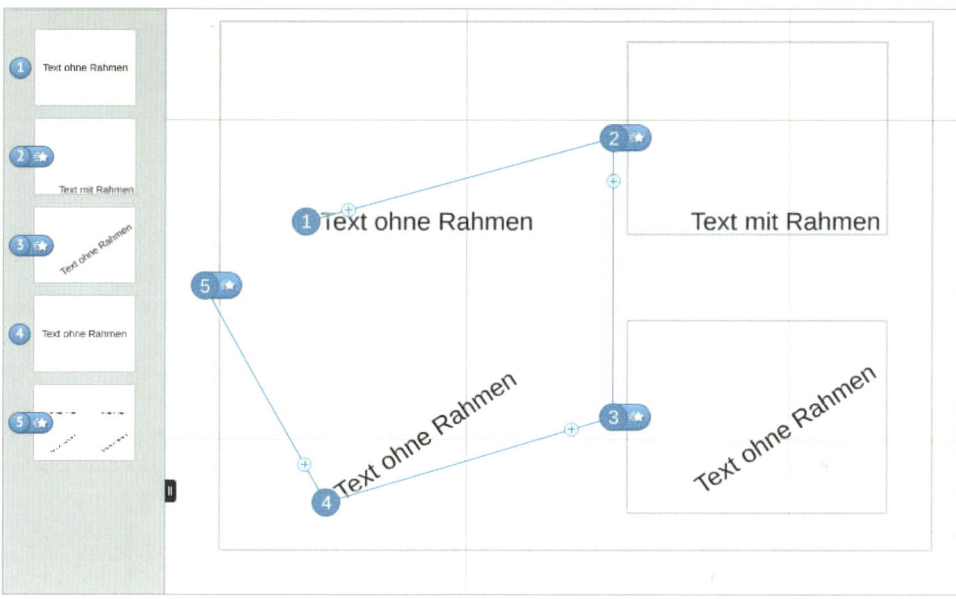

Abb. 6–17 Live finden Sie es hier: *www.zoom-studio.de/packend-praesentieren-mit-prezi*

6.4.4 Besser sichtbare oder unsichtbare Rahmen verwenden?

Bei dieser Frage handelt es sich nicht nur um eine reine Geschmacksache, sondern Sie sollten sich bei der Auswahl an den **Stärken der jeweiligen Rahmenart** orientieren.

Unsichtbare Rahmen sollten Sie dann einsetzen, wenn Sie die **Kamera genau steuern** möchten, ohne dass störende Kästen oder Kreise auf Ihrer Leinwand angezeigt werden. Unsichtbare Rahmen nutzen Sie insbesondere dann, wenn Sie in ein Bild oder in einen Text **hineinzoomen** möchten:

---

8 Mehr dazu lesen Sie in Kapitel 5.8.

Abb. 6–18 Der unsichtbare Rahmen ermöglicht es, gezielt zu einer Stelle des Bildes zu zoomen und diese beim Vorführen anzuzeigen.

Mit den **sichtbaren Rahmen** können Sie gleichermaßen die **Kamerafahrt steuern**, aber zusätzlich vermitteln Sie dem Publikum noch die **Information, dass bestimmte Inhalte logisch zusammengehören**. So können Sie z.B. ein Thema mithilfe von sichtbaren Rahmen auf den ersten Blick erkennbar in drei Teile mit verschiedenen Unterthemen gliedern:

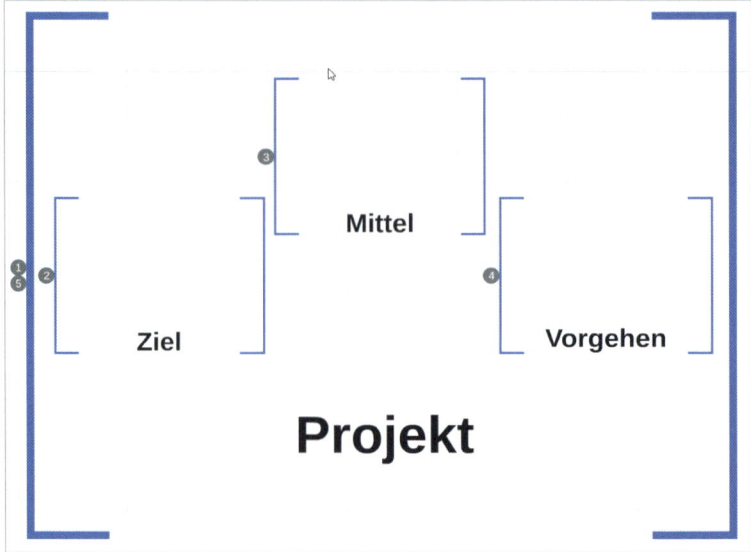

Abb. 6–19 Der Gesamtüberblick über die Kapitel löst in Prezi die klassische Gliederungsfolie aus PowerPoint ab.

6.4.5   Rahmen zur genauen Steuerung der Kamerafahrt

In Workshops und beim Erstellen von Präsentationen für Unternehmen erlebe ich es immer wieder, dass sich die Nutzer wünschen, die **vollständige Kontrolle über den angezeigten Bildausschnitt** zu bekommen. Den ersten Schritt dorthin haben Sie bereits getan, wenn Sie in Ihrer Prezi **unsichtbare Rahmen nutzen**, um gezielt einzelne Ausschnitte Ihrer Leinwand (Szenen) zu zeigen.

Diese Information allein genügt allerdings in der Regel nicht. Oft sehe ich in Einsteigerprezis solche Rahmen wie in diesem Beispiel:

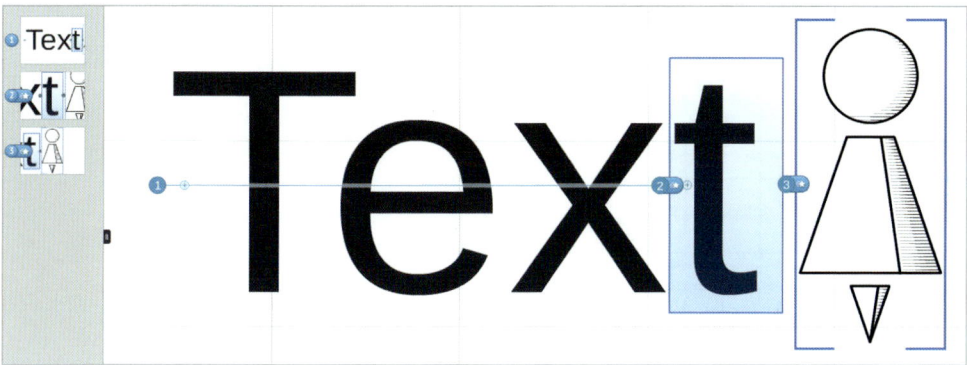

Abb. 6–20 Schauen Sie sich die Rahmen 2 und 3 an, und vergleichen Sie diese mit der entsprechenden Vorschauansicht links.

An dieser Stelle werde ich dann typischerweise gefragt, wieso bei den Rahmen denn nicht nur das kleine »t« (Stopp 2) oder nur die Figur (Stopp 3) gezeigt wird, denn das war das Ziel desjenigen, der die Rahmen so gesetzt hat.

Wenn Sie eine Präsentation mit Prezi vorführen, egal ob auf Ihrem Laptop oder mithilfe eines Beamers, hat das **Ausgabemedium** (der Monitor bzw. das Beamerbild) ein ganz **bestimmtes Seitenverhältnis**. Dieses Seitenverhältnis (oder Bildformat) ist in den allermeisten Fällen entweder 4:3 oder 16:9. Das Wichtige ist: **Es ändert sich während des Vorführens nicht**.

Das bedeutet für Ihre Präsentation: **Prezi fährt mit einem festen Seitenverhältnis in der Kamera an jedes Objekt heran, und zwar so lange, bis das Objekt vollständig, mittig und so groß wie möglich gezeigt wird.** Der Kamera ist es dabei völlig gleichgültig, ob sich noch andere Objekte mit im Bild befinden.

Stellen Sie sich vor, Sie wollen ein ganz bestimmtes Haus in einer Stadtkulisse fotografieren. In dem Moment schneidet Ihr Fotoapparat ja auch nicht die beiden Nachbarhäuser weg und ändert das Bildformat auf die Abmessungen des einen Hauses. Sie sehen das ganze Haus und noch Teile der Nachbarhäuser. Genauso funktioniert es auch bei Prezi.

Das ist der Grund, warum im Beispiel oben nicht nur das kleine »t« gezeigt wird, sondern dieser Bildausschnitt:

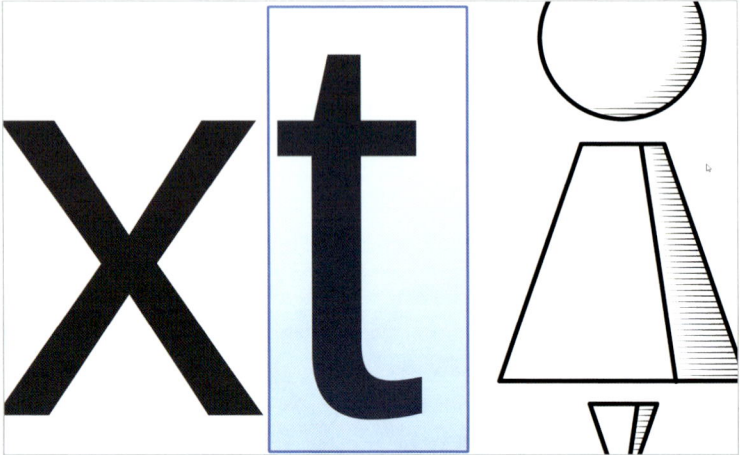

Abb. 6–21 Prezi ist mit der Kamera so an den Rahmen herangefahren (den ich zum besseren Verständnis in Blau sichtbar gemacht habe), dass dieser vollständig, mittig und so groß wie möglich dargestellt wird. Da das Rahmenformat nicht identisch mit meinem Bildschirmformat ist, sehe ich auch noch das benachbarte »x« und einen Teil der Figur.

Wenn Sie selbst genau festlegen möchten, welcher Bildausschnitt gezeigt wird, müssen Sie dafür sorgen, dass das **Seitenverhältnis Ihrer Rahmen** dem **Seitenverhältnis Ihres Ausgabemediums** entspricht.

Sie können im Bearbeitungsmodus Ihrer Prezi oben rechts das von Ihnen gewünschte Seitenverhältnis einstellen:

Abb. 6–22 Stellen Sie am besten gleich zu Beginn einer neuen Prezi das von Ihnen gewünschte Seitenverhältnis ein.

Prezi wird das von Ihnen **eingestellte Seitenverhältnis immer respektieren**. Das bedeutet: Wenn Sie als Seitenverhältnis 4:3 einstellen, der Beamer aber ein 16:9-Format hat, sorgt Prezi mithilfe von zwei schwarzen Balken dafür, dass der sichtbare Bereich ein 4:3-Format hat:

Abb. 6–23   Wenn Sie 4:3 einstellen, wird immer ein 4:3-Bild gezeigt.

Dies gilt selbstverständlich auch umgekehrt: Wenn Sie 16:9 einstellen und der Beamer ein 4:3-Format hat, fügt Prezi entsprechend oben und unten schwarze Balken ein.

Wenn Sie gar **kein Seitenverhältnis** einstellen, wird Prezi immer **den gesamten Monitor bzw. das gesamte Beamerbild** ausfüllen.

Wonach sollten Sie entscheiden, welches Seitenverhältnis Sie nehmen?
Richten Sie sich nach dem Beamer oder dem Display: Wenn Sie Ihre Prezi mit einem Beamer (oder auf einem großen Monitor) zeigen möchten, versuchen Sie herauszufinden, welche Auflösung der Beamer/Monitor hat. Handelt es sich um ein Modell mit Full HD (1920 x 1080 Pixel) oder dem sogenannten halben HD (1280 x 720 Pixel), dann ist das Seitenverhältnis 16:9. Bei älteren Modellen findet sich häufig die Auflösung 1024 x 768 Pixel, was einem Bildformat von 4:3 entspricht.

> **Prezis für das iPad legen Sie in 4:3 an.**
>
> Wollen Sie beim Ausgabemedium flexibel sein (bzw. kennen Sie dessen Auflö-
> sung nicht), entscheiden Sie sich für das **Format, das am besten zu Ihrer Grafik
> passt** (4:3 für eher quadratische Bilder, 16:9 für eher breite Bilder).
>   Ist Ihnen egal, ob andere Objekte in Ihr Bild ragen, und möchten Sie, dass
> Prezi Ihre Präsentation immer unter voller Ausnutzung der gesamten Display-/
> Beamerfläche zeigt, dann legen Sie **kein Bildseitenverhältnis** fest.

Sobald Sie ein Bildformat eingestellt haben, passt Prezi im ersten Schritt die kleinen **Vorschauansichten** links an dieses Format an.

  Was allerdings noch viel besser ist: **Jeden eckigen Rahmen, den Sie nach dem
Einstellen des Bildverhältnisses auf der Leinwand einfügen, erstellt Prezi im von
Ihnen eingestellten Seitenverhältnis**:

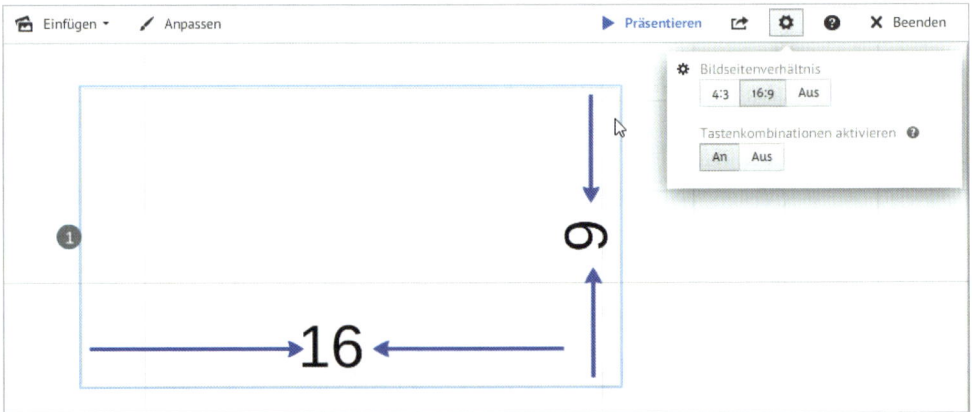

Abb. 6–24 Sobald Sie ein Bildformat eingestellt haben – und erst ab diesem Zeitpunkt (!) –
         fügt Prezi alle (neuen) eckigen Rahmen im entsprechenden Format ein.

Bei diesen Rahmen können Sie sich fest darauf verlassen, dass **alles innerhalb
des Rahmens sichtbar** ist und **alles außerhalb des Rahmens** ganz bestimmt **nicht
im Bild** ist. Sollten Objekte, die Sie (noch) nicht zeigen wollen, teilweise in Ihrem
Rahmen liegen, müssen Sie diese jetzt zur Seite schieben oder den Rahmen entsprechend platzieren:

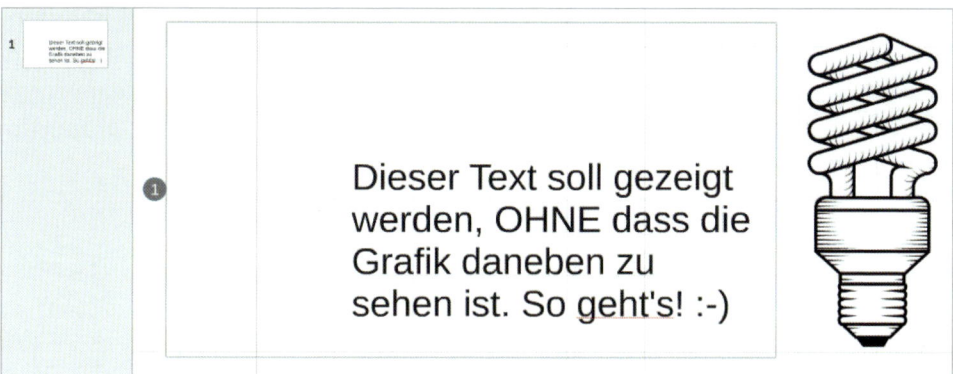

Abb. 6.25   Im (oberen) unsichtbaren Rahmen – der im Format 16:9 eingefügt wurde, was dem eingestellten Bildformat entspricht – ist nur der Text zu sehen. Die Glühbirne liegt außerhalb und wird somit nicht beim Vorführen angezeigt (auch nicht teilweise).

Um diese so erlangte **Kontrolle über die Bildausschnitte zu erhalten**, ist es wichtig, dass Sie von jetzt an die Größe des Rahmens **nur noch proportional** verändern. Das bedeutet, Sie verwenden von jetzt an nur noch die Symbole **+/-** oder die **Ecken** zum Skalieren.

Abb. 6–26 Um die Kontrolle über den angezeigten Bildausschnitt zu behalten, ist es wichtig, die Rahmen nur noch über die Ecken oder das »+/-« -Zeichen (proportional) zu skalieren!

Achtung, Falle: Wenn Sie sich mit dem Mauszeiger auf die Ecke eines Rahmens bewegen, ohne vorher per Klick auf den Rahmen das Transformationswerkzeug aktiviert zu haben, erscheint dieser **Pfeil**, mit dem Sie den Rahmen auch vergrößern oder verkleinern können, allerdings vollkommen frei (d. h. **nicht proportional**)!

Abb. 6–27 Gehen Sie auf die Ecke eines Rahmens, erscheint der Pfeil. Wenn Sie dort klicken und die linke Maustaste gedrückt halten, verwandelt er sich in ein blaues Rechteck.

Wenn Sie auch in dieser Situation das Seitenverhältnis des Rahmens beim Verändern der Größe beibehalten wollen, drücken (und halten) Sie nach dem Anklicken der Ecke (Maustaste gedrückt halten) die ⌂ -Taste.

> **Kurz und knapp: Rahmen + Bildformat = volle Kontrolle**
>
> Um die volle Kontrolle über die Darstellung in Ihrer Prezi zu erlangen, tun Sie Folgendes:
>
> - Erstellen Sie eine neue Prezi, und legen Sie als Erstes das gewünschte **Bildverhältnis** fest.
> - Bringen Sie jetzt entweder erst Ihre Inhalte auf die Leinwand und fügen Sie dann die Rahmen ein, oder fügen Sie erst **Rahmen** ein und bauen Sie dann in jedem Rahmen die jeweilige Szene.
> - Vergrößern und verkleinern Sie Rahmen **nur noch proportional**, d. h. über die Ecken des Transformationswerkzeugs oder über das Plus- oder Minuszeichen!

6.5   Spätere Einblendung von Inhalten

Nun kommen wir noch zur letzten Funktion der Rahmen: zu den **Einblendungen**.
  Wenn Sie auf der Prezi-Leinwand einen Text oder ein Bild nicht von Anfang an zeigen möchten, gibt es die Möglichkeit, Inhalte erst später einzublenden.
Um dies zu tun, benötigen Sie in Prezi dreierlei:

- (mindestens) ein **Objekt**, das Sie einblenden möchten,
- einen **Rahmen** und
- einen **Pfadpunkt** auf diesem Rahmen.

Als Erstes müssten Sie mit einem Klick auf *Pfad bearbeiten* in den Pfadmodus wechseln.
  An dem **kleinen Stern** neben der Pfadnummer können Sie erkennen, dass Ihr Pfadpunkt wirklich auf einem Rahmen (oder einer Standardform) liegt und nicht auf einem sonstigen Prezi-Element:

Abb. 6–28 Kleine Sterne finden Sie nur neben solchen Pfadpunkten, die sich auf einem Rahmen oder auf einer Standardform befinden.

Wenn Sie jetzt auf den kleinen Stern klicken (entweder auf der Leinwand oder im Vorschaubild links), öffnet sich der **Animationsbereich**:

Abb. 6–29 Im Animationsbereich können Sie auf die sichtbaren Elemente klicken und sie so später einblenden lassen.

Sobald Sie auf ein Element – im Beispiel auf den Text – **geklickt** haben, erscheint daneben ein **kleiner grüner Stern** mit einer Nummer, die Ihnen anzeigt, an wievielter Stelle das Objekt eingeblendet wird.

Abb. 6–30 Klicken Sie jetzt auf den Flieger, wird beim Abspielen zuerst der Text und dann der Flieger eingeblendet. Oben rechts in der Ecke gibt es einen kleinen »Play«-Knopf, mit dem Sie sich eine Vorschau anschauen können.

Möchten Sie Objekte nicht nacheinander, sondern **gemeinsam einblenden**, dann müssen Sie diese **gruppieren, bevor Sie im Pfadmodus in die Animationsansicht wechseln**, und anschließend im Animationsbereich auf die Gruppe klicken.

Um eine Gruppe zu erzeugen, wählen Sie mehrere Objekte aus. Dies tun Sie, indem Sie entweder bei gedrückter ⌖-Taste auf mehrere Elemente klicken oder Sie mit der Maus ein Rechteck um die auszuwählenden Elemente ziehen. Danach klicken Sie auf *Gruppieren*.

Abb. 6–31 Wählen Sie mithilfe der ⌖-Taste mehrere Objekte aus, um diese zu gruppieren.

Jetzt klicken Sie auf *Pfad bearbeiten* und dann auf den kleinen Stern neben dem Pfadstopp. Im Animationsbereich müssen Sie jetzt nur noch die Gruppe anklicken:

Abb. 6–32 Sollten Sie eine Gruppierung mal nicht anklicken können, kann das verschiedene Ursachen haben. Ausführliche Hilfe dazu finden Sie in Abschnitt 10.5.

6.6   Vertiefung: Wie kann ich in Prezi Inhalte aus- oder überblenden?

Wenn die Teilnehmer in meinen Workshops zum ersten Mal den Animations-bereich in Prezi öffnen,[9] sind viele enttäuscht, dass es nur eine einzige Art der Animation gibt: die Einblendung.

6.6.1   So funktionieren Ausblendungen

Die gute Nachricht: **Ja, Sie können in Prezi Aus- und Überblendungen machen.** Die schlechte Nachricht: Dafür gibt es leider nicht einfach einen Knopf wie zum Einblenden.

Aber keine Angst, so schwierig ist es nicht – hier ein Beispiel:

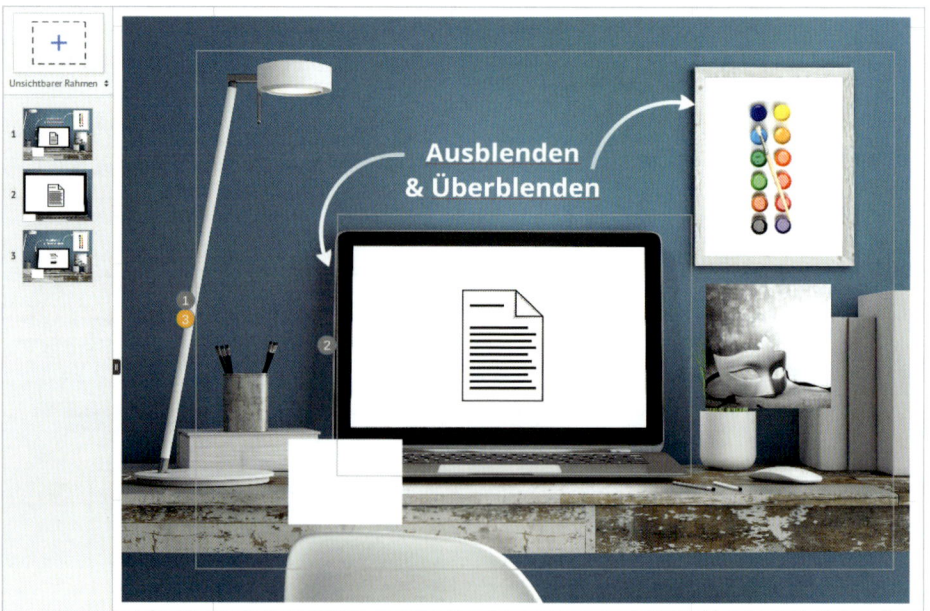

Abb. 6–33   Unser Ziel ist es, erst das Dokumentensymbol auf dem Monitor auszublenden und das Bild vom Farbkasten per Klick mit dem Bild von der Maske zu überblenden.

Alles, was Sie zum Aus- bzw. Überblenden benötigen, befindet sich bereits auf der Leinwand.

---

9   Zur Erinnerung: Klicken Sie links unten auf *Pfad bearbeiten* und dann auf den kleinen Stern neben dem Pfadpunkt, bei dem Sie eine Animation machen möchten.

Um das Dokumentensymbol auf dem Monitor auszublenden, müssen Sie bei Prezi einfach **eine weiße Fläche darüber legen und diese später per Klick einblenden** lassen.

Links unten sehen Sie bereits ein **Bild, das nur aus einer weißen Fläche besteht**. Dieses schieben Sie jetzt vollständig in den Rahmen Nummer 2 (der um den Monitor liegt) und teilen Prezi mit, dass dieses weiße Bild eingeblendet werden soll. Dazu klicken Sie unten links auf *Pfad bearbeiten* und dann auf den **kleinen Stern** neben der 2:

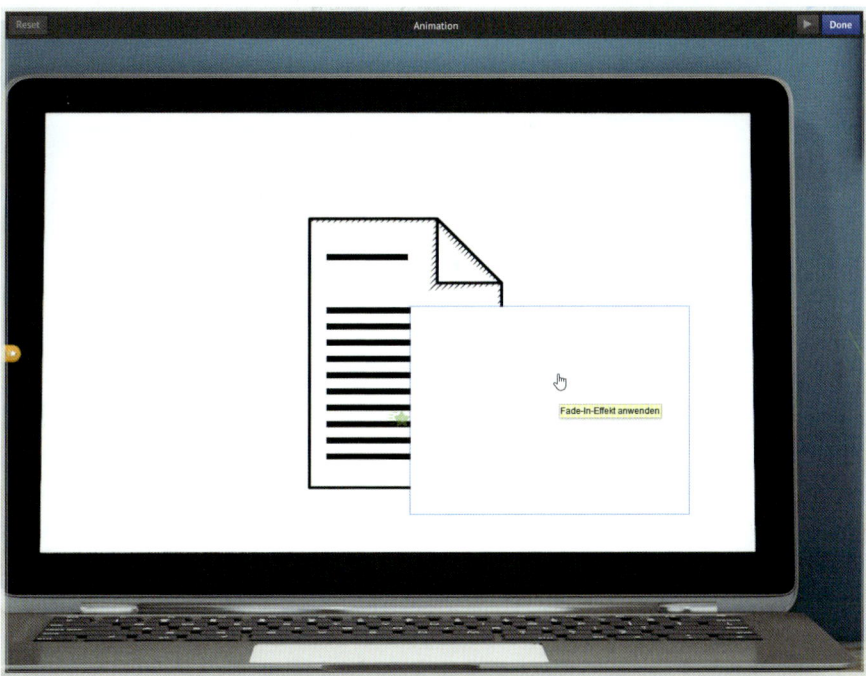

Abb. 6–34 Klicken Sie auf die weiße Fläche, um diese einzublenden.

Nachdem Sie die Einblendung angelegt haben, schieben Sie – nach Verlassen des Pfadmodus (!) – die weiße Fläche über die Grafik. Außerdem müssen Sie sie ein bisschen vergrößern, sodass sie das Dokumentensymbol vollständig überdeckt. Sollte Prezi die weiße Fläche nicht darüber, sondern darunter schieben, müssen Sie einen Rechtsklick auf das weiße Bild machen und dieses in den Vordergrund holen.

Das Gemeine ist, dass Sie auf der Leinwand nicht sehen können, dass Sie an genau dieser Stelle eine Überblendung machen. Der Monitor sieht im Bearbeitungsmodus vielmehr so aus:

Abb. 6–35   Schauen Sie sich die Vorschauansicht von Stopp (2) ganz genau an. Unten rechts in der Ecke sehen Sie einen klitzekleinen Stern, der Ihnen anzeigt, dass auf diesem Stopp eine Einblendung stattfindet.

6.6.2   So nutzen Sie Überblendungen

Dieselbe Technik nutzen Sie auch, um das Bild im Bilderrahmen rechts oben zu ändern. Sie **aktivieren den Pfadmodus** (*Pfad bearbeiten*), klicken auf den Stern neben dem Pfadpunkt (3) und teilen Prezi dann mit, dass es das Bild mit der Maske einblenden soll.

Abb. 6–36 Für die Einblendung ist es egal, ob das einzublendende Objekt schon an der Stelle liegt, an der es später tatsächlich eingeblendet werden soll. Es ist in der Regel leichter, sich das einzublendende Objekt gut sichtbar und anklickbar auf die Leinwand zu legen und es am Ende an die richtige Stelle zu schieben und auf die gewünschte Größe anzupassen.

Schieben Sie das **Bild mit der Maske auf den Bilderrahmen**, vergrößern Sie es, und schneiden Sie es auf die Rahmengröße zu.

Abb. 6–37 Klicken Sie auf das Bild, und wählen Sie »Zuschneiden«.

Fortgeschrittene Nutzer, die sich nicht lange mit dem passgenauen Zuschneiden aufhalten möchten (insbesondere, wenn das Bild im Rahmen mehrfach wechseln soll), tun Folgendes:

1. Sie schneiden auf dem Hintergrundbild in einem Grafikprogramm ein **Loch in den Bilderrahmen** und speichern das Bild als **PNG-Datei**. Schnell und einfach geht es mit paint.net.[10]

2. Dieses Bild laden Sie entweder jetzt in die Prezi, oder Sie haben es schon von Anfang an eingefügt. Schieben Sie das **Bild mit der Maske an die richtige Position** (ohne es zuzuschneiden).

3. Jetzt beginnt das **Ebenen-Sortieren**: Mit einem Rechtsklick und dem Befehl *In den Hintergrund senden* bringen Sie das Bild mit der Maske hinter den Bilderrahmen, aber auch dummerweise hinter das Bild mit den kleinen Farbtöpfen:

---

10 Herunterladen können Sie »paint.net« kostenlos unter: *http://www.getpaint.net/download.html*

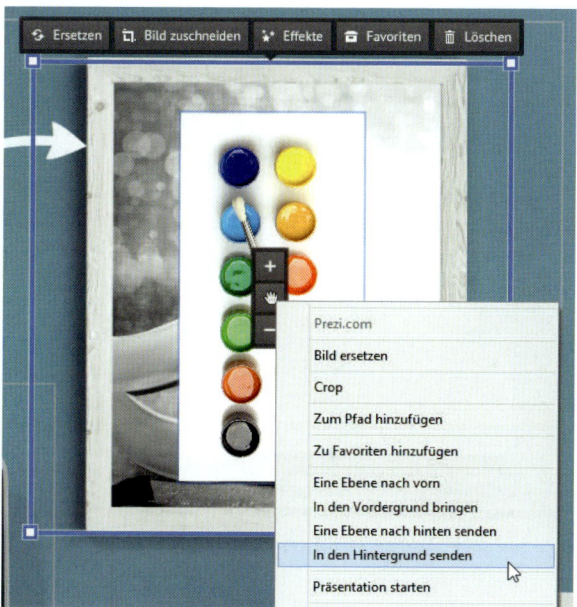

Abb. 6–38 Die gute Nachricht: Das Bild mit der Maske passt jetzt perfekt in den Bilder-
          rahmen.

4. Klicken Sie mit der rechten Maustaste auf das Bild mit den kleinen Farbtöpfen aus, um dieses in den Hintergrund zu schicken.

Ihre Prezi schaut jetzt im Bearbeitungsmodus so aus:

Abb. 6–39 Sie müssen sich also merken, welche Animationen Sie in der Prezi angelegt haben. Lediglich die kleinen Sterne rechts unten in den Vorschauansichten verraten
Ihnen, auf welchen Stopps Sie Animationen machen.

Hier können Sie sich das Beispiel als Gesamtablauf anschauen:
www.zoom-studio.de/packend-praesentieren-mit-prezi.

6.6.3 Einblendung, Ausblendung, Überblendung, Zoom oder Schwenk: Was nutze ich wann? Ein kurzer Überblick über die Kamerasprache bei Prezi

Haben Sie sich eigentlich schon gefragt, wann Sie sich in Prezi für eine Einblendung, wann für einen Zoom und wann stattdessen für einen Schwenk der
Kamera entscheiden sollten? Wann ist es sinnvoll, etwas auszublenden oder zu
überblenden? Und ob es eine Rolle spielt, in welche Richtung sich die Kamera
bewegt?

Ja, es spielt eine Rolle und kann Ihnen dabei helfen, die Wirkung Ihrer Inhalte
zu verstärken bzw. Ihrem Publikum das Verstehen zu erleichtern.

Hier ein paar Anhaltspunkte für die Auswahl der richtigen Methode:

- **Einblendungen** machen Sie immer dann, wenn Sie das aktuelle Thema oder
  Kapitel inhaltlich ergänzen möchten.

- **Kamerafahrten** (Schwenks) bedeuten eine Veränderung der Szene. Sie bewegen sich einen Schritt weiter, gehen zum nächsten Thema etc. In unserem Kulturkreis sollten Sie die Leserichtung beachten: von links nach rechts geht es vorwärts bzw. zeitlich in die Zukunft. Bewegt sich die Kamera von unten nach oben, steht das für eine positive Entwicklung (Aufstieg, Steigerung), umgekehrt eher für eine negative Entwicklung oder z. B. einen Blick auf eine tiefere Ebene (Wurzeln eines Baumes, unterer Teil des Eisbergs).

- Handelt es sich bei der Kamerafahrt um einen **Zoom**, entscheidet die Richtung. Zoomen Sie hinein, vertiefen Sie etwas, nehmen es genauer unter die Lupe und betrachten Details. Zoomen Sie heraus, treten Sie inhaltlich einen Schritt zurück und schauen sich wieder eine Oberkategorie oder eine Gesamtsicht an.

- **Drehen** Sie die Kamera, verändern Sie den Blickwinkel – oder Sie stellen sogar die Welt auf den Kopf.

- **Blenden** Sie bei Prezi etwas **aus**, kann das zwei Gründe haben: Etwas hat inhaltlich keine Bedeutung mehr, ist vergangen und wird nicht mehr benötigt, oder Sie wollen am Ende ein Gesamtbild zeigen, das möglichst ruhig ist und nicht zu viele (eventuell ablenkende) Details zeigt.

- **Überblenden** Sie etwas, bedeutet das entweder, dass etwas inhaltlich ersetzt wird (»So war es mal, so ist es jetzt.«), oder aber, dass Sie verschiedene Informationen zeigen möchten, die zum selben Thema gehören. Ein Schwenk der Kamera würde an dieser Stelle dem Publikum die falsche Botschaft vermitteln.

In der Regel berücksichtige ich diese Anhaltspunkte. Dennoch kann es manchmal sein, dass ich einen Effekt auch einfach nur um des Effektes willen nutze, z. B. wenn ich die Aufmerksamkeit des Publikums erhöhen möchte durch eine überraschende, schnelle Kamerafahrt.

Das ist auch in Ordnung, solange Sie die Grundregeln kennen und bewusst darüber entscheiden, ob Sie sie einhalten oder für Ihre Zwecke brechen.

Hier noch der Link zu einem Beispiel direkt von Prezi:

https://prezi.com/-oebfwip4irw/the-official-prezi-transitions-tutorial/.

7 Prezi in 3D

Normalerweise platzieren Sie in Prezi all Ihre Inhalte auf einer Leinwand. Sie haben allerdings auch die Möglichkeit, den Eindruck zu erwecken, als würden Ihre **Inhalte** (Texte, Bilder etc.) **schweben**. Zusätzlich können Sie dafür sorgen, dass das **Hintergrundbild beim Heranzoomen wechselt**.

Werfen Sie am besten im Internet einen Blick auf dieses kleine Beispiel:

Abb. 7–1   Die Prezi finden Sie hier: *www.zoom-studio.de/packend-praesentieren-mit-prezi*

Wie entsteht dieser Effekt?

Sie können sich das Ganze so vorstellen: Prezi legt Ihr Bild, das Sie als 3D-Hintergrund in die Prezi geladen haben, auf die Leinwand. Anschließend packt Prezi mit einem gewissen Abstand eine **virtuelle Glasplatte davor**. Alle Inhalte, die Sie in die Prezi einfügen, werden jetzt nicht länger auf die Leinwand gelegt, sondern

auf diese Glasplatte. Wenn die Kamera jetzt an einzelne Objekte heranfährt entsteht der Eindruck, als würden diese frei über dem Hintergrundbild schweben[1].

Ist in Prezi – wie in diesem Beispiel – mehr als ein 3D-Hintergrundbild angelegt,
wird ab einer bestimmten Zoomtiefe von der Kamera das erste Hintergrundbild
durchbrochen und man sieht den zweiten Hintergrund. Dies funktioniert mit bis
zu drei Hintergrundbildern.

7.1   Prezi mit einem 3D-Hintergrund

Starten Sie mit dem reinen **Schwebeffekt**. Um ihn zu nutzen, müssen Sie ein
Bild bei Prezi als 3D-Hintergrund anlegen. Das geht so:

Klicken Sie auf *Anpassen* und danach auf der rechten Seite unter *Hintergrundbild* auf *Datei wählen*.

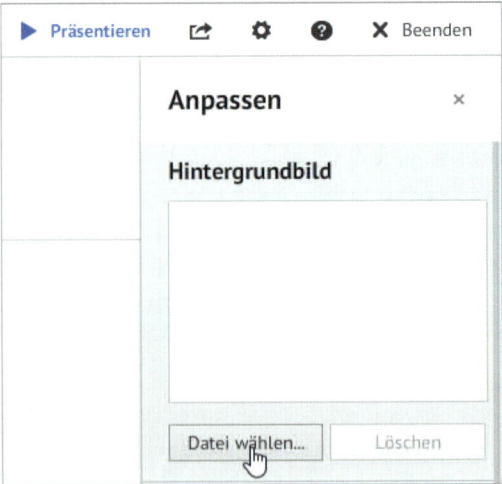

Abb. 7–2   »Hintergrundbild« steht hier für ein Bild, das als 3D-Hintergrund verwendet werden soll.

Wählen Sie eine Bilddatei, und lassen Sie Prezi das Bild auf die Leinwand laden.

---

1   Wenn Sie mehr über diesen Effekt erfahren möchten, suchen Sie online nach dem Stichwort »paral-
lax scrolling«.

Abb. 7–3   Anders als bei »normal« über »Einfügen« auf die Leinwand geladenen Bildern laufen die Hilfslinien über das 3D-Hintergrundbild und Sie können dieses nicht anklicken (z. B. um es zu skalieren).

Jetzt können Sie ganz normal Ihre Inhalte auf die Leinwand bringen und eine Kamerafahrt anlegen. Sobald Sie die Prezi vorführen, werden Sie sehen, dass Ihre Inhalte schweben.

Zur Klarstellung: Sie können ein Bild auch ganz normal (über *Einfügen als Bild…*) auf die Prezi-Leinwand bringen, groß ziehen und per Rechtsklick in den Hintergrund bringen. Auch das ist ein Hintergrundbild. Ein Unterschied zum 3D-Hintergrund besteht darin, dass Sie das **»normale« Hintergrundbild** anklicken und mit dem Transformationswerkzeug bearbeiten können. Das geht beim 3D-Hintergrund-Bild nicht. Dieses können Sie lediglich löschen oder austauschen. Der zweite Unterschied besteht darin, dass Sie an »normale« Hintergrundbilder heranzoomen können und zwar so dicht, dass Sie kleine Inhalte z. B. im Fenster eines Hauses verstecken können. Der 3D-Hintergrund liegt – wie beschrieben – »hinter Glas«. Das bedeutet, dort kommen Sie auch mit der Kamera nicht heran.

Probieren Sie das Einfügen einmal klassisch und einmal als 3D-Hintergrund aus. Sie werden die Unterschiede schnell erkennen.

7.2   Prezi mit zwei bis drei 3D-Hintergründen

Gehen wir einen Schritt weiter. Wenn Sie bei Prezi mehr als einen 3D-Hintergund anlegen möchten, können Sie das tun, indem Sie auf *Anpassen* und danach auf *Erweitert* klicken. Es öffnet sich der **Theme-Wizard**. Klicken Sie neben *3D Background* auf den Knopf *Edit*:

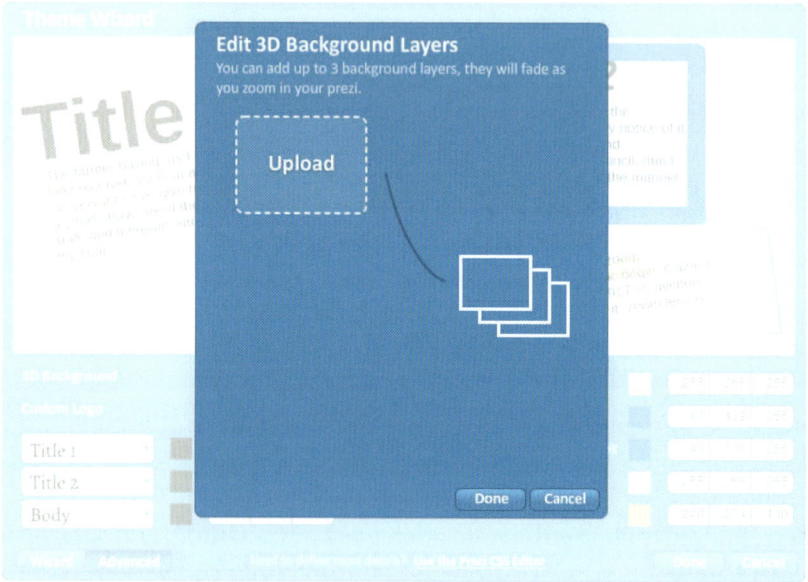

Abb. 7–4   Im sich öffnenden Fenster können Sie nach einem Klick auf »Upload« das Hintergrundbild wählen, das ganz oben liegen soll.

Sobald Sie ein Bild hochgeladen haben, wird Prezi Ihnen einen Knopf für das zweite bzw. dritte Hintergrundbild zur Verfügung stellen:

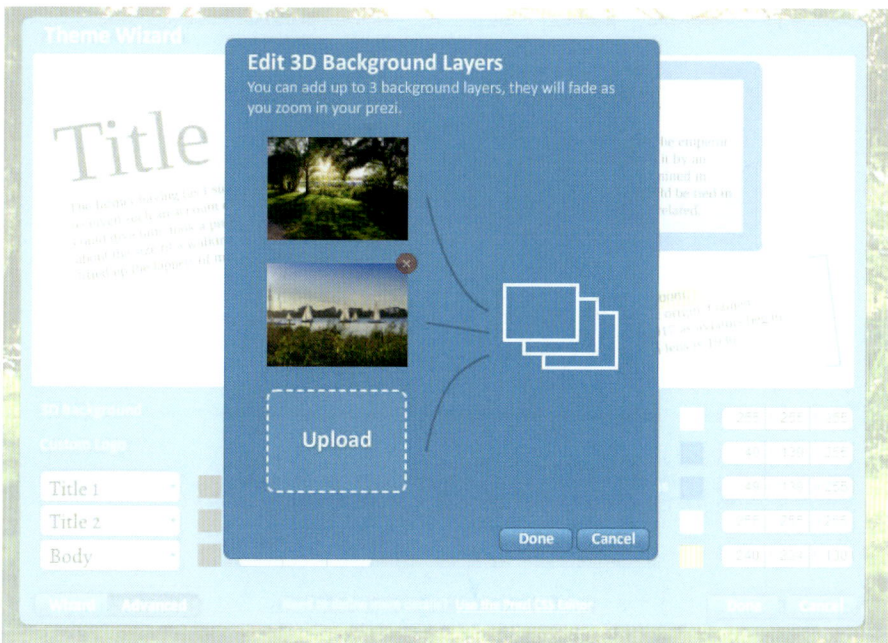

Abb. 7–5   Starten Sie am besten erst mal nur mit zwei 3D-Hintergründen.

Bestätigen Sie Ihre Bildauswahl mit *Done* und kehren Sie zur Leinwand zurück.

Mit Hilfe des Mausrades können Sie jetzt herausfinden, wann Prezi zwischen den Bildern wechselt. Hatten Sie zuvor schon einen Pfad angelegt, sehen Sie jetzt auch in den Vorschauansichten, welcher Stopp welchen Hintergrund hat.

Es ist nicht immer ganz einfach, die 3D-Hintergründe (wann wird gewechselt und wann nicht) unter Kontrolle zu bekommen, aber mit ein bisschen Übung wird es Ihnen gelingen.

In Kapitel 13.3 finden Sie dazu eine ausführlichere Anleitung anhand eines weiteren Beispiels für eine kleine 3D-Prezi.

8 Prezis vorführen

Sie können eine Prezi auf verschiedene Weisen vorführen: entweder direkt aus Ihrem **Online-Account** oder aus Ihrer **Prezi-Software** heraus, per **Fernpräsentation** oder indem Sie eine **tragbare Prezi** starten.

In allen Varianten sieht der Vorführmodus gleich aus.

8.1 Der Vorführmodus

Um sich eine Prezi, an der Sie arbeiten, im Vorführmodus anzuschauen, klicken Sie oben rechts auf *Präsentieren*.

Die Präsentationsansicht ist dieselbe, zu der Sie gelangen, wenn Sie eine Prezi in Ihrem Account einmal anklicken und in diese Ansicht gelangen:

Abb. 8–1   Die Vorführansicht Ihrer Prezi – das untere Menü wird, sofern Sie nicht den Mauszeiger dort platzieren, automatisch ausgeblendet.

Wenn alle **Elemente im Präsentationsbereich** eingeblendet sind, stehen Ihnen
folgende Funktionen zur Verfügung:

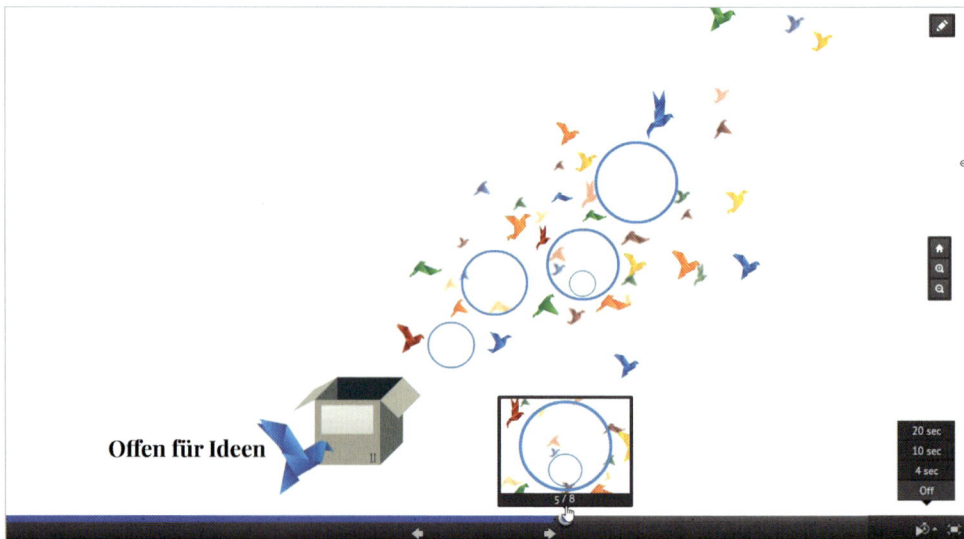

Abb. 8–2   Gesamtansicht des Vorführbereichs, wenn alle Menüelemente eingeblendet sind.
Sie aktivieren die Einblendungen, indem Sie den Mauszeiger an den unteren oder
den rechten Rand bewegen.

- **Pfeile unten**: Bewegen Sie sich damit vor- und rückwärts durch Ihre Prezi. (Alternativ können Sie die Pfeiltasten nach rechts und links auf der Tastatur nutzen oder eine Fernbedienung.)

- **Kleiner blauer Kreis**: Wenn Sie darauf klicken und die Maus mit gedrückter Maustaste bewegen, können Sie sich schnell zu einem bestimmten Stopp in der Prezi bewegen.

- **Autoplay**: Rechts unten haben Sie die Möglichkeit, Ihre Prezi automatisch in einer Dauerschleife abspielen zu lassen; Sie können wählen zwischen 4, 10 und 20 Sekunden pro Stopp (die eingestellte Zeit gilt für alle Stopps).

- **Vollbild**: Mit dem Knopf ganz rechts unten in der Ecke wechseln Sie in den Vollbildmodus.

- **Home-Button**: Auch im Vorführmodus finden Sie ganz rechts auf der Leinwand den »Bring-mich-nach-Hause-Knopf«, der Ihnen alle Inhalte auf Ihrer Leinwand im Überblick zeigt (und zwar wirklich alle (!), nicht nur die Inhalte, die auf Ihrem Pfad liegen).

- **Stiftsymbol oben rechts**: Hier können Sie zurück in den Bearbeitungsmodus wechseln (alternativ hilft auch die `Esc`-Taste).

8.2   Vorführen auf einem festgelegten Pfad

Wenn Sie für Ihre Prezi einen Pfad angelegt haben, können Sie die Präsentation bequem per **Fernbedienung** oder durch **Klicken der Pfeiltasten** auf Ihrer Tastatur vorführen.

Auch wenn Sie eine Kamerafahrt angelegt haben, haben Sie jederzeit die Möglichkeit, auf ein **beliebiges Element auf der Leinwand zu klicken** (sofern dieses anklickbar ist[1]). Prezi fährt dann mit der Kamera sofort zu diesem Objekt. Sollte ein Objekt, das Sie anklicken möchten, nicht im sichtbaren Bereich der Leinwand liegen, können Sie mithilfe der Maus **zoomen**.

Wie Prezi sich verhält, wenn Sie das nächste Mal wieder auf Ihre Fernbedienung oder auf den Vorwärtspfeil Ihrer Tastatur klicken, das hängt davon ab, ob auf dem Objekt, das Sie angeklickt haben, ein Pfadpunkt liegt.

Hat das **Objekt einen eigenen Pfadpunkt**, wird Prezi mit dem nächsten Klick die Kamerafahrt von diesem Pfadpunkt aus fortsetzen.

---

1   Damit ein Objekt einzeln anklickbar ist, muss es im Vordergrund liegen und darf weder zu klein noch Teil einer Gruppierung sein.

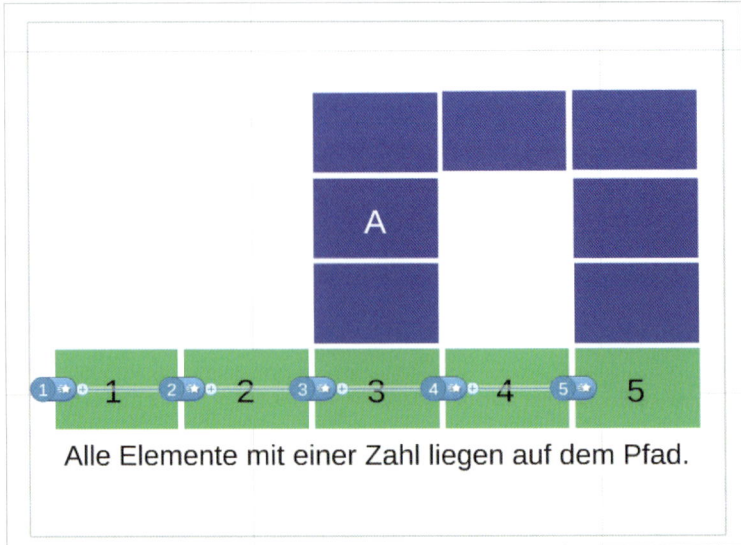

Alle Elemente mit einer Zahl liegen auf dem Pfad.

Abb. 8–3   Wenn Sie sich auf dem Pfad bis zu Stopp »3« vorklicken, dann mit der Maus herauszoomen und dann auf die Fläche »A« klicken, fährt die Kamera zu Fläche »A«.
Klicken Sie das nächste Mal mit der Fernbedienung, wird Prezi mit der Kamera
wieder zu Stopp »3« fahren und die Fahrt von dort fortsetzen.

Liegt das Objekt selbst nicht auf dem Pfad, setzt Prezi die Kamerafahrt von dem
Pfadpunkt aus fort, auf dem Sie sich zuletzt befanden.

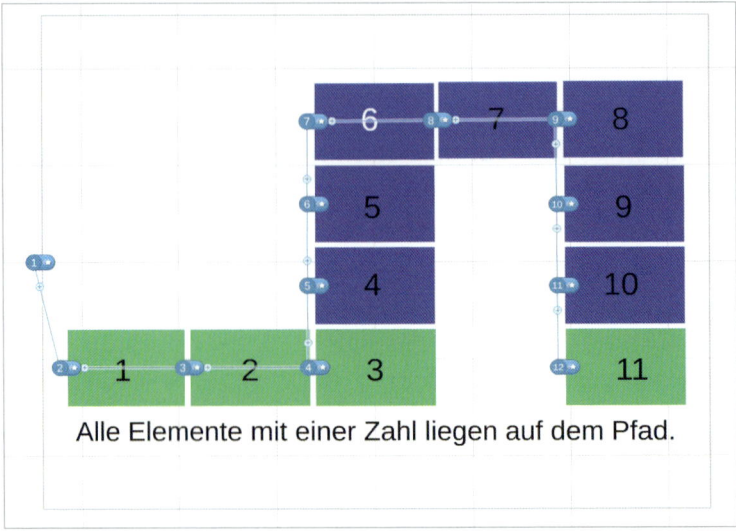

Alle Elemente mit einer Zahl liegen auf dem Pfad.

Abb. 8–4   Wenn Sie sich in der Prezi bis Stopp »3« vorklicken, dann mit der Maus herauszoomen und anschließend direkt auf die blaue Fläche mit der Nummer »6« klicken, wird Prezi die Kamerafahrt beim nächsten Klick an Stopp »7« fortsetzen.

8.3   Freies Vorführen

Freies Vorführen kann bei Prezi zweierlei bedeuten: Entweder legen Sie erst gar keine Kamerafahrt an oder Sie legen eine an, wollen diese allerdings nur als eine Art »Backup« verwenden.

Wichtig ist, dass Sie Prezis, die für das freie Vorführen gedacht sind, anders anlegen und planen als solche Präsentationen, die grundsätzlich per Pfad gezeigt werden sollen. Mehr dazu erfahren Sie im Abschnitt 10.1.9 im Zusammenhang mit Prezis, die für das iPad zum freien Navigieren gebaut werden (Stichwort »Antippbarkeit der Objekte«).

8.4   Tipps für souveränes Vorführen

Damit bei Ihrer Präsentation alles gut abläuft, sollten Sie auf Folgendes achten:

- Führen Sie die Prezi als **»tragbare Prezi«** vor: Meiner Erfahrung nach laufen diese Prezis am stabilsten. Starten Sie die tragbare Prezi (bevor Sie das Bild auf die Leinwand übertragen), und **klicken Sie diese einmal vollständig durch**, um sicherzugehen, dass alles funktioniert und die Datei vollständig »durchgeladen« ist.

- Beachten Sie: Prezi startet beim Wechsel in den Vorführmodus nicht exakt auf Stopp Nummer 1. **Klicken Sie einmal, bevor Sie das Bild per Beamer übertragen**, dann geht es auch wirklich an der von Ihnen geplanten Stelle los.

- Wichtig ist: **Testen Sie Ihre Prezi nach Möglichkeit immer rechtzeitig vor dem geplanten Vortrag auf dem Rechner, mit dem Sie die Prezi vorführen möchten**. (Sollte das nicht möglich sein, testen Sie sie auf einem vergleichbaren Gerät – **vor allem dann, wenn Sie eine sehr umfangreiche Prezi erstellt haben!**)

8.5   Prezi mit Autoplay

Sie können Prezis automatisch abspielen. Den **Autoplay-Knopf finden Sie unten rechts**, sobald Sie in den Vorführmodus gewechselt haben:

Prezis im Autoplay-Modus laufen grundsätzlich in der Dauerschleife mit der von Ihnen eingestellten Zeit. Allerdings ist **Folgendes zu beachten**:

- **Voiceover-Dateien und Videos** werden im Autoplay immer in voller Länge gezeigt bzw. abgespielt, bevor Prezi zum nächsten Pfadpunkt wechselt.

- Wenn Sie eine Voiceover-Datei verwenden oder ein Video eingebettet haben, wird der *Autoplay*-Knopf (rechts unten im Vorführmodus) abgelöst durch einen *Play*-**Knopf links unten** und die Prezi läuft dann nur einmalig und nicht in der Dauerschleife durch.

- Wollen Sie eine Prezi trotz Videos oder Voiceover dennoch in der Dauerschleife zeigen (z. B. auf einem Messestand), empfehle ich Ihnen ein **Screen-Recording** zu machen. Das bedeutet Sie nehmen ein Video auf, während Sie sich durch Ihre Prezi klicken und spielen anschließend die Videodatei in einer Endlosschleife ab. Für die Aufnahme benötigen Sie eine zusätzliche Software, einen sogenannten Screen-Recorder[2].

---

2   Wenn Sie online nach diesem Begriff suchen, werden Ihnen viele verschiedene Lösungen dazu angeboten. Ich selbst arbeite mit Camtasia.

9 Prezis teilen

9.1 Überblick

Grundsätzlich müssen Sie unterscheiden, ob Ihre Prezi nur lokal auf Ihrem Rechner gespeichert ist, oder ob sie in Ihrem Online-Account liegt. Es gibt folgende Möglichkeiten:

1. **Teilen per Link (aus dem Online-Account heraus)**

   - als Fernpräsentation
   - zum eigenständigen Anschauen (für jede Person, die den Link zur Prezi kennt)
   - mit einer (oder mehreren) ganz bestimmten Person(en)
   - mit Bearbeitungsrechten

2. **Teilen (und speichern) als Datei**

   - als »tragbare« Prezi (nur zum Vorführen)
   - als bearbeitbare Datei
   - als PDF-Datei

3. **Einbetten in eine Website**

Bevor ich das Vorgehen für jede Variante einzeln erläutere, muss ich noch etwas Grundsätzliches zu den **Sichtbarkeitseinstellungen** Ihrer Prezi im Online-Account sagen.

9.2   Sichtbarkeitseinstellungen

Sofern Sie eine Enjoy- oder Pro-Lizenz haben, können Sie Ihre **Prezis für Dritte unsichtbar machen** (bei den kostenlosen Public-Accounts können und sollten Sie zumindest verhindern, dass Ihre Prezis von anderen kopiert werden können[1]).

Rechts unter Ihrer Prezi (im Online-Account) können Sie sehen, welche Sichtbarkeitseinstellung für die aktuelle Prezi gilt:

Abb. 9–1   Diese Prezi liegt in meinem Account verborgen. Ein Klick auf »Verborgen« (oder »Teilen«) bringt Sie zu den Sichtbarkeitseinstellungen.

Wenn Sie auf den Knopf klicken, der die **aktuelle Sichtbarkeit** anzeigt (oder auf den Knopf *Teilen*), öffnet sich das folgende Fenster:

---

1   Siehe dazu 3.3.1

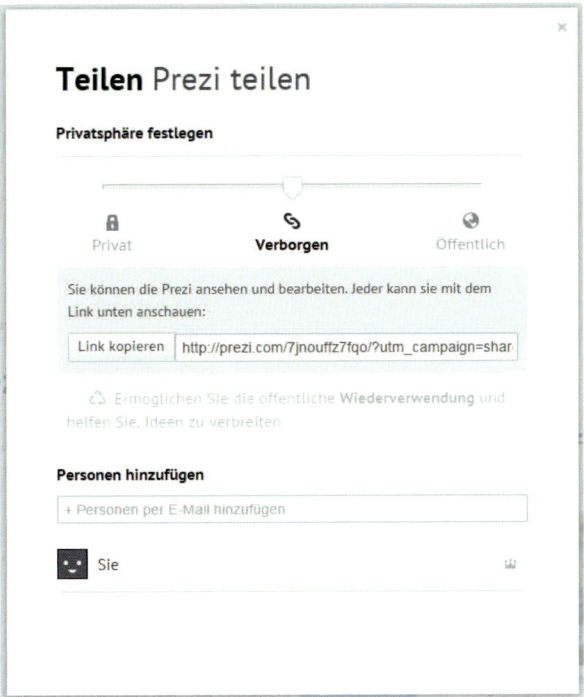

Abb. 9–2   Per **Schieberegler** legen Sie die Sichtbarkeit fest. In dem grauen Kasten in der Mitte wird jeweils erläutert, was die einzelne Einstellung bedeutet, und im unteren Bereich des Fensters teilen Sie die Prezi.

Hier ein **Kurzüberblick über die Sichtbarkeitseinstellungen**:

- *Privat*: Grundsätzlich können nur Sie die Prezi anschauen und bearbeiten.
- *Verborgen*: Sie können die Prezi anschauen und bearbeiten, und jeder, der den angezeigten Link hat, kann das ebenfalls tun.
- *Public*: Ihre Prezi ist öffentlich sichtbar.

Wenn Sie Ihre Prezi öffentlich machen und dann noch unterhalb des grauen Kastens einen Haken neben das **Recycling-Symbol** setzen, ist Ihre Prezi nicht nur öffentlich sichtbar, sondern kann von anderen (in bearbeitbarer Form!) kopiert werden. Ich empfehle, diesen Haken nicht zu setzen und ihn – sofern Sie nur einen Public-Account haben – unbedingt zu entfernen, und zwar bei jeder einzelnen von Ihnen erstellten Prezi!

9.2.1   Teilen per Link

Sie haben mehrere Möglichkeiten, anderen Ihre **Prezi online zu zeigen**.

9.2.2 Fernpräsentation

Fernpräsentation bedeutet: Sie führen Ihre Prezi vor (indem Sie sich durch die Inhalte klicken), und **andere können zeitgleich zuschauen** (und sehen genau das, was Sie sehen). Um dies zu erreichen, gibt es in Ihrem **Online-Account** zwei Wege:

1. Klicken Sie in Ihrem Account **unterhalb Ihrer Prezi** auf den Knopf *Fernpräsentation*. Dann erscheint folgendes Fenster, das Ihnen erklärt, was zu tun ist:

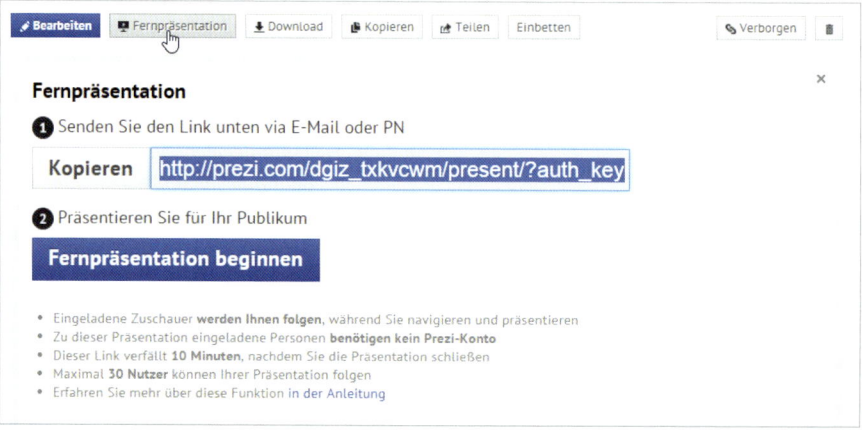

Abb. 9–3   Unter dem Knopf »Fernpräsentation beginnen«, mit dem Sie die Präsentation für alle Teilnehmer starten, finden Sie alle Informationen, die Sie benötigen.

Verschicken Sie den **Link hinter dem Knopf** *Kopieren* an diejenigen, die die Präsentation sehen sollen, und teilen Sie mit, wann Sie die Präsentation zeigen. Wenn Sie jetzt noch parallel eine Telefonkonferenz starten, können Sie online präsentieren.

2. Alternativ klicken Sie **im Bearbeitungsmodus auf das** *Teilen*-**Symbol** und wählen *Fernpräsentation*:

Jetzt öffnet sich dieses Fenster, das den notwendigen Link für Sie bereithält:

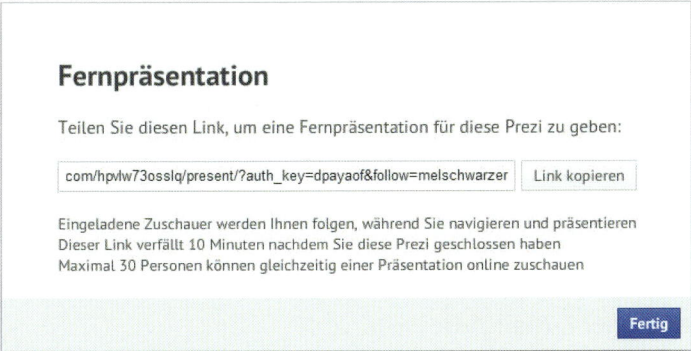

9.2.3   Einen Link zum Anschauen der Prezi

Gehen Sie entweder im **Bearbeitungsmodus** auf das *Teilen*-**Symbol** und dann auf *Prezi teilen* (s. o.) oder direkt in Ihrem Online-Account **unter der Prezi auf** *Teilen*. In beiden Fällen bekommen Sie das Fenster, das Sie schon von den Sichtbarkeitseinstellungen kennen:

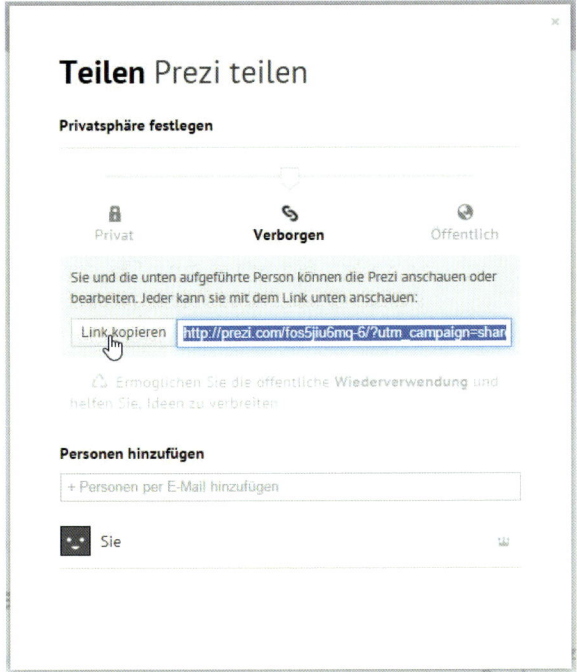

Abb. 9–4   Kopieren Sie den Link (und ist ihre Sichtbarkeit auf »Verborgen« gesetzt) kann
jeder, der diesen Link bekommt, die Prezi anschauen.

Der **Empfänger des Links muss nicht bei Prezi angemeldet sein**. Dennoch hat er die Möglichkeit, die Prezi ebenfalls zu teilen, d.h. den notwendigen Link zum Anschauen der Prezi zu erzeugen und sie in eine Website einzubetten.

9.2.4   Nur einen bestimmten Zuschauer hinzufügen

Wenn zwar ein anderer Ihre Prezi sehen soll, aber **ausschließlich diese eine Person**, müssen Sie anders vorgehen.

Setzen Sie Ihre Privatsphäre-Einstellungen auf *Privat*, und fügen Sie dann unten die **Person per E-Mail-Adresse** hinzu.

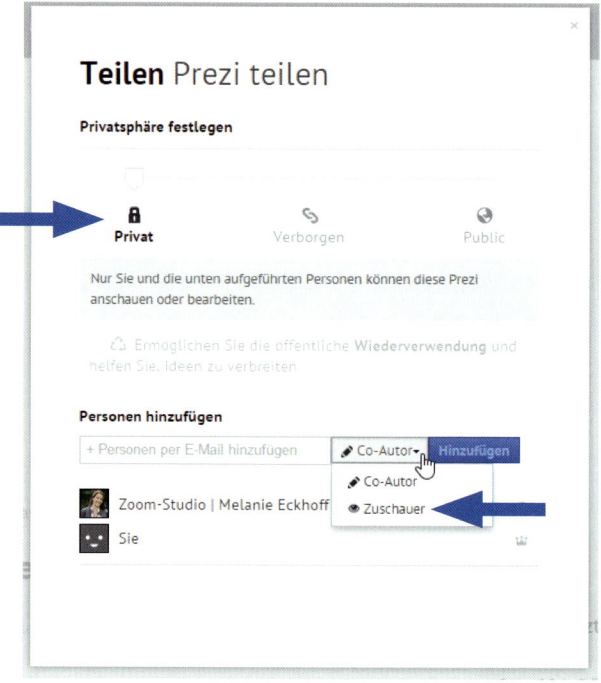

Abb. 9–5   Die Person, die Sie mit einer E-Mail-Adresse hinzufügen, muss mit genau dieser Adresse bei Prezi registriert sein.

Wichtig ist, dass Sie darauf achten, ob Sie den anderen zum **Co-Autor** machen (ihm also Bearbeitungsrechte einräumen) **oder lediglich zum Zuschauer**. Ist er nur Zuschauer, kann er die Prezi nur sehen und nicht mit anderen teilen.

Sie haben später die Möglichkeit, die **Befugnisse wieder zu ändern**:

9.2.5 Einer anderen Person Bearbeitungsrechte einräumen

Bevor Sie einem anderen Bearbeitungsrechte an Ihrer Prezi einräumen, sollten Sie **unbedingt eine Kopie von dieser Prezi anlegen** und der anderen Person **lediglich Bearbeitungsrechte an der Kopie einräumen!**

Warum? Weil derjenige, der Bearbeitungsrechte an Ihrer Prezi hat, **tatsächlich Ihre Prezi bearbeitet**. Er arbeitet also in **Ihrem Original**. Macht er etwas kaputt, ist es wirklich kaputt. Also Vorsicht!

9.2.6 Teilen (und speichern) als Datei

Tragbare Prezi (nur zum Vorführen)

Tragbare Prezis sind .zip-Dateien, in denen sich **eine sofort ausführbare Datei** für Windows und eine für den Mac sowie ein Materialienordner befinden. Sie können die ausführbare **Datei starten, ohne** dass die **Installation der Prezi-Software** erforderlich ist. Allerdings müssen Sie zuerst die .zip-Datei entpacken.

Achtung: Wenn Sie die Dateiordner weitergeben (und Sie müssen, damit es funktioniert, immer den gesamten Ordner weitergeben), hat der Empfänger Zugriff auf alle Materialien (Bilder, Videos ...), die Sie in Ihrer Prezi verwendet haben! Das bedeutet: Hier können Sie gegebenenfalls Urheber- und Lizenzrechte verletzen.

So erzeugen Sie die tragbare Prezi:

- **Aus dem Bearbeitungsmodus heraus:** Befinden Sie sich im Bearbeitungsmodus, können Sie wieder auf das *Teilen*-**Symbol** klicken und dort *Als tragbare Prezi downloaden* wählen.

- **Aus Ihrem Prezi-Account heraus:** Klicken Sie unter der Prezi auf *Download*. Sobald sich das folgende Fenster öffnet, wählen Sie erst die linke Option *Präsentieren* und klicken dann auf *Download*:

- **Mit der Prezi-Software:** Starten Sie die Software, und gehen Sie in der **Übersicht** mit dem Mauszeiger auf das **Vorschaubild der Prezi**, die Sie als tragbare Datei exportieren möchten. In dem **Menü oben rechts in der Ecke** finden Sie dann die Funktion *Als tragbare Prezi exportieren*:

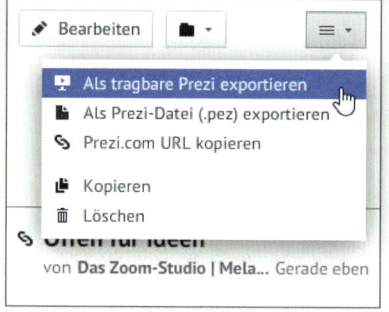

Ihre tragbare Prezi wird am von Ihnen gewählten Zielort **als .zip-Datei** ablegt. Sobald Sie diese **entpackt** haben, finden Sie in dem Ordner einen weiteren Ordner, und darin liegen (unter Windows) diese Dateien:

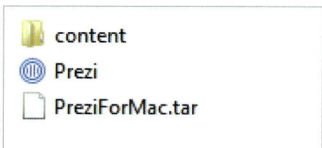

Abb. 9–6   Mit einem Doppelklick können Sie die ausführbare Prezi starten. Im Ordner »content« liegen alle Materialien, die für das Vorführen der Prezi benötigt werden.

Arbeiten Sie mit einem Mac, müssen Sie noch das Archiv »PreziForMac.tar« entpacken.

Bearbeitbare Datei

Um mit der Prezi-Software eine **bearbeitbare .pez-Datei** zu erzeugen und abzuspeichern, starten Sie die Software. Gleich in der **Startansicht** klicken Sie **rechts oben** auf die Prezi, die Sie als .pez-Datei exportieren möchten.

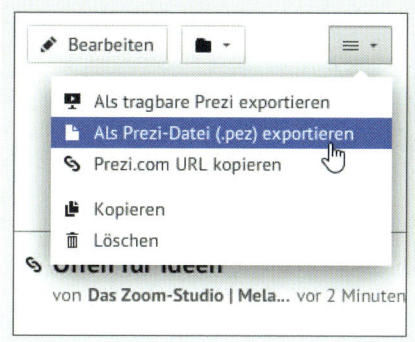

Abb. 9–7   Mithilfe dieser Funktion können Sie Ihre Dateien zusätzlich in bearbeitbarer Form an einem von Ihnen ausgewählten Ort auf Ihrem Rechner speichern. Nutzen Sie diese Funktion möglichst häufig, um Sicherheitskopien Ihrer Prezi anzulegen.

In Ihrem **Online-Account** gehen Sie über *Download* und wählen die Option *Bearbeiten und präsentieren* aus:

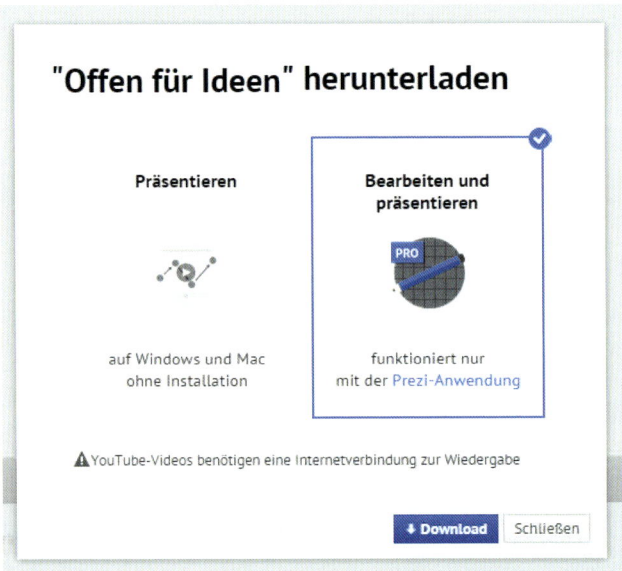

Abb. 9–8   Jetzt müssen Sie nur noch auf »Download« klicken, um die bearbeitbare Datei herunterzuladen. Auch wenn Sie diese Datei nur mithilfe der Prezi-Software öffnen können, empfehle ich Ihnen auch dann, wenn Sie keine Lizenz für die Software haben, diese Dateien als Sicherheitskopie auf Ihrem Rechner abzuspeichern.

PDF-Datei

Sie können Prezis als PDF-Datei **speichern und drucken**. Befinden Sie sich im **Bearbeitungsmodus** Ihrer Prezi, klicken Sie auf den *Teilen*-**Button** oben rechts und wählen *Als PDF herunterladen*:

Sobald Prezi **für jeden Pfadstopp eine einzelne PDF-Seite** angelegt hat, sehen Sie dort die Möglichkeit, das PDF zu speichern:

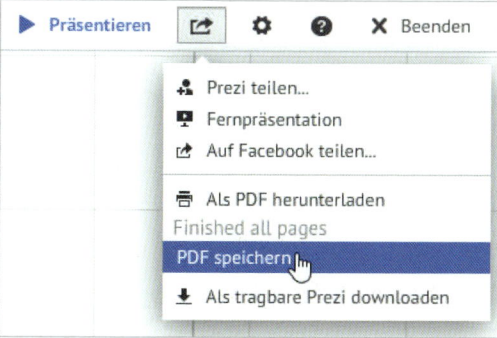

Die so erzeugte PDF-Datei ist ideal, um sie auszudrucken und **handschriftliche Korrekturen und Anmerkungen** für die Überarbeitung der Prezi zu machen (oder machen zu lassen).

Meiner Ansicht nach eignet sich diese Funktion **nicht, um ein Handout zu erzeugen**. Zum einen ist die Qualität der Bilder in der PDF-Datei noch nicht besonders gut, und Einblendungen werden dauerhaft mit angezeigt. Zum anderen **gehören zu einer guten Präsentation** – und damit auch zu einer guten Prezi – **drei verschiedene Dokumente**:

- **Notizen**: Sie sind nur für den Vortragenden bestimmt und sollen als Gedächtnisstütze für den Vortrag dienen. Notizen auf der Leinwand sind keine Option!

- **Visualisierung**, d. h. die eigentliche Präsentation: Sie ist nur für Ihr Publikum bestimmt und soll dieses dabei unterstützen, Sie zu verstehen.

- **Handout**: Es ist für Ihr Publikum zum späteren Nachlesen bestimmt und darf so viele Informationen enthalten, wie Sie für notwendig halten.

9.2.7 Einbetten in die Website

Klicken Sie in Ihrem **Prezi-Account** unter Ihrer Prezi auf *Einbetten*. Sie sehen dann Folgendes:

Abb. 9–9   Nach einem Klick auf »Einbetten« unterhalb Ihrer Prezi öffnet sich dieses Fenster.

Legen Sie die **Breite und Höhe** fest, mit der die Prezi auf Ihrer Website gezeigt werden soll. Wählen Sie dann, ob der Betrachter sich ganz **frei** auf der Prezi bewegen darf oder ob er sich **lediglich auf dem von Ihnen festgelegten Pfad** vor und zurück bewegen darf.

Kopieren Sie anschließend den von Prezi erzeugten **Quellcode** und fügen Sie ihn an der gewünschten Stelle in Ihrer Website ein.

10 Prezi mobil

Prezis können Sie auf Mobilgeräten (Smartphones/Tablets mit Android, iPhones und iPads) anschauen, vorführen und mit anderen teilen. Mit der iPad-App lassen sich sogar Prezis erstellen und in einem gewissen Umfang bearbeiten.

10.1 Prezi auf dem iPad

Ein wichtiger Hinweis vorab zur iPad-App:

Ihre **Bearbeitungsmöglichkeiten** sind – im Unterschied zur klassischen Prezi-Oberfläche im Browser oder der Software – **deutlich beschränkt**. Zudem gibt es einen **Unterschied zwischen Prezis, die Sie direkt auf dem iPad erstellt haben, und solchen, die Sie anderweitig erstellt und dann auf das iPad geladen haben!**

Sehen Sie sich das Vorgehen schrittweise an: Gehen Sie als Erstes in den iTunes-Store, und laden Sie sich die kostenlose App herunter:

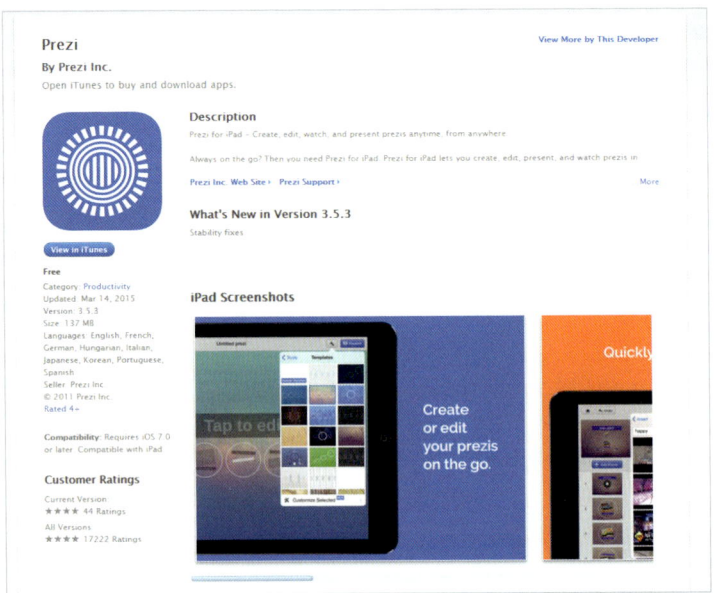

Abb. 10–1   Nach dem Installieren müssen Sie sich bei der App mit Ihren Zugangsdaten für
              Prezi anmelden.

Sobald die App die Verbindung zu Ihrem Prezi-Konto hergestellt hat, sehen Sie
die **Prezis in Ihrem Account**:

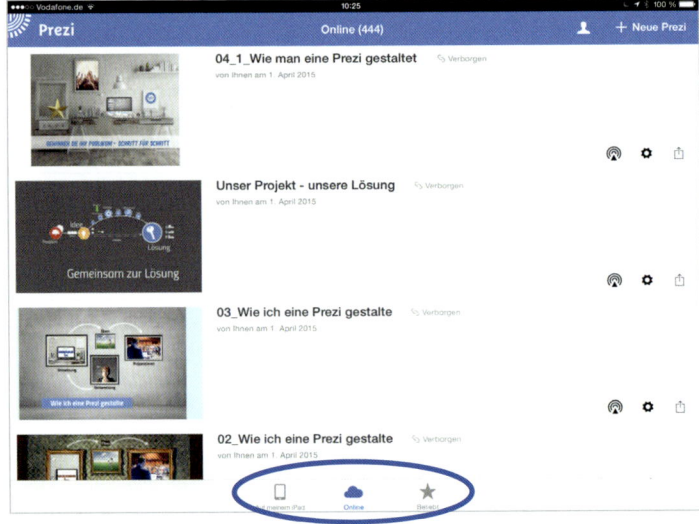

Abb. 10–2   Unten sehen Sie, dass Sie sich die Prezis nach drei Kategorien anzeigen lassen
              können: Prezis, die Sie bereits auf Ihr iPad heruntergeladen haben, solche, die
              bislang nur in Ihrem Online-Account liegen, und beliebte, öffentlich sichtbare
              Prezis.

10.1.1 Prezis herunterladen

Sobald Sie eine Ihrer Prezis **anklicken**, lädt Prezi diese auf Ihr iPad herunter. Das bedeutet, Sie können diese dann auch **offline anschauen und vorführen**. (Achtung: Per Link eingebundene YouTube-Videos benötigen zum Abspielen immer noch eine Internetverbindung.)

Der Ladeprozess kann etwas dauern und setzt sich im nächsten Fenster noch fort:

Abb. 10–3   Lassen Sie die Prezi vor dem Abspielen erst vollständig zu Ende laden.

10.1.2   Prezis bearbeiten

Klicken Sie rechts oben auf »Bearbeiten«, wenn Sie Änderungen an Ihrer Prezi vornehmen möchten.

Der Bearbeitungsmodus in der App ist von den Möglichkeiten her beschränkter als auf Ihrem Rechner.

Auf Ihrem iPad haben Sie **folgende Bearbeitungsmöglichkeiten**:

- Texte ändern oder neue Texte einfügen
- Bilder ändern
- neue Bilder einfügen
- YouTube-Videos einfügen
- das Theme ändern

Text

Um einen bestehenden Text zu ändern, tippen Sie auf ihn. Zum Editieren tippen Sie im Anschluss auf *Text bearbeiten*[1]:

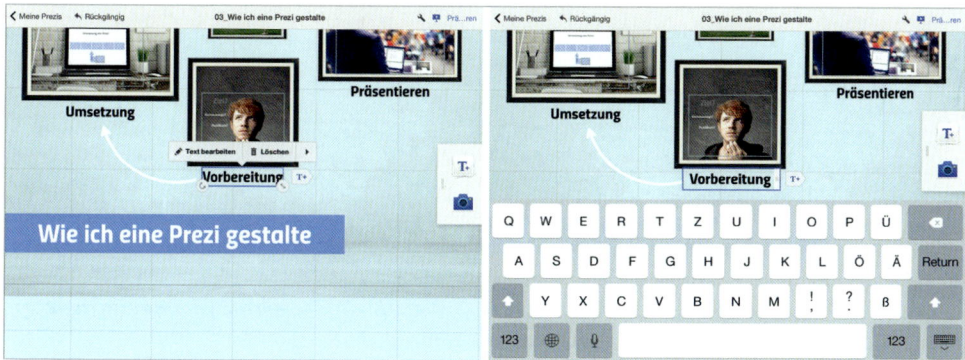

Abb. 10–4   Jetzt können Sie den Text ändern. Zum Verkleinern und Vergrößern gibt es die Pfeile rechts unten, zum Drehen den runden Pfeil in der linken unteren Ecke der Textbox.

Über das Symbol **T+**, das Sie rechts neben einer aktiven Textbox, aber auch an der rechten Seite des Displays finden, fügen Sie eine **neue Textbox** ein:

---

1   Ist der Text Teil einer Gruppierung, müssen Sie doppelt tippen, um ihn zu editieren.

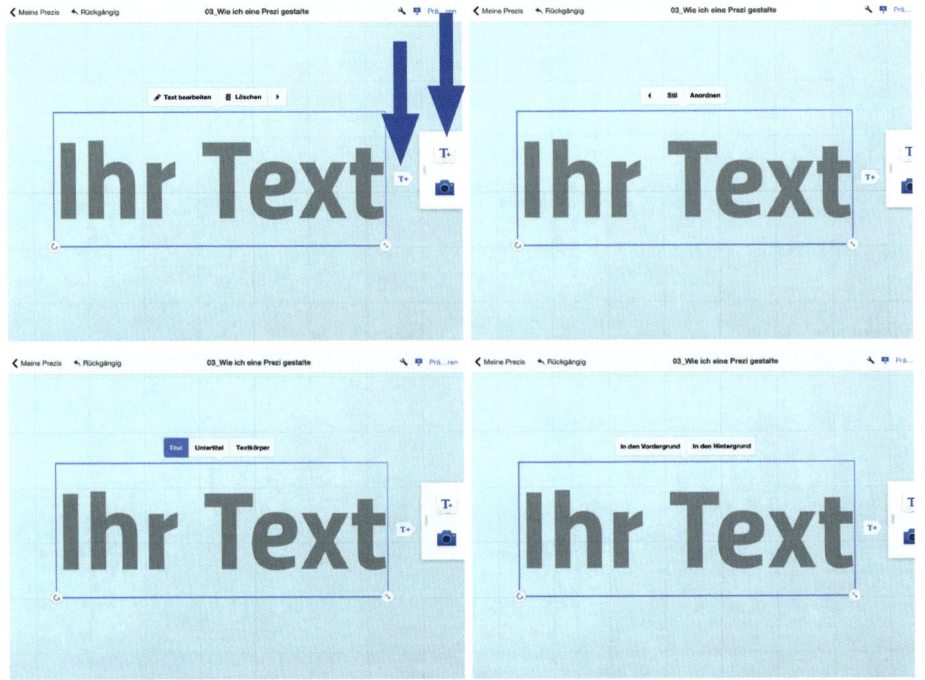

Abb. 10−5   »Text bearbeiten« erlaubt Ihnen, einen Text einzugeben. Ein Tipp auf den Pfeil
nach rechts öffnet die Möglichkeiten »Stil« und »Anordnen«. »Stil« bringt Sie
zu den drei Formatierungen (Titel, Untertitel, Textkörper), »Anordnen« meint
die Ebenenoptionen (Vordergrund, Hintergrund).

Bilder

Tippen Sie auf ein bestehendes Bild, haben Sie die Möglichkeit, das Bild zu **ersetzen, zu löschen, zu drehen und zu skalieren**.

Abb. 10−6   Der kleine Pfeil nach rechts gibt den Button »Anordnen« frei, der Sie wieder zu
den Ebenen (Vordergrund, Hintergrund) bringt.

Um ein neues Bild einzufügen, müssen Sie rechts am Rand auf das **Symbol des Fotoapparats** tippen.

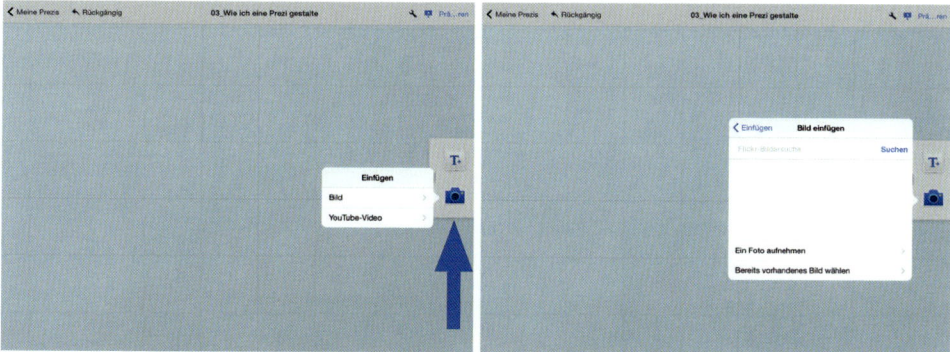

Abb. 10–7   Wählen Sie »Bild«. Danach können Sie entscheiden, ob Sie online ein Bild suchen, ein Foto aufnehmen (und gleich einfügen) oder ein Bild aus Ihrer Fotobi-
bliothek auf dem iPad einfügen möchten.

> **Achtung**
>
> Sie können in Prezis, die Sie nicht auf dem iPad, sondern mit Ihrer Prezi-Software
> oder in Ihrem Prezi-Account erstellt haben, weder Rahmen noch Pfadpunkte
> **einfügen**. Auch können Sie den Pfad nicht bearbeiten! Lediglich bei **auf dem
> iPad neu erstellten Prezis** können Sie weitere Rahmen hinzufügen, die Prezi
> dann automatisch mit einem Pfadpunkt versieht. Sie können auch die **Reihen-
> folge der Kamerafahrt ändern.**

YouTube-Videos einfügen

Um ein neues YouTube-Video einzufügen, klicken Sie ebenfalls auf das **Symbol
des Fotoapparats** rechts an der Seite und entscheiden sich für *YouTube-Video*.

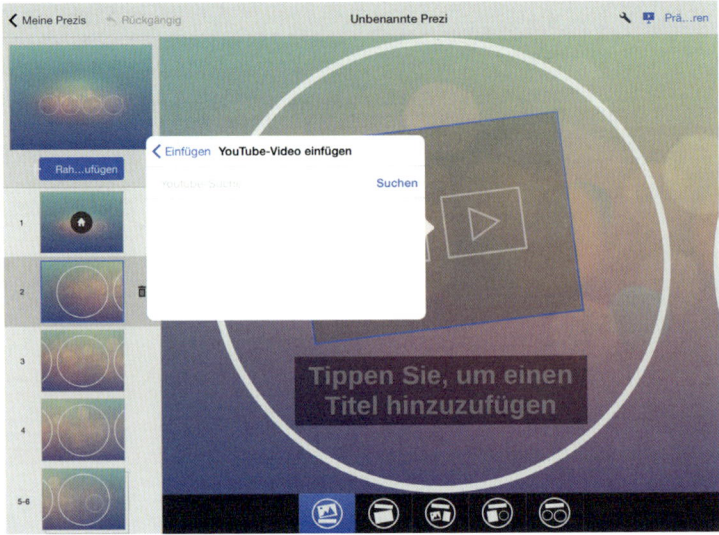

Abb. 10–8   Wie Sie sehen, können Sie jetzt direkt nach einem YouTube-Video suchen.

Das Theme ändern

Um in einer bestehenden Prezi das **Theme** (die Farb- und Schrifteinstellungen) zu ändern, tippen Sie auf das kleine **Schraubenschlüssel-Symbol oben rechts**.

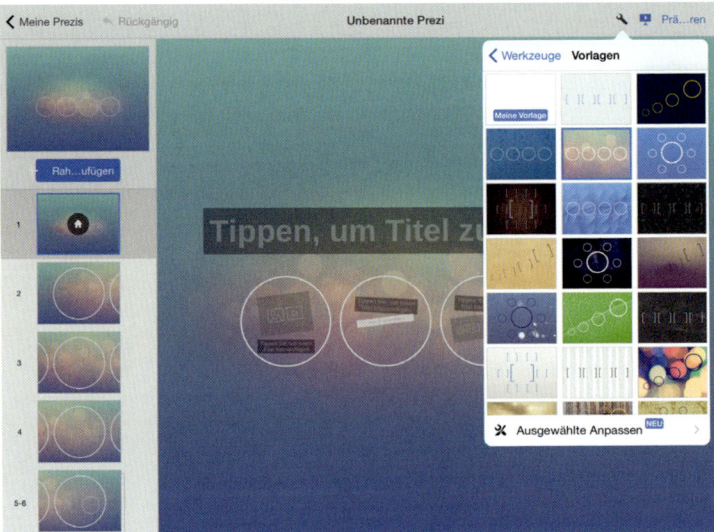

Abb. 10–9   An dieser Stelle haben Sie lediglich Zugriff auf die voreingestellten Themes von Prezi, nicht auf Ihre eigenen.

Wie Sie sehen, haben Sie hier **keinen Zugriff auf den Theme Wizard**, den Sie aus dem klassischen Editor bei Prezi kennen. Das bedeutet, dass Sie auf dem iPad nicht einzelne Schriftarten oder Farben für die Elemente auf Ihrer Prezi einstellen können. Dazu müssen Sie Ihre Prezi am Computer editieren.

10.1.3 Neue Prezis erstellen

Um eine neue Prezi auf dem iPad zu erstellen, tippen Sie in der Übersicht oben rechts auf *Neue Prezi*.

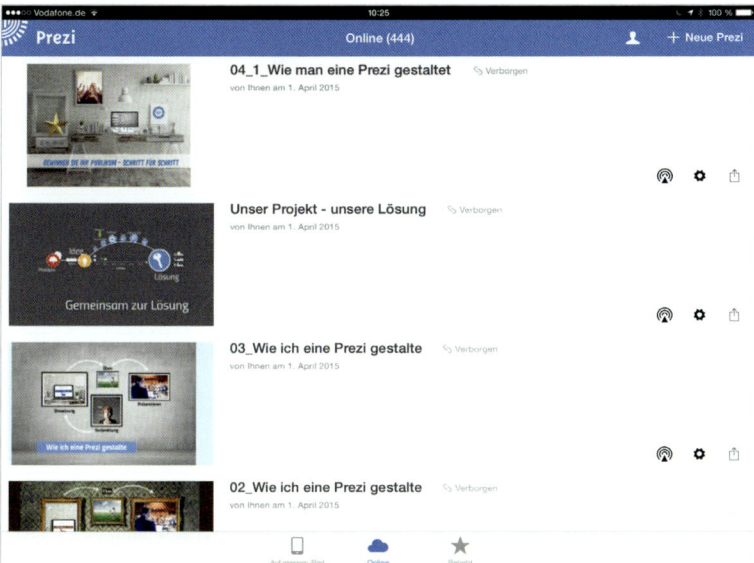

Abb. 10–10   Hinter dem Personen-Symbol versteckt sich die Information, welcher Nutzer gerade eingeloggt ist.

Es öffnet sich die neue Prezi-Oberfläche. Um es Ihnen leichter zu machen, sind die **Vorlageneinstellungen**, die Ihnen zur Verfügung stehen, bereits **automatisch geöffnet**.

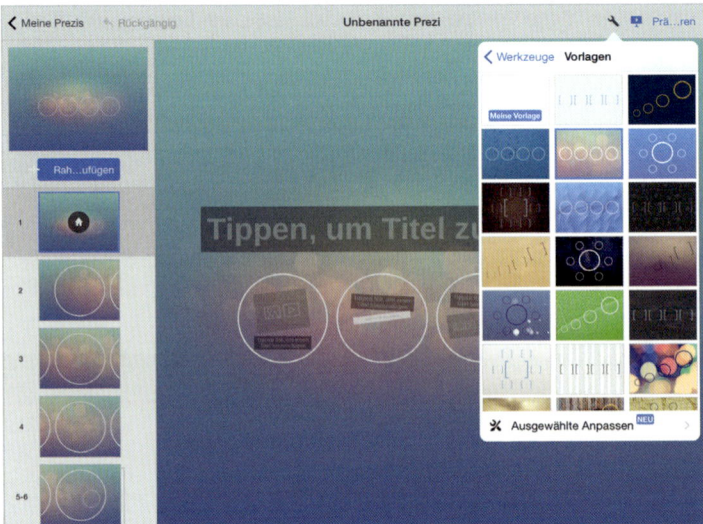

Abb. 10–11   Es handelt sich auch hier um Vorlagen speziell für das iPad. Sie bestehen aus einem Hintergrundbild (angelegt als 3D-Hintergrund) und einer Kombination von Rahmen.

Auf einem kleinen Touchscreen ist es nicht so einfach, eine Prezi zu erstellen. Aus dem Grund hat Prezi die **Möglichkeiten beschränkt**. Das soll Sie nicht davon abhalten, schnell und einfach eine gute Prezi zu erstellen. Hier gilt umso stärker als auf dem Rechner: **Weniger ist mehr!**

Mit einem einfachen Tippen ändern Sie das **Layout**:

Abb. 10–12   Wie Sie links an der Seite sehen, werden die Vorlagen für eine Prezi auf dem iPad mit einer eingebauten Kamerafahrt geliefert.

Sie haben die Möglichkeit, das ausgewählte Template noch anzupassen. Tippen Sie dazu auf *Ausgewählte Anpassen*.

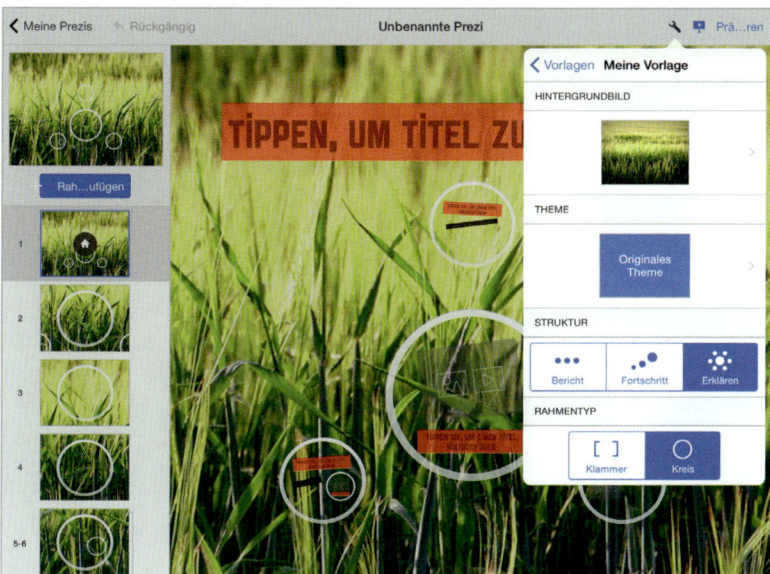

Abb. 10–13   Auf der rechten Seite sehen Sie jetzt die Anpassungsmöglichkeiten.

Ganz oben können Sie das **Hintergrundbild durch ein eigenes ersetzen**. Klicken Sie dazu auf den Pfeil nach rechts im Bereich *Hintergrundbild*.

Der Pfeil im Abschnitt *Theme* öffnet die Theme-Auswahl. Auch hier können Sie nur eines der **Standardthemes** für Prezi aktivieren, aber nicht die Farben und Schriften individuell einstellen.

Zum schnellen Anordnen der Rahmen (und damit auch der Kamerafahrt) bietet Prezi Ihnen die **drei wichtigsten Standardstrukturen zum Aufbau Ihrer Prezi**.

Im letzten Abschnitt können Sie für die **Rahmen wählen**, ob Sie lieber runde Rahmen oder Klammer-Rahmen nutzen möchten. Andere stehen in der App nicht zur Auswahl.

Neue Rahmen können Sie an der linken Seite oben durch ein Tippen auf *Rahmen einfügen* auf die Leinwand bringen. Prezi platziert den neuen Rahmen **automatisch**. Sie können ihn weder verschieben noch skalieren oder drehen.

Zoomen Sie mit einer Zwei-Finger-Geste (zwei Finger beieinander auf die Leinwand setzen und dann die Fingerspitzen voneinander wegbewegen) zu einem Rahmen hin oder tippen Sie alternativ auf den Rahmen und dann auf *Rahmen bearbeiten*, und Sie bekommen weitere Optionen für Ihren Rahmen:

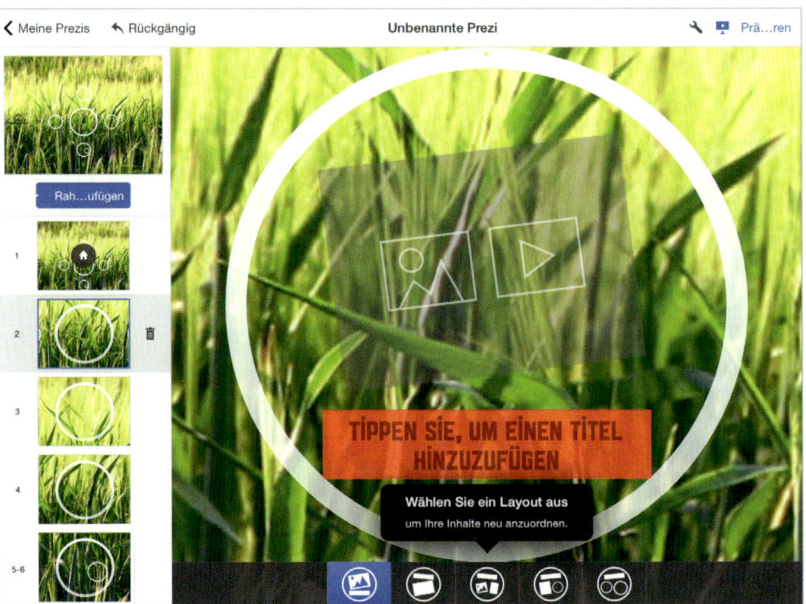

Abb. 10–14   Mit einem Tippen ändern Sie das Layout innerhalb Ihres Rahmens.

Es gibt **nur diese Layouts**. Sie können keine Rahmen duplizieren oder Rahmen auf eine andere Weise als auf die beschriebene ergänzen. Lediglich löschen können sie die Rahmen einzeln.

Um den Pfad zu verändern, d. h. die **Reihenfolge der Kamerafahrt**, müssen Sie links mit dem Finger eine Weile auf einem Vorschaubild verharren. Dann können Sie durch Verschieben die Reihenfolge abändern. Das kleine **Mülleimersymbol** rechts neben dem Vorschaubild ermöglicht es Ihnen, einen Rahmen zu löschen.

> **ACHTUNG**
>
> **Dies ist ein grundlegender Unterschied zum Prezi-Editor im Browser oder der Prezi-Software!** Wenn Sie in der iPad-App einen Pfadpunkt löschen, löschen Sie tatsächlich den Rahmen (mit all seinen Inhalten), nicht nur die Kamerafahrt in diesem Rahmen! In der »normalen« Prezi-Oberfläche ist dies komplett anders!

10.1.4   Änderungen speichern

Wenn Sie eine neue Prezi oder eine bearbeitete Prezi schließen, indem Sie auf *Meine Prezis* (oben links) tippen, lässt Prezi Ihnen die **Entscheidung, ob Sie speichern möchten.**

10.1.5   Vom iPad präsentieren

Mithilfe der iPad-App können Sie sich Ihre Prezi **anschauen**, anderen zeigen oder sie z. B. mit einem Beamer **vorführen**. Zusätzlich können Sie andere zu Ihrer Prezi **einladen** und **Fernpräsentationen** zeigen.

Um eine Prezi zu starten, tippen Sie einfach in der Übersicht auf die entsprechende Prezi. Sie wird auf Ihr iPad geladen, was etwas dauern kann.

Abb. 10–15   Wollen Sie gleich eine Fernpräsentation starten? Dann tippen Sie auf das
              Air-Symbol links neben dem kleinen Zahnrad.

Auf der Prezi-Oberfläche können Sie rechts sehen, **welche Teilnehmer** Ihre Präsentation verfolgen:

Abb. 10–16   Zusätzlich können Sie hier weitere Teilnehmer einladen und auch die
              Präsentation anhalten.

Für die **Navigation durch Ihre Prezi** gilt: Ein Tippen auf den **rechten Rand** bringt Sie **einen Schritt auf dem Pfad vorwärts** (sofern Sie einen Pfad angelegt haben), ein Tippen auf den **linken Rand** bringt Sie einen Schritt zurück. Bleiben Sie mit dem Finger auf der rechten oder linken Seite, navigiert Prezi entsprechend direkt zum ersten oder letzten Stopp.

Ein **Doppeltippen auf ein Objekt** bewirkt, dass Prezi an dieses heranzoomt (sofern es anklickbar ist). Freies Navigieren über die Prezi-Leinwand sollten Sie auf dem iPad vor der Präsentation **üben**, damit Sie ein Gespür dafür bekommen, wie sich Ihre Prezi verhält.

10.1.6   Die Sichtbarkeitseinstellung einer Prezi ändern

Um vom iPad aus die **Sichtbarkeitseinstellungen** Ihrer Prezi zu ändern, tippen Sie in der Startansicht auf das kleine **Zahnradsymbol** und wählen Sie die gewünschte Sichtbarkeit:

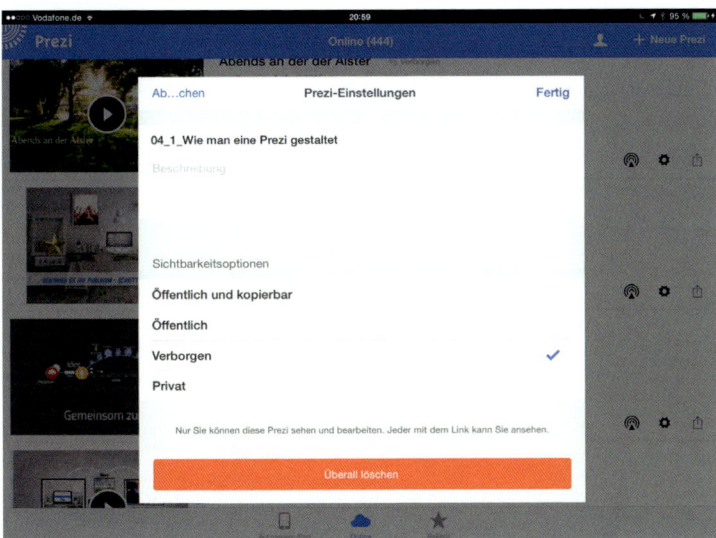

Abb. 10–17   In diesem Fenster können Sie auch den Titel der Prezi ändern und/oder eine Beschreibung hinzufügen (oder ändern).

10.1.7 Eine Prezi vom iPad löschen

Um eine Prezi von Ihrem iPad zu löschen, müssen Sie zunächst unten in der Startansicht *Auf meinem iPad* auswählen. Danach tippen Sie auf das **Zahnradsymbol**
und haben die Wahl zwischen folgenden Optionen:

- Von meinem iPad löschen

- Auch in der Cloud löschen

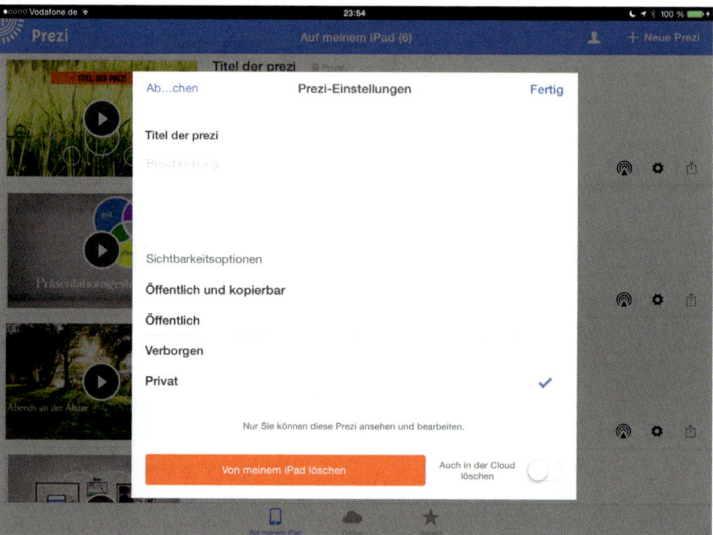

Abb. 10–18   Sie können jetzt entweder die Prezi nur von Ihrem iPad löschen, oder Sie
aktivieren unten rechts den Schieber, um die Prezi zusätzlich auch aus Ihrem
Account zu löschen.

10.1.8 Autoplay aktivieren

Auch mithilfe der iPad-App ist es möglich, eine Prezi als Autoplay laufen zu lassen. Dafür müssen Sie allerdings nicht die App starten, sondern in die **Einstellungen Ihres iPads** gehen und dort das **Prezi-Symbol** antippen:

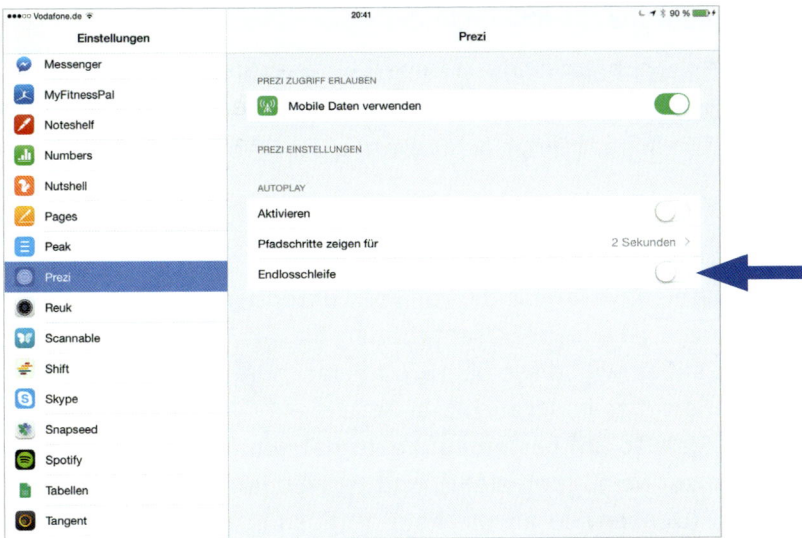

Abb. 10–19   Hier können Sie jetzt für die Prezi-App einstellen, dass Prezis, sobald Sie diese
starten, im Autoplay durchlaufen. Sie können auch festlegen, ob die Prezis
dann in einer Endlosschleife laufen sollen.

Tippen Sie auf den Pfeil neben *2 Sekunden* in der Zeile *Pfadschritte zeigen für*, und
Sie können einstellen, wie lange die Abstände zwischen den Kamerafahrten von
Stopp zu Stopp sein sollen:

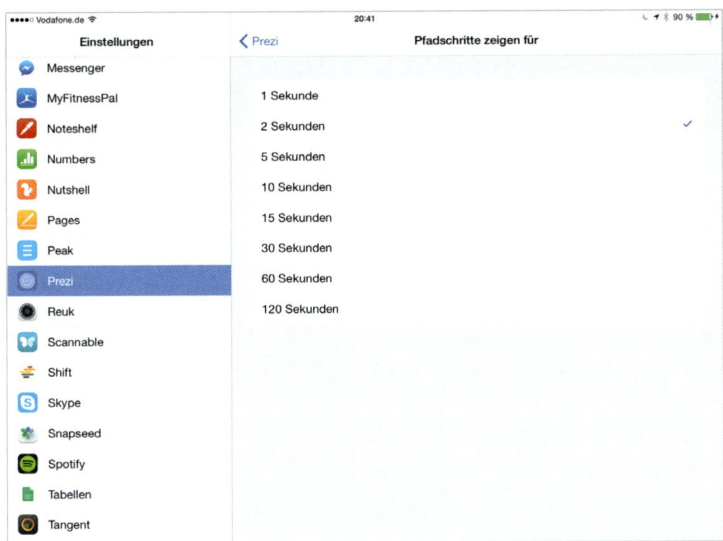

Abb. 10–20   Um das zentral eingestellte Autoplay zu deaktivieren, müssen Sie wieder hier
in die Einstellungen.

10.1.9   Worauf muss ich beim Erstellen von Prezis für das iPad achten?

Wenn Sie beim Erstellen einer Prezi schon wissen, dass diese am Ende auf dem iPad gezeigt werden soll, z. B. für Kundengespräche, dann sollten Sie beim Erstellen schon auf ein paar Dinge achten, um später Probleme zu vermeiden:

- **4:3 Format**: Stellen Sie gleich zu Beginn das Seitenverhältnis Ihrer Prezi auf das iPad-Format von 4:3 ein.

- **Vektordateien**: Wenn Sie die von Prezi akzeptierten Vektorformate (.pdf und .swf) nutzen, ist das für Präsentationen, die auf »normalen« Rechnern gezeigt werden, super, weil diese beim Zoomen schön scharf bleiben. Auf dem iPad funktioniert dies leider nicht, da Prezi diese Dateiformate umwandelt. **Verzichten Sie also am besten auf Vektordateien** (mit Ausnahme der Symbole, die Prezi zur Verfügung stellt), und verwenden Sie **ausreichend große Bilddateien**. (Denken Sie an die hohe Auflösung des iPads, aber auch an die Rechenleistung). Wichtig: **Testen Sie Ihre Prezi zwischendurch immer wieder auf dem iPad**, mit dem Sie sie zeigen wollen, um zu prüfen, ob Leistung und Qualität stimmen.

- **Auflösung von Videos**: Es kann vorkommen, dass manche Videos nicht auf dem iPad starten. Ein möglicher Grund ist dann eine zu hohe Auflösung des Videos. In diesem Fall sollten Sie das Video auf Ihrem Rechner durch eines mit einer **Auflösung von maximal 720p** ersetzen.

- **Antippbarkeit der Objekte**: Schließlich sollten Sie bereits beim Anlegen der Prezi bedenken, dass das iPad zum **Anfassen** und damit zum **freien Navigieren** einlädt. Unsere Fingerspitzen sind allerdings deutlich unpräziser als ein Mauszeiger. Das bedeutet:

  - Nehmen Sie davon Abstand, Dinge winzig klein auf der Oberfläche zu verstecken, es sei denn, Sie planen eine Hilfe zum Wiederfinden ein.

  - Machen Sie **Inhalte ausreichend groß** zum Antippen.

  - Machen Sie Ihre **Prezi nicht zu komplex** – orientieren Sie sich an den Prezi-Templates, die Ihnen die iPad-App zur Verfügung stellt. Diese berücksichtigen eine möglichst einfache Vorführbarkeit auf dem iPad.

  - Für eine gute Antippbarkeit sollten Sie **auf »wilde« Gruppierungen** (solche, die über das ganze Display reichen und andere Inhalte unsichtbar verdecken) **und auf Einblendungen verzichten**, es sei denn, Sie wollen sich auch auf dem iPad nur auf einem festen Pfad bewegen.

- Nutzen Sie die **Gruppierung gezielt**, um darüber zu steuern, ob Prezi z.B. statt auf einen Text auf den Text mit dem Bild zoomt, das sich daneben befindet.

- Sollte auf dem iPad mal etwas nicht antippbar sein, prüfen Sie die **Anordnung der Ebenen**.

- Für Prezis auf dem iPad ist es praktisch, wenn die vorangegangenen oder folgenden **Inhalte noch in den Bildausschnitt ragen** (oder sich Objekte wie unten in dem Beispiel bewusst überlappen) – das erleichtert Ihnen die Navigation.

- **Testen Sie Ihre Prezi frühzeitig und regelmäßig** auf dem Vorführgerät, damit Sie nicht am Ende eine unangenehme Überraschung erleben.

Hier sehen Sie ein Beispiel für eine Prezi-Konstruktion für die freie Navigation auf dem iPad:

Abb. 10–21   Sie finden diese Prezi unter: *https://prezi.com/n89joaxwxj7b*. Schauen Sie sie am besten auf einem iPad an.

10.2 Prezi für Android und iPhone

Sie können Prezis auf einem Smartphone, auf dem Android läuft oder auf einem iPhone, **abspielen, teilen** und eine **Fernpräsentation** starten.

10.2.1 Die Android-App

Im ersten Schritt müssen Sie die **App** aus dem Play-Store kostenlos **herunterladen und installieren**:

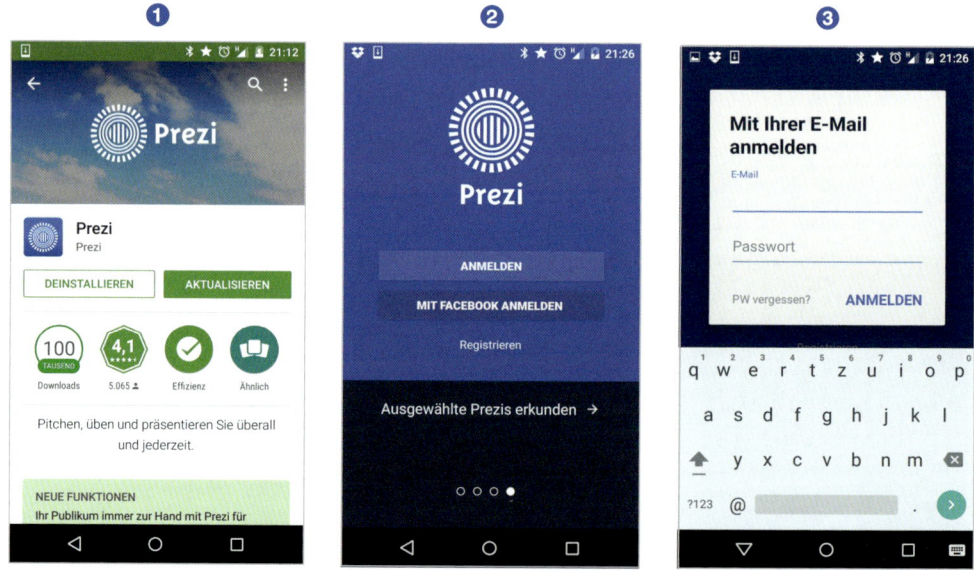

Abb. 10–22   Starten Sie die App, und melden Sie sich mit Ihren Zugangsdaten an.

Wenn Sie die App öffnen, sehen Sie **Ihre aktuellen Prezis**:

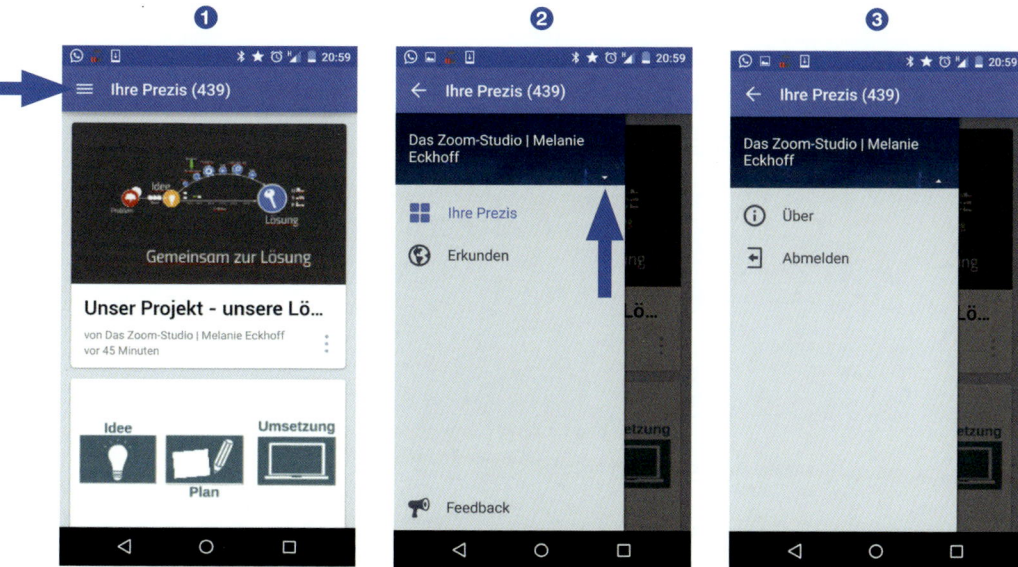

Abb. 10–23   Wenn Sie auf die **drei Linien im linken Bild** (dem Startbild der App, sofern Sie eingeloggt sind) tippen, sehen Sie das mittlere Bild. Tippen Sie dort auf das **kleine Dreieck** (hier mit einem blauen Pfeil kenntlich gemacht), sehen Sie das rechte Bild mit den jeweiligen Optionen.

Wenn Sie in der Übersicht auf die **drei Punkte rechts unterhalb des Titels** einer Prezi tippen, öffnet sich dieses Fenster:

Abb. 10–24   Sie können mit der Prezi-App für Android die Prezi teilen, sodass andere sich die Prezi unabhängig von Ihnen anschauen können, oder Sie starten eine Fernpräsentation.

Wenn Sie auf *Prezi teilen* tippen, zeigt Ihnen Ihr Smartphone verschiedene Möglichkeiten, den Link zu teilen (je nachdem, welche Anwendungen Sie installiert haben):

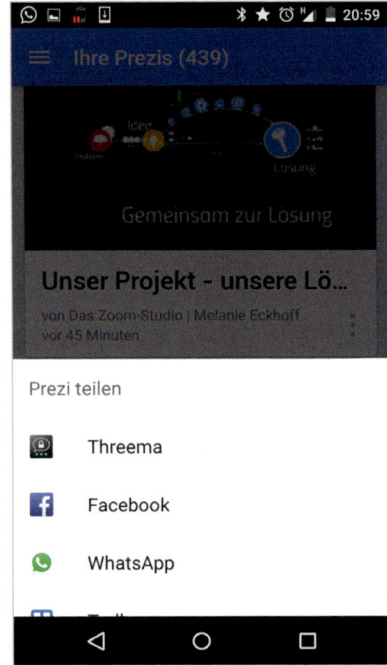

Abb. 10–25   Sie entscheiden, auf welchem Weg Sie den Link teilen möchten.

Tippen Sie stattdessen auf *Fernpräsentation*, öffnet die Prezi-App Ihnen dieses Fenster:

Abb. 10–26   Prezi lädt jetzt all diejenigen Kontakte aus Ihrem Account, denen Sie schon mal
Bearbeitungsrechte für Ihre Prezi gegeben haben, um es Ihnen leichter zu machen, Personen zu Ihrer Fernpräsentation einzuladen.

Tippen Sie entweder auf *Einladen* hinter den Namen oder auf *Teilnehmer einladen*.

Sobald Sie auf *Präsentation starten* tippen, können Sie durch die Prezi navigieren, und alle eingeladenen Teilnehmer sehen, was Sie gerade sehen.

Abb. 10–27   Tippen Sie auf die freie Fläche neben der **hervorgehobenen Teilnehmerliste**, und Sie gelangen zu Ihrer Prezi.

Drehen Sie Ihr Smartphone, damit die Prezi für Sie besser sichtbar ist und das Navigieren leichter wird:

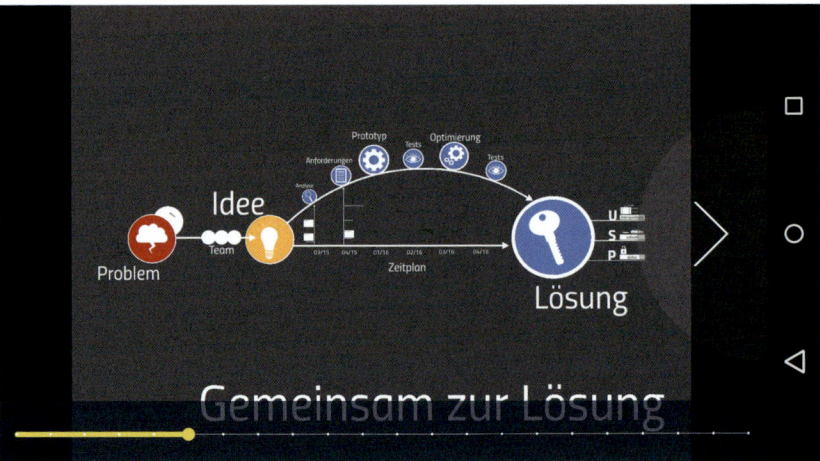

Abb. 10–28   Zur Navigation haben Sie verschiedene Möglichkeiten.

Die Elemente auf Ihrer Prezi sind für Sie **antippbar**. Alternativ tippen Sie in den **rechten Bereich des Displays** – oben durch den Halbkreis mit dem Pfeil hervorgehoben –, um zum nächsten Pfadpunkt zu gelangen (oder entsprechend auf der **linken Seite,** um einen Schritt zurück zu machen). Alternativ sehen Sie unten im Bild die **gelbe Navigationslinie**, auf der Sie schnell zwischen den Pfadpunkten wechseln können.

Möchten Sie die Prezi einfach nur für sich durchgehen oder sie einem Dritten auf Ihrem Android-Smartphone zeigen, **öffnen Sie die Prezi-App und tippen einfach auf die Prezi**, die Sie anschauen möchten. Die App wird die Prezi aus Ihrem Account auf Ihr Smartphone laden. Handelt es sich um eine größere Prezi, kann das eine Weile dauern.

10.2.2   Prezi auf dem iPhone

Die Prezi-App für iPhone funktioniert ganz ähnlich der Prezi-App für Android. Nach dem Herunterladen, Installieren und Anmelden sehen Sie Ihre Prezis im Überblick:

Abb. 10–29   Tippen Sie auf die Prezi, die Sie anschauen möchten.

Tippen Sie auf die drei Punkte rechts neben dem Titel der Prezi, können Sie eine **Fernpräsentation starten oder die Prezi teilen**:

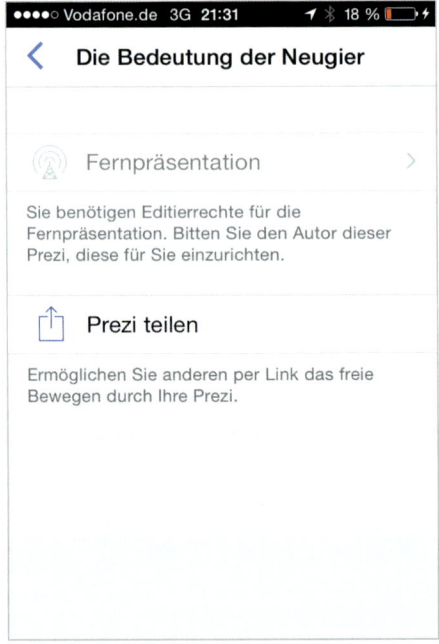

Abb. 10–30   Hier sehen Sie auch gleich, dass es Voraussetzung für die Fernpräsentation ist, dass Sie Editierrechte an der Prezi haben (und nicht selbst nur Zuschauer sind).

Die Navigation innerhalb der Prezi weist keine Besonderheiten auf. Sollten Sie dennoch Fragen zur iPhone-App haben, finden Sie einen Überblick unter *https:// prezi.com/iphone/*.

11 Wieso tut es … nicht? Tipps und Lösungen für typische Probleme bei der Arbeit mit Prezi

In diesem Abschnitt finden Sie Antworten auf Fragen, die sich meiner Erfahrung nach im Laufe der Arbeit bei den meisten Anwenderinnen und Anwendern stellen.

11.1 Was sollen die roten Linien unter meinem Text?

Auch wenn Sie für Prezi in Ihrem Account die Sprache »Deutsch« ausgewählt haben, läuft im Hintergrund für den Text, den Sie eingeben, in der Regel eine **Rechtschreibprüfung** für »American-English«. Aus diesem Grund werden die deutschen Texte unterschlängelt – als Hinweis auf einen Fehler im Text:

Abb. 11–1   Rote Linien unter dem Text werden durch die Rechtschreibprüfung verursacht.

219

Dies gilt zurzeit auch noch für die Prezi-Software. Sobald Sie in den Vorführmodus wechseln, sind diese Linien nicht länger zu sehen. Wenn die Hervorhebungen Sie beim Arbeiten stören, können Sie einen **Rechtsklick** auf das Textelement
machen und die *Rechtschreibprüfung ausschalten*.

Abb. 11–2   Die Rechtschreibprüfung aktivieren bzw. deaktivieren Sie im Rechtsklickmenü.

11.2   Wieso kann ich bei einem Text nicht auf das Ebenenmenü zugreifen?

Normalerweise öffnet ein **Rechtsklick** auf ein Objekt u. a. das Ebenenmenü, d. h.
Sie können dort festlegen, welches Objekt im Vordergrund und welches im Hintergrund liegt. Es kann vorkommen, dass Sie einen Text in den Vordergrund oder
in den Hintergrund einordnen möchten (z. B. um Text *über* ein Bild zu legen) und
der Rechtsklick die Anordnungsoptionen nicht zeigt.

Abb. 11–3   Das Ebenenmenü für den Text ist verschwunden.

Um dieses Problem zu lösen, **deaktivieren Sie die Rechtschreibprüfung** (*Rechtschreibprüfung ausschalten*). Sobald Sie das getan haben, haben Sie mit einem erneuten Rechtsklick wieder Zugriff auf das Ebenenmenü.

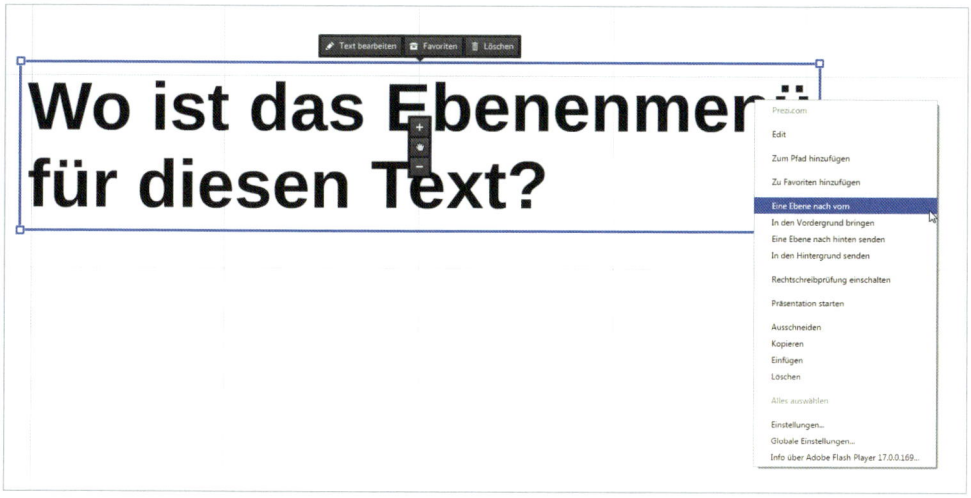

Abb. 11–4   Das Ebenenmenü steht wieder zur Verfügung.

11.3 Wieso kann ich ein Objekt nicht anklicken?

Wenn Sie ein Objekt nicht anklicken können, z. B. um es zu verändern oder auf eine andere Stelle auf der Leinwand zu bewegen, kann dies **verschiedene Ursachen** haben. Gehen Sie einfach diese **Checkliste** durch, um das Problem zu lösen:

1. **Sie sind zu dicht dran**: Haben Sie zu dicht an das Objekt herangezoomt, sodass es **nicht vollständig im sichtbaren Ausschnitt** der Leinwand liegt, ist das Objekt nicht anklickbar. Zoomen Sie ein Stück heraus, und Sie sollten es wieder anklicken können.

2. **Sie sind zu weit weg**: Möglicherweise haben Sie auf der Leinwand sehr weit hinausgezoomt, sodass Ihr Objekt nur sehr klein dargestellt wird – **zu klein**, um anklickbar zu sein. Wenn Sie etwas näher an das Objekt heranzoomen, können Sie es wieder anklicken.

3. **Ihr Objekt ist Bestandteil einer Gruppierung**: Kann es sein, dass Sie den Text oder das Bild, das Sie anklicken möchten, **mit anderen Objekten dauerhaft gruppiert** haben? Falls ja: Befindet sich die **gesamte Gruppe im sichtbaren Bereich** der Leinwand? Sollte das nicht der Fall sein, zoomen Sie etwas weiter heraus – jetzt müsste die ganze Gruppierung anklickbar sein, sodass Sie sie wieder auflösen und einzelne Objekte bearbeiten können. Geht das immer noch nicht, versuchen Sie es mit einem **Rechtsklick** – auch dort steht Ihnen der Befehl *Gruppierung auflösen* zur Verfügung:

Abb. 11–5   Gruppierungen lassen sich auch per Rechtsklick aufheben.

4. **Ihr Objekt wird verdeckt**: Ob Sie es glauben oder nicht, auf Ihrer Prezi-Oberfläche können sich viele **unsichtbare Elemente** tummeln. Dabei handelt es
   sich z. B. um **Textboxen, die breiter als der eigentliche Text** sind, um den **transparenten Hintergrund von .png-Dateien** oder um die **Fläche, die Elemente in
   einer Gruppierung verbindet**. Diese unsichtbaren Flächen können über anderen, kleineren Objekten liegen, sodass Sie diese nicht anklicken können.

Abb. 11–6   In diesem Beispiel verdeckt die Gruppierung aus Text und Flieger die dahinter liegende Wolke.

Um das Problem zu lösen, drücken und halten Sie die ⬆-Taste, während Sie mit der Maus **ein Rechteck um das verdeckte Objekt ziehen**.

Abb. 11–7   Mit ⬆-Taste und Maus werden verdeckte und sehr kleine Objekte wieder »anfassbar«.

War Ihre Box groß genug, **wird Prezi Ihr verdecktes Objekt jetzt mit dem Transformationswerkzeug als ausgewählt kenntlich machen**, und Sie können es entweder verschieben oder mit einem Rechtsklick auf das Handsymbol und dem zugehörigen Ebenenmenü nach vorne holen:

Abb. 11–8   Sobald Sie das Objekt in den Vordergrund gebracht haben, ist es für Sie wieder anklickbar.

11.4   Wieso werden die blauen Hilfslinien nicht mehr eingeblendet, die mir signalisieren, dass zwei Texte gleich groß oder zwei Objekte parallel zueinander sind?

Gemeint sind diese praktischen Hilfslinien:

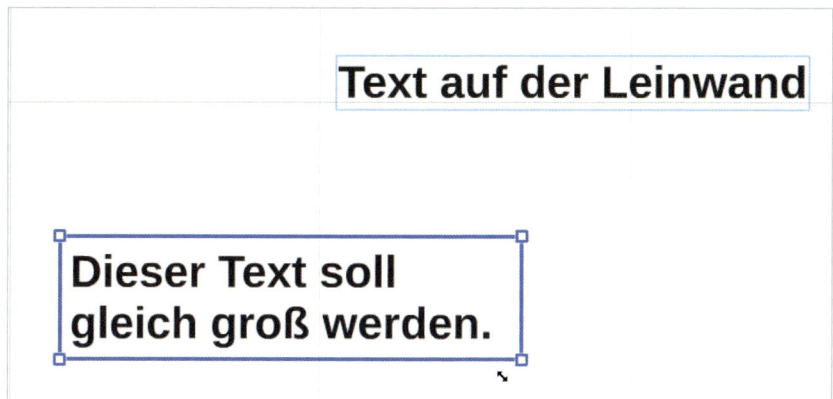

Abb. 11–9   Blaue Hilfslinien signalisieren Ihnen, dass Texte gleich groß sind bzw. zwei Objekte parallel zueinander sind.

Aus meiner Erfahrung kann ich sagen, dass es wohl der häufigste Darstellungsfehler bei Prezi im Bearbeitungsmodus ist, dass diese Hilfslinien leider nicht eingeblendet werden. In dem Fall brauchen Sie nicht zu verzweifeln, denn das **haptische Feedback** – den Ruckler in der Mausbewegung, der ebenfalls signalisiert, dass die Texte gleich groß oder die Objekte parallel sind – bekommen Sie sehr zuverlässig. Falls Sie das Fehlen der Linien zu sehr stört, klicken Sie zuerst auf das „Speichern"-Symbol. Hilft das auch nicht, **schließen Sie die Prezi und öffnen Sie sie erneut**.

11.5 Wieso kann ich keine Einblendung machen?

Das Problem, keine Einblendungen vornehmen zu können, ist eng mit dem Problem verbunden, Objekte in der Prezi nicht anklicken zu können.

Dieses Mal geht es um die **Anklickbarkeit im Animationsbereich**. Zur Erinnerung: Einblendungen können Sie **nur innerhalb eines Rahmens** vornehmen, **auf dem ein Pfadpunkt liegt** (was Sie an dem kleinen Stern neben der Pfadnummer erkennen).

Wenn ein Objekt im Animationsbereich nicht anklickbar ist, kann das folgende Ursachen haben:

1. **Das Objekt liegt nicht vollständig im Animationsbereich**: Einblenden lassen können Sie nur die Objekte, die **vollständig im Animationsbereich** sichtbar sind (und sich – wie Grund Nummer 4 ausführt – **im Vordergrund** befinden). Um das Problem zu lösen, beenden Sie das Animationsfenster und den Pfadmodus. Machen Sie das Objekt jetzt kleiner, und gehen Sie erneut in den Pfadmodus. Wenn Sie jetzt das Animationsfenster öffnen, sollten Sie die Einblendung machen können. Sobald Sie den Pfadmodus beendet haben, können Sie Ihr Objekt ruhig wieder vergrößern. Die einmal angelegte Einblendung wird weiterhin funktionieren.

2. **Das Objekt ist winzig**: Es kann vorkommen, dass zu kleine Objekte im Animationsfenster nicht anklickbar sind. Um das Problem zu lösen, beenden Sie das Animationsfenster und den Pfadmodus. Machen Sie das Objekt jetzt größer, und gehen Sie erneut in den Pfadmodus. Wenn Sie anschließend das Animationsfenster öffnen, sollten Sie die Einblendung machen können.

3. **Das Objekt ist Bestandteil einer Gruppierung, die nicht vollständig im Animationsfenster liegt**: Gruppen müssen, um eingeblendet werden zu können, **vollständig** im Animationsfenster liegen. Sollte das nicht der Fall sein, verlassen Sie das Animationsfenster und den Pfadmodus. Verkleinern Sie die Gruppe, ergänzen Sie die Animation, und bringen Sie die Gruppe danach wieder in die gewünschte Größe.

4. **Ihr Objekt wird verdeckt**: Prüfen Sie, ob eine unsichtbare Fläche Ihr Objekt verdeckt. Falls ja, verlassen Sie den Animationsbereich und den Pfadmodus. Bringen Sie jetzt im Bearbeitungsmodus Ihr Objekt mit einem Rechtsklick und dem Ebenenmenü in den Vordergrund, und legen Sie die Animation an. Danach können Sie die Objekte bzw. ihre Anordnung wieder frei sortieren.

5. **Ihr Objekt wird zu einem früheren oder späteren Zeitpunkt bereits eingeblendet**: Jedes Objekt in Ihrer Prezi kann **nur exakt einmal** eingeblendet werden. Achten Sie im Animationsbereich auf die **kleinen grauen Sterne** – sie verraten Ihnen, dass Ihr Objekt zu einem anderen Zeitpunkt (d.h. an einem anderen Stopp der Kamerafahrt) eingeblendet wird.

Abb. 11–10 Kleine graue Sterne zeigen, dass ein Objekt zu einem anderen Zeitpunkt eingeblendet wird (und eine weitere Animation nicht möglich ist).

11.6 Connection lost – und jetzt?

Während der Arbeit an einer Prezi in Ihrem Browser kann es vorkommen, dass die Prezi plötzlich eigenmächtig vermeintlich in den Vorführmodus wechselt und Sie die Fehlermeldung »We've lost connection to prezi.com. Trying to reconnect ...« sehen.

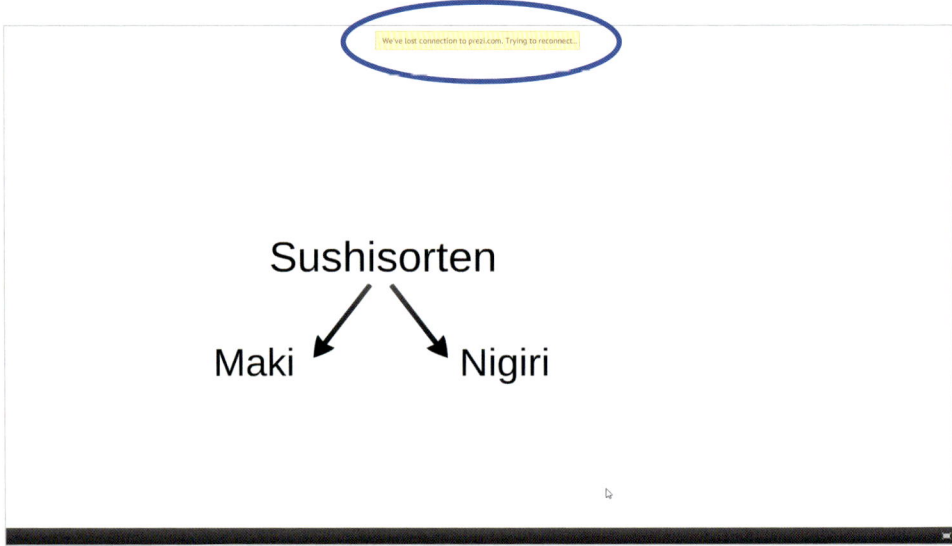

Das bedeutet, dass Sie gerade die Internet-Verbindung zu Prezi.com verloren haben. Da Prezi automatisch zwischendurch speichert, bedeutet das **im Normalfall nicht das Ende der Welt**. Aktualisieren Sie die URL in Ihrem Browser, und alles sollte wieder normal funktionieren. Hat Ihr Rechner wirklich die Internetverbindung verloren, bekommen Sie dann eine entsprechende Fehlermeldung, und Sie müssen sich mit den Interneteinstellungen Ihres Rechners auseinandersetzen.

11.7   Meine Prezi ruckelt beim Vorführen – was kann ich tun?

Umfangreiche Prezis zu erstellen kann eine Herausforderung sein – nicht unbedingt am Anfang, aber dann, wenn die Prezi plötzlich anfängt, beim Vorführen zu ruckeln oder sogar abstürzt.
Die **typischen Ursachen** für ruckelnde Prezis sind:

- zu viele (teilweise unnötige) Bild- und/oder Videodateien
- zu viele zu große Bild- und/oder Videodateien
- zu lange bzw. zu wilde Kamerafahrten (lange Strecken + Drehung)
- beschädigte Dateien

Tipp 1: Verwenden Sie große Bilddateien nur sparsam.

Nutzen Sie in Ihrer Prezi nur dann richtig große Bilder (gemeint sind solche über 1920 x 1080 Pixel, wenn die Präsentation in Full HD gezeigt werden soll), wenn Sie in die Bilder hineinzoomen möchten. Für Bilder, die maximal im Vollbild gezeigt werden sollen, genügt die Auflösung Ihres Displays oder des Beamers, mit dem Sie die Prezi zeigen wollen. Prüfen Sie, wie viele große Bilder Sie in Ihre Prezi eingefügt haben.

Dazu erstellen Sie eine tragbare Datei Ihrer Prezi und entpacken diese. Öffnen Sie den Ordner *content*, dann den Ordner *data* und schließlich den Ordner *repo*. Wählen Sie die Ansicht *Details* und sorgen Sie per Rechtsklick dafür, dass Ihnen die *Abmessungen* angezeigt werden.

Jetzt sehen Sie alle nötigen Informationen zu den in Ihrer Prezi verwendeten Materialien und Sie können prüfen, welche Bilder (oder Videos) sehr groß sind.

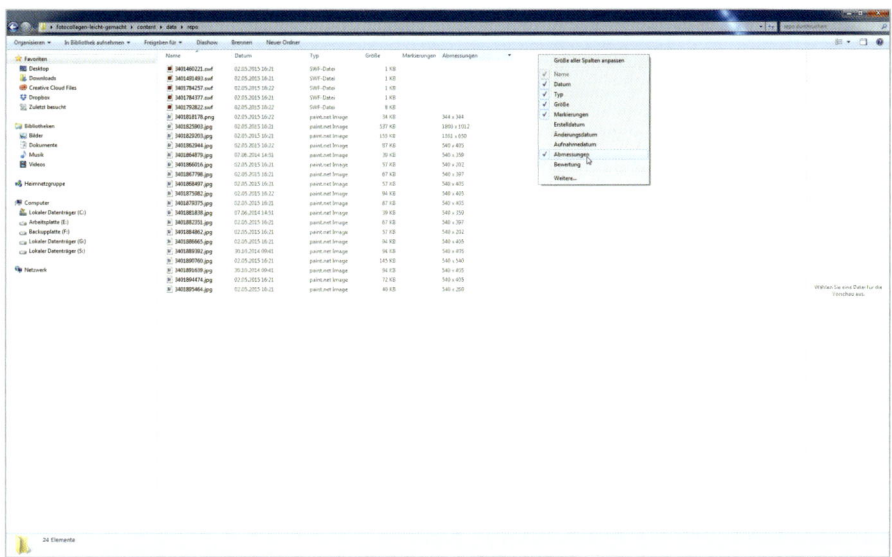

Abb. 11-11   Informationen zu allen Materialien Ihrer Prezi finden Sie im Ordner »repo«.

Tipp 2: Duplizieren Sie Bilder, die Sie in der Prezi mehrfach verwenden möchten.

Es kommt immer wieder vor, dass ein Bild an mehreren Stellen in der Prezi gezeigt werden soll (ohne dass die Kamera immer wieder an den einen Punkt zurückfährt).

Ein Beispiel: Sie haben ein Bild von einem Bürogebäude und wollen dieses mehrmals nebeneinander platzieren, um einen Komplex oder einen Stadtteil darzustellen.

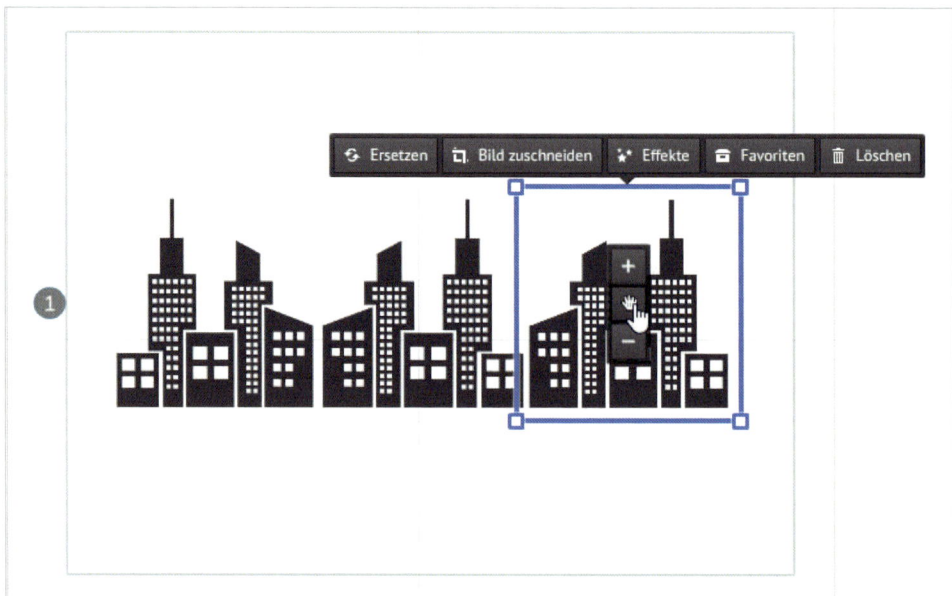

Abb. 11–11   Mit der Tastenkombination ⌨Strg + ⌨D duplizieren Sie ein Objekt, mít ⌨Strg + ⌨⇧ + ⌨D duplizieren Sie es vertikal gespiegelt. Nutzen Sie diese Funktionen.

Anstatt dieses Bild mehrfach in die Prezi einzufügen (per Drag & Drop oder über *Einfügen* und dann *Bild einfügen*), sollten Sie das **Bild nur einmal auf die Leinwand einfügen und dann vor Ort duplizieren**. Klicken Sie dazu auf das Bild, und drücken Sie ⌨Strg + ⌨D (unter Mac: ⌨cmd + ⌨D). Sollte dies nicht funktionieren (weil diese Tastenkombination nicht angelegt oder gesperrt ist), können Sie das Bild klassisch kopieren (⌨Strg + ⌨C) und einfügen (⌨Strg + ⌨V). Auf diese Weise wird das Bild nur einmal in der Prezi gespeichert und nicht mehrfach.

Tipp 3: Gestalten Sie Ihre Kamerafahrt ruhiger.
Prezi nimmt sich für die Kamerafahrt zwischen zwei Pfadpunkten eine feste Menge Zeit. Liegen die zwei Pfadpunkte dicht nebeneinander, fährt die Kamera ruhig und langsam. Liegen sie weit auseinander, wird die Fahrt schneller. Muss die Kamera auf der Strecke zusätzlich drehen, wird die Fahrt noch schneller.

Wenn Ihre Kamerafahrten ruckeln, schauen Sie einmal, ob Sie Ihre Inhalte nicht geschickter – sprich: dichter – platzieren können, damit Prezi nicht so hektisch werden muss. Drehungen sollten Sie bei Prezi ohnehin nur dann einsetzen, wenn die Drehung als solche eine Bedeutung für die Aussage hat, die Sie gerade visualisieren.

Tipp 4: Falls alles nichts hilft und die Prezi wichtig ist, fragen Sie jemanden, der sich auskennt.

Wenn alles nicht hilft, kann es natürlich immer sein, dass Ihr Rechner vielleicht nicht mehr der fitteste ist oder aber dass Bild- oder Videodateien beschädigt sind. In diesem Fall fragen Sie am besten jemanden, der sich damit auskennt, wie z. B. den Prezi-Support[1] oder natürlich uns Prezi-Experts.

---

1   *https://prezi.com/support/1/ticket/?source=learnsupport_page*

Teil 3
Die Praxis

12 Von der Idee zur Umsetzung

12.1 Was macht eine gute Prezi aus?

Eine gute Prezi ist eine **gute Präsentation**, für die Sie das Werkzeug **Prezi bewusst und durchdacht** eingesetzt haben.

> Gute Prezi = Gute Präsentation + durchdachter Einsatz von Prezi

Somit schließt sich die Frage an, wann eine Präsentation gut ist. Meiner Ansicht nach ist eine Präsentation immer dann gut, **wenn sie wirkt**. Wirken heißt dabei, dass der Vortragende mit seiner Präsentation sein **angestrebtes Ziel erreicht**.

Damit eine Präsentation wirksam sein kann, muss sie auf das **Publikum**, das **Thema**, den **Vortragenden** und den **Anlass** hin optimiert sein.

Soll es am Ende eine gute Prezi werden, dann gilt es, das Medium Prezi durchdacht einzusetzen. Das bedeutet, dass **alle Inhalte planvoll auf die Leinwand** gebracht werden. Bei richtig guten Prezis gibt es **keine zufällige Platzierung von Inhalten** (es sei denn, ich möchte dem Publikum an einer Stelle ganz bewusst den Eindruck von Zufälligkeit geben). Die **Größe** jedes einzelnen Objekts steht dabei in Relation zu seiner Bedeutung, und auch die **Kamerafahrt** findet nicht zufällig statt, sondern unterstreicht jeweils die inhaltliche Bedeutung[1].

Insgesamt wird bei der Prezi eher auf **gutes Bild- und Grafikmaterial** als auf zu viel Text gesetzt, und gerne werden die Inhalte wie eine **Geschichte** aufbereitet.

Die wesentliche Hürde für den Einsteiger ist es, die **Foliengrenzen** (auch im Kopf) **hinter sich zu lassen** und nicht eine PowerPoint-Präsentation mit Kamerafahrt (eine sogenannte »Prezipoint«) zu erstellen, sondern eine echte Prezi.

---

1 Zoomen Sie beispielsweise nur hinein, wenn Sie tiefer in ein Thema einsteigen. Verändern Sie die Zoomtiefe nicht, wenn Sie lediglich zwischen zwei gleichrangigen Aspekten wechseln. Beachten Sie grundsätzlich die Leserichtung und den Uhrzeigersinn. Bewegen Sie die Kamera von links nach rechts, wenn Sie bei einer Entwicklung voran schreiten, schwenken Sie von rechts nach links, wenn es einen Schritt zurück geht. Diese oder vergleichbare Kamerabewegungen mit bestimmter Bedeutung gibt es sehr viele – beachten Sie allerdings, dass die hineingelegte Bedeutung in unterschiedlichen Kulturkreisen variiert.

Damit Ihnen das gelingt, sollten Sie **bereit sein für Veränderung**, was bedeutet, zum einen offen für Neues zu sein und zum anderen auch infrage zu stellen, wie Sie (und andere) bislang Präsentationen erstellt haben. Meiner Erfahrung nach ist es allerdings genau dieser Wunsch nach Veränderung, der Menschen motiviert, mit Prezi zu starten. Sie sind also auf einem guten Weg.

12.2 Wie gehen Sie vor, um eine gute Prezi zu erstellen?

Wer oft Präsentationen erarbeitet, entwickelt seinen eigenen Weg, Prezis zu erstellen. Den besten Weg, der immer und für alle funktioniert, gibt es nicht.

Ich möchte Ihnen gerne zeigen, wie ich beim Erstellen von Prezis vorgehe. Dabei ist es stets mein Ziel, eine **möglichst wirkungsvolle Präsentation** zu erstellen, bei deren Gestaltung **Aufwand und Nutzen in einem angemessenen Verhältnis** stehen.

Mein Vorgehen habe ich nicht »einfach so« entwickelt, sondern dabei habe ich mich auch von einer ganzen Reihe guter Bücher inspirieren lassen und die dort gefundenen Hinweise und Tipps in der Praxis mit meinen Kunden geprüft[2]. Im Laufe der Zeit habe ich festgestellt, dass – auch wenn ich nicht immer exakt dieselbe Reihenfolge einhalte – **bestimmte Schritte und Fragen bei der Planung und Gestaltung unerlässlich** sind.

Hier also mein Arbeitsplan für das Erstellen von Prezis im Überblick:

1. **Basis für eine gute Präsentation legen**

   - Werden Sie sich möglichst genau über Ihr **Thema** klar
   - Führen Sie sich vor Augen, wer genau Ihr **Publikum** ist
   - Formulieren Sie in einem Satz die **Kernaussage** der Prezi
   - Benennen Sie das **Ziel**, das Sie mit der Prezi verfolgen

2. **Prezi vorbereiten**

   - Sortieren und strukturieren Sie Ihre **Inhalte** mit der Publikumsbrille auf Ihrer Nase
   - Entwickeln Sie eine **Struktur** (Ablauf/Geschichte), mit deren Hilfe Ihr Publikum Ihre Kernbotschaft gut versteht
   - Entscheiden Sie sich für eine **Darstellungsart** (einen Stil) und beschaffen Sie sich das benötigte Bild-/Grafikmaterial

---

2 Eine Liste der Bücher finden Sie im Anhang.

3. **Umsetzung**

- Bringen Sie Ihre Inhalte **strukturiert, überlegt und unter Beachtung einfacher Designprinzipien und des Ausgabemediums** auf die Leinwand

- Treten Sie einen **Schritt zurück** und betrachten Sie Ihre Prezi mit (zeitlichem) Abstand

- Holen Sie **Feedback** ein.

- Überarbeiten und **optimieren** Sie Ihre Prezi

4. **Übung:** Nehmen Sie sich **unbedingt genug Zeit** zum Üben!

Im nächsten Schritt werde ich erläutern, was sich genau hinter den einzelnen Schritten verbirgt.

12.3   Was tun Sie bei den einzelnen Vorbereitungsschritten im Detail?

Manche der von mir kurz umrissenen Schritte beim Erstellen einer neuen Prezi dürften für Sie – gerade, wenn Sie immer wieder Präsentationen erstellen – bereits selbsterklärend sein. In dem Fall können Sie natürlich die genaueren Ausführungen einfach querlesen und sich auf die für Sie relevanten Schritte konzentrieren.

12.3.1   So legen Sie die Basis für eine gute Präsentation

Eine gute Präsentation ist eine wirksame Präsentation. Um zu prüfen, ob eine Präsentation wirkt, muss ich im ersten Schritt das **Ziel definieren**. Sie müssen also die folgende Frage eindeutig beantworten können: **Was soll mein Publikum nach meiner Präsentation denken, fühlen oder tun?**

Leider wird dieser Schritt von sehr vielen Vortragenden übersprungen und somit fehlt ihnen dann eine entscheidende Weiche, um die richtige Struktur und das richtige Layout zu entwickeln.

Im nächsten Schritt gilt es, **möglichst viele Informationen über das Publikum** in Erfahrung zu bringen. Je besser ich es mit seinem **Vorwissen und seinen Erwartungen** kenne, desto genauer kann ich meine Inhalte auswählen, veranschaulichen und so auch auf den Punkt bringen. Deshalb überlegen Sie genau, wer in Ihrem Publikum sitzen wird und in welchem Zustand: (überwiegend) Frauen oder Männer, Experten oder Laien, frisch zu Beginn eines Konferenztages oder bereits geschafft von fünf Vorträgen ... Was erwarten diese Menschen von Ihnen?

Eine Erwartung ist meistens, dass der Vortragende zügig auf den Punkt kommt. Damit Ihnen das gelingt, sollten Sie – bevor Sie auch nur Ihren Rechner anschalten, um eine Prezi zu gestalten – **in einem kurzen, knackigen Satz sagen können, was die Kernbotschaft Ihres Vortrages** ist. An welche Botschaft/Information soll sich das Publikum auch nach drei Wochen noch erinnern? Sollte Ihnen das nicht auf Anhieb gelingen, kann dies entweder daran liegen, dass Sie noch nicht sicher genug im Thema sind – oder bereits sehr tief im Thema stecken. Schauen Sie sich noch mal Ihr Material, den Vortragstitel und den Kontext des Vortrags an. Sprechen Sie gegebenenfalls noch mal mit demjenigen, der Sie um den Vortrag gebeten hat, damit er Ihnen genau umreißt, was inhaltlich von Ihnen erwartet wird. Sagen Sie mir: Worum geht es Ihnen eigentlich in Ihrem Vortrag?

Sie können jetzt bereits einen Schritt weiter gehen und die Kernbotschaft und das Publikum in Zusammenhang bringen. Wenn ich im Publikum sitze, möchte ich gleich zu Beginn wissen, wieso ich mir den Vortrag anhören sollte. Ich will wissen, was ich davon habe und nicht erst mal drei Minuten lang über den Lebenslauf des Vortragenden informiert werden. Garr Reynolds fasst die Haltung des Publikums mit der Frage »So, what?« zusammen.[1] **Formulieren Sie also in einem weiteren Satz, was Ihr Publikum davon hat, dass es Ihnen die nächsten 30 Minuten geduldig zuhört.** Welches Problem lösen Sie für Ihr Publikum? Welche drängende Frage werden Sie beantworten?

_____

1   Garr Reynolds, Zen oder die Kunst der Präsentation, dpunkt, 2014.

Die Antworten auf diese Fragen beeinflussen sich gegenseitig:

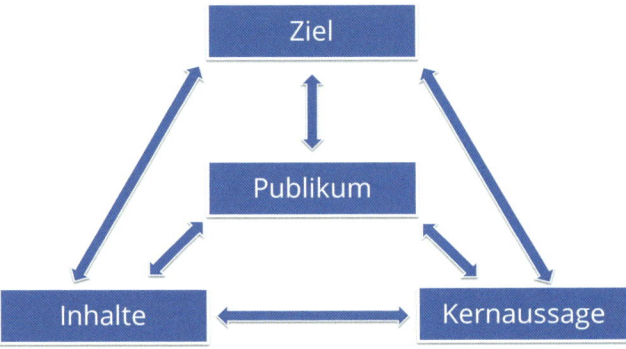

Im Zentrum der Vorbereitung steht das Publikum. Ich muss es kennen, um mein Thema für genau dieses Publikum aufzubereiten, d. h. die richtigen Inhalte auszuwählen, die relevante Kernaussage und auch das Ziel zu formulieren. Meine Kernbotschaft wird davon abhängen, welches Ziel ich verfolge. Ebenso werde ich auch im Hinblick auf dieses Ziel meine Inhalte auswählen.

Die Antworten auf die genannten Fragen sind zudem **wichtige Weichenstellungen für die Struktur und auch für das Layout Ihrer Prezi.**

12.3.2   So bereiten Sie Ihre Prezi durchdacht vor

Machen Sie sich an die nächsten Schritte:

- das **Aufbereiten und Sortieren der Inhalte,**
- dem **Entwickeln eines Ablaufs bzw. einer Struktur**
- und der **Entscheidung für ein Layout.**

Ich bereite meine Inhalte **typischerweise ohne Computer** vor. Im ersten Schritt muss ich mir dazu meistens vorhandene PowerPoint-Präsentationen meiner Kunden ausdrucken, die ich in eine Prezi verwandeln möchte.

Inhalte & Struktur

Das Aufbereiten und Sortieren der Inhalte geht bei mir in der Regel Hand in Hand mit der Entwicklung einer Struktur für die Prezi. Aus diesem Grund behandele ich diese zwei Schritte gemeinsam.

Für mich haben sich drei Methoden zur Inhaltsaufbereitung und Strukturierung bewährt:

1. **Brainstorming & Mindmapping auf zwei A3-Blättern (noch besser: A2)**

   Insbesondere wenn es noch keine bestehende Präsentation gibt, bietet sich ein großes Blatt für ein Brainstorming an. Dort sammle ich erst mal kreuz und quer **alles, was mir als für mein Publikum relevant vorkommt.** Ganz besonders bewährt hat es sich, gleich alle **Bildideen** rund um das Thema aufzuschreiben. Das Gleiche gilt für alle **»Sprachbilder«, Metaphern und Vergleiche.** Diese geben später Anhaltspunkte für das Design der Prezi.

   Hier ein paar Beispiele für Sprachbilder und daraus folgende Ideen für die Prezi-Gestaltung:

   - »dabei greift eines ins andere« – Layoutelemente: Zahnräder, Puzzleteile

   - »all das baut stufenweise aufeinander auf« – Layoutelemente: Treppen, Stufen, Bausteine

   - »wenn Sie diese Idee auf den Kopf stellen« – Kamerafahrt: Drehung um 180° und Fortsetzung der Prezi aus dieser Perspektive

- »von hier aus geht es immer weiter in die Tiefe« - Kamerafahrt: stufenweise hineinzoomen

Sobald mir keine Gedanken und Ideen mehr beim Brainstorming kommen, wechsle ich auf das zweite große Blatt und baue dort eine **Mindmap** auf. Die **Kernaussage kommt in die Mitte.** Unmittelbar drum herum ordne ich die wichtigsten »Kapitel« (oder Themen) an, die mein Publikum benötigt, um die Kernbotschaft zu verstehen. Um jedes »Kapitel« ordne ich dann die weiteren **Details** an, so lange bis ich eine stimmige Gesamtstruktur bekomme. In diesem Prozess kann es geschehen, dass noch das ein oder andere neue Blatt her muss.

Selbstverständlich können Sie auch für das Mindmapping eine entsprechende Software benutzen[3].

2. Brainstorming + Mindmapping mit Haftnotizzetteln

Statt eines großen Blatts, dass ich ggfs. noch mal komplett neu anlegen muss, wenn mir beim Strukturieren eine neue Erkenntnis kommt, greife ich auch sehr gerne auf **Haftnotizzettel in verschiedenen Größen** zurück.

Auf den größten Zettel kommt die **Kernaussage**. Rund herum klebe ich dann die »Kapitel« (Themen) auf etwas kleineren Haftnotizzetteln. Gerne mache ich auch vorhandene Beispiele deutlich:

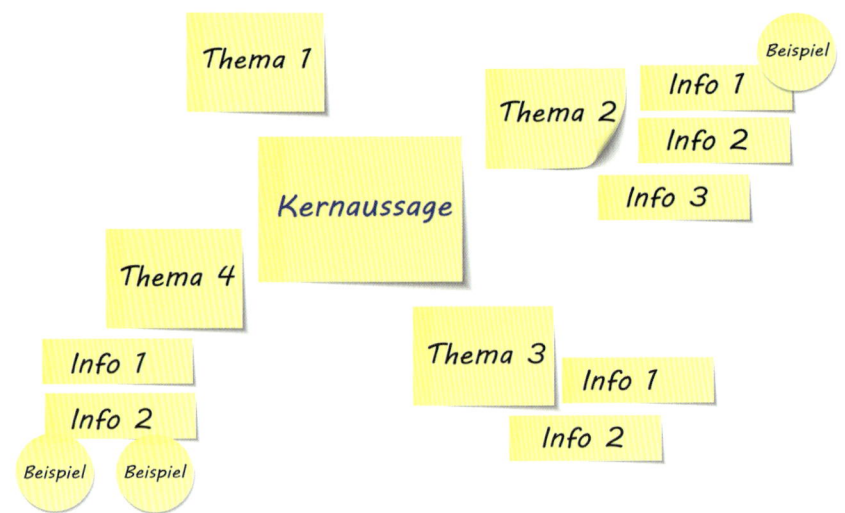

Abb. 12–1   Haftnotizzettel haben einen enscheidenden Vorteil: ich kann Sie jederzeit umkleben, wenn mir bei der Arbeit klar wird, dass ich die Struktur noch einmal verändern muss.

---

3   Geben Sie bei Google »Mindmapping« und »Software« ein, bekommen Sie eine reiche Auswahl.

Bei der Arbeit mit Haftnotizzetteln gibt es nur eine Regel: **pro Zettel maximal eine Information!**

Wenn Sie diese Regel beherzigen, ist dieses Vorgehen zugleich **eine sehr gute Möglichkeit, um Foliengrenzen aufzubrechen**! Schnappen Sie sich Ihre vorhandene Folienpräsentation und nutzen Sie für jede relevante Aussage oder Information auf den Folien einen Haftnotizzettel und kleben Sie diesen vor sich auf den Schreibtisch. Sie werden sehen, nach und nach wird **wieder die inhaltliche Struktur sichtbar** und Sie werden auch am Ende gar nicht mehr wissen, was davon jetzt auf welcher Folie stand. **Ab jetzt sind Sie bei einer inhaltlichen Struktur ohne Foliengrenzen, die Sie auf die Leinwand übertragen können!**

3. **Brainstorming + Mindmapping mit Prezi**

Wenn Sie lieber am Rechner statt mit Papier und Stift arbeiten, können Sie Prezi ganz wunderbar sowohl für das Brainstorming als auch für das Mindmapping nutzen.

Brainstorming in Prezi funktioniert folgendermaßen:

Schreiben Sie das Hauptthema in die Mitte des sichtbaren Bereichs der Leinwand und machen Sie diesen Text schön groß.

Rund herum schreiben Sie (etwas kleiner) – in einzelnen Textboxen – zunächst die wichtigsten Themen/Kapitel, die sie mit dem Hauptthema in Verbindung bringen.

Abb. 12–2 Hier ein Beispiel zum Thema »Sushi«. Wenn die Ideen schnell kommen, schreibe ich alle Ideen in eine Textbox, mache den Zeilenumbruch mit der ⏎-Taste und ziehen dann die einzelnen Zeilen auseinander.

Im nächsten Schritt zoomen Sie an eines dieser Kapitel heran und schreiben nun alles drumrum, was Ihnen zu diesem Stichwort/Thema einfällt. Das wiederholen Sie mit jedem Hauptstichwort und Sie können es natürlich auch beliebig weit in die Tiefe treiben.

Abb. 12–3   Nachdem ich an das Wort »Zutaten« herangezoomt habe, könnte ich im nächsten Schritt z. B. an »Fisch« heranzoomen und dort weiter machen.

Die Arbeit auf der Prezi-Leinwand hat den großen Vorteil, dass Sie auch gleich z. B. Bilder oder Videos mit auf die Leinwand ziehen können.

Ist das Brainstorming zu Ende, weil Ihnen wirklich nichts mehr einfällt, geht es an das **Mind-Mapping**, d. h. es geht darum, auf der Leinwand zu sortieren.

Hierfür bieten sich jetzt die **sichtbaren Rahmen** an. Finden Sie Ihre **Hauptthemen**, und geben Sie Ihnen einen Rahmen. Ordnen Sie **in die Rahmen** alles ein, was Sie als **Unterthema oder Detail** betrachten. Machen Sie die Rahmen mit **wichtigen Themen groß**, die mit unwichtigeren Inhalten klein.

So entsteht nach und nach eine **Schachtelstruktur**. Platzieren Sie dabei die Themen, die im engen Zusammenhang zueinander stehen, auch dicht bei einander.

Bringen Sie Ihre Rahmen in eine **Reihenfolge** unter Beachtung z. B. der Leserichtung (d. h. denken Sie jetzt schon mal an eine möglichst ruhige Kamerafahrt).

Lösen Sie das noch vom Brainstorming in der Mitte stehende Thema unbedingt durch die **Kernaussage** ab und prüfen Sie anschließend Ihre Inhaltsauswahl und Struktur noch einmal.

Layout

Für viele Einsteiger ist die rätselhafteste Frage beim Gestalten einer Prezi: Wie soll ich die Prezi auf der Leinwand umsetzen? Welche Grafik nehme ich? Was für ein Bild eignet sich als Gesamtbild? Brauche ich überhaupt ein Gesamtbild?

Diese Fragen sind alle sehr komplex. Ich möchte Ihnen dennoch ein paar Hilfestellungen für die Gestaltung Ihrer Prezi geben. Dazu wieder ein paar Fragen, die Sie sich stellen sollten:

1. Gibt es – z. B. durch Ihr Unternehmen – **Vorgaben**, wie die Prezi auszusehen hat?

2. Gibt es ein (großzügiges) **Budget für neue Grafik**, oder müssen Sie mit dem auskommen, was Sie haben? Sollte letzteres der Fall sein: Welchen Stil haben die vorhandenen Elemente?

3. Haben Sie schon **Prezis gesehen, deren Stil Ihnen besonders gut gefallen hat**? Schauen Sie doch noch mal auf *https://prezi.com/explore/staff-picks/* oder suchen Sie dort nach Ihrem Thema.

4. Können Sie selbst mit **Grafikprogrammen** umgehen (und stehen Ihnen diese zur Verfügung), oder müsste das ein anderer machen? Gibt es denjenigen bzw. ist dafür Budget da?

5. Mit welchem **Gerät** soll die Prezi am Ende gezeigt werden? Ist es eine Prezi für das iPad, benötigen Sie eher .jpg- und .png-Dateien statt .pdf und .swf …

Meistens lenken diese Fragen Sie schon in eine bestimmte Richtung. Als Inspiration kann es auch dienen, entweder die **Google-Bildersuche** zu Ihrem Thema zu nutzen oder z. B. bei **Fotolia.com** nach Ihren Schlagworten zu suchen.

Hier ein kleiner Überblick über verschiedenen **Prezi-Stil-Ideen** bzw. Faktoren, die Einfluss auf Ihr Layout haben:

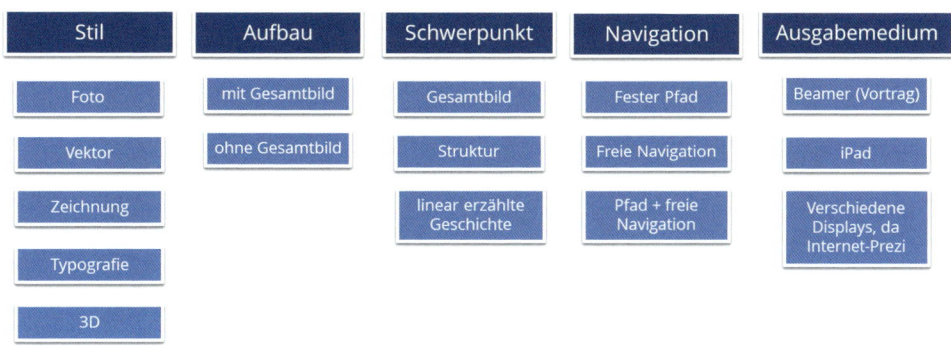

Abb. 12–4   Für jede Prezi ist eine neue Kombination denkbar.

- **Fotostil**: in der Regel eine Kombination aus vielen, gut aufgelösten Fotos und kurzen Texten → Beispiel:

Abb. 12–5   Die Bilderwand begegnet Ihnen in Kapitel 13 wieder. Online finden Sie sie hier: *www.zoom-studio.de/packend-praesentieren-mit-prezi*

- **Vektorstil**: Vektorgrafiken werden nach eigenen Vorstellungen gestaltet und in der Prezi passend zur Struktur zusammengebaut

Abb. 12–6   Auch diese Prezi, bei der es sich um ein kopierbares Template handelt, finden Sie in Kapitel 13. Hier der Link zur Prezi: *www.zoom-studio.de/packend-praesentieren-mit-prezi*

- **Zeichenstil**: die Szenen der Prezi werden (meist durch einen Illustrator) gezeichnet und dann in die Prezi eingebaut. Ein Beispiel finden Sie online: *https://prezi.com/r4_nmt_0b7ti/nachhaltiges-bauen/*.
- **Typografie**: eine Prezi, die nur/überwiegend aus ansprechend gestalteten Texten besteht.
- **3D-Stil**: wenn Sie eine Prezi mit nur einem 3D-Hintergrundbild verwenden, kombinieren Sie das am besten mit halbtransparenten Elementen, die in der Prezi wie sichtbare Rahmen funktionieren und Ihnen Raum für Ihre Inhalte geben – wie in diesem Beispiel einer Prezi für das iPad:

Abb. 12–7   Link zur Prezi: *https://prezi.com/n89joaxwxj7b*

In punkto **Aufbau der Prezi** lassen sich auch verschiedene Formen unterscheiden:

- **Aufbau mit Gesamtbild**: Meistens wird zu Beginn oder am Ende der Prezi ein Gesamtbild gezeigt, in dem alle Inhalte Ihren (bewusst ausgewählten) Platz haben; die größte Herausforderung besteht bei solchen Prezis darin, ein passendes Gesamtbild zu finden, in das Sie – insbesondere wenn es sich um ein Foto handelt – auch gut hineinzoomen können. Orientieren Sie sich bei der Wahl des passenden Gesamtbildes an der Kernaussage Ihrer Prezi und achten Sie insbesondere bei Fotos darauf, dass diese über ruhige, einfarbige Flächen verfügen, in die Sie hineinzoomen können.

- **Erzählerischer Aufbau ohne Gesamtbild**: Eine Prezi muss kein Gesamtbild haben. Sie können die Leinwand auch einfach so nutzen, dass Sie einzelne Szenen – miteinander verbunden – auf Ihr platzieren und mit der Kamera nach und nach abfahren. Auf diese Weise können Sie Geschichten erzählen, bei denen es nicht relevant ist, ob Ihr Publikum zu irgendeinem Zeitpunkt mal das große Ganze gesehen hat. In diese Richtung geht das Beispiel, das ich schon vor einiger Zeit innerhalb eines Workshops binnen einer Stunde erstellt habe: *https://prezi.com/b6x4vhb9jfa-/before-the-law/*.

Und schließlich lässt sich noch nach unterschiedlichen **Gestaltungsschwerpunkten** unterscheiden:

- **Schwerpunkt (Gesamt)Bild:** Kommt es Ihnen darauf an, in jedem Fall mit einem Gesamtbild zu arbeiten, besteht Ihre Aufgabe darin, zunächst ein passendes Gesamtbild (in ausreichend hoher Auflösung) zu finden (im Fotostil) oder zu entwickeln (im Vektorstil) und anschließend dafür zu sorgen, dass Sie innerhalb des Bildes genug (sinnvolle!) Plätze finden, um Ihre Inhalte unterzubringen. Überlegen Sie dabei auch, ob Sie »flexible Elemente« wie z.B. kleine Haftnotizzettel, Bilderrahmen o.Ä. nutzen können, um zusätzlichen Platz zu schaffen.

- **Schwerpunkt Struktur:** Geht es Ihnen darum, Ihrem Publikum in erster Linie einen Überblick über ein Thema oder die Zusammenhänge zwischen einzelnen Themen zu vermitteln, sollten Sie nicht mit dem Gesamtbild starten, sondern erst mal die Struktur auf die Leinwand bringen. Diese können Sie – wie z.B. bei einem Zeitstrahl – im zweiten Schritt mit netten Grafikelementen »aufhübschen«. Bei der Navigation auf der Leinwand macht es für die Platzierung Ihrer Inhalte einen Unterschied, ob Sie nur auf einem festen Pfad unterwegs sein oder sich per Klick und Zoom frei bewegen wollen. Das Gleiche gilt für das geplante Ausgabemedium Ihrer Prezi, was z.B. Bilddateien (Formate und Größen) angeht.

Die Schritte bis hierher als Flow Chart

Starten Sie beim Thema der Prezi und arbeiten Sie sich von oben nach unten durch das Flow-Chart.

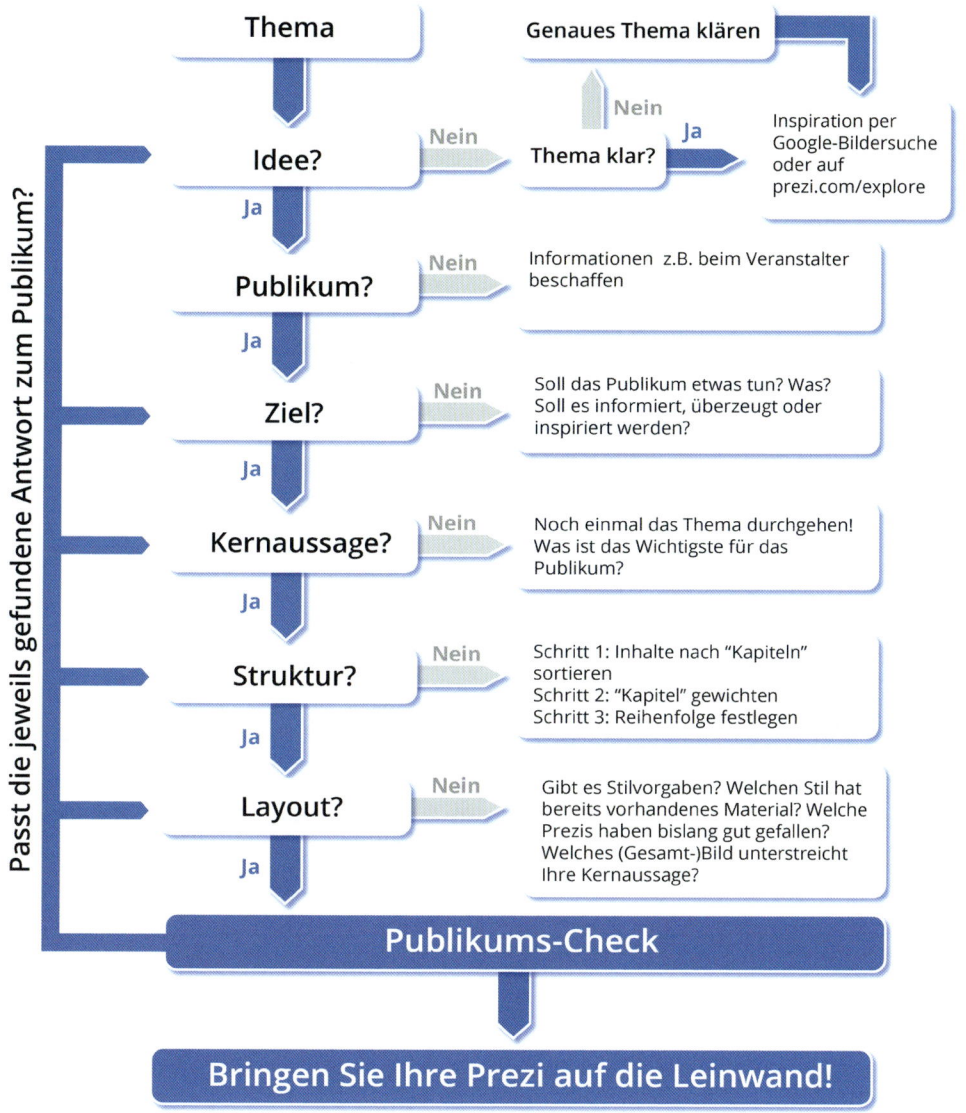

12.3.3 So setzen Sie Ihre Prezi um

Jetzt haben Sie Ihre Prezi gründlich vorbereitet, und es ist an der Zeit, die Prezi auch tatsächlich zu erstellen.

Im ersten Schritt liegt es jetzt an Ihnen, Ihre **Inhalte strukturiert und unter Beachtung einfacher, alltagstauglicher Designprinzipien auf die Leinwand zu bringen**.

Danach – oder parallel dazu, je nachdem wie Sie besser arbeiten können – legen Sie die **Kamerafahrt** an.

Im Anschluss geht es an das **kritische Überprüfen, das Einholen von Feedback und die Überarbeitung** Ihrer Prezi.

Hier nochmal die einzelnen Schritte im Überblick:

1. Als erstes stellen Sie das gewünschte Bildverhältnis ein.

2. Damit Sie sich nicht auf der riesigen Leinwand verlieren, stecken Sie sich zunächst mit einem unsichtbaren Rahmen einen Arbeitsbereich für Ihre Prezi ab, in dem Sie alle Inhalte darstellen. Diesen können Sie später noch beliebig verkleinern oder vergrößern.

3. In diesem Bereich nehmen Sie nun mit Hilfe weiterer unsichtbarer Rahmen eine grobe Strukturierung der von Ihnen geplanten Inhalte nach Kapiteln vor.

4. Danach arbeiten Sie dann in den einzelnen Rahmen, um die jeweiligen Inhalte einzufügen und auszurichten.

5. Haben Sie bereits ein Gesamtbild, fügen Sie dieses noch vor dem ersten unsichtbaren Rahmen ein, um Ihren Arbeitsbereich abzustecken. Dann platzieren Sie die Kapitelrahmen in etwa dort, wo die Inhalte später dargestellt werden sollen.

6. Sind dann wirklich alle Inhalte auf der Leinwand, ergänzen Sie gegebenenfalls noch benötigte (unsichtbare) Rahmen und legen die vollständige Kamerafahrt an.

Designprinzipien für den Alltag

Auch ohne Designer zu sein, können Sie Ihre Präsentationen mit Hilfe von einfachen Prinzipien optisch und damit auch in ihrer Wirkung deutlich verbessern.

Dabei gibt es zunächst vier einfache Grundregeln für die Gestaltung Ihrer Prezi:

1. **Weniger ist mehr**: Reduzieren Sie Texte, Bilder, Farben, Schriften und auch wilde Kamerafahrten. Nutzen Sie dabei die Zoomfunktion von Prezi, um weniger wichtige Detailinformationen klein darzustellen (zu verstecken) und diese nur bei Bedarf zu zeigen.

2. **Alles mit voller Absicht**: Wählen Sie Ihre Inhalte bewusst aus im Hinblick auf Ihr Publikum, Ihre Kernaussage und Ihr Ziel und ordnen Sie sie auch genauso bewusst auf der Leinwand an. Wichtiges wird groß dargestellt (gleichrangiges gleichgroß), Unwichtiges oder Details entsprechend kleiner. Dinge, die in engem Zusammenhang stehen, werden dicht nebeneinander platziert. Drehungen werden nur eingesetzt, wenn Sie mit der Aussage (z.B. »Betrachten

wir das Ganze mal aus einer anderen Perspektive ...«) in Verbindung stehen oder z. B. das Publikum überraschen sollen.

3. **Kommen Sie auf den Punkt**: Sagen Sie möglichst einfach und klar, was Sie »eigentlich« sagen wollen und fassen Sie sich kurz – das gilt auch für Texte auf der Leinwand. Denken Sie an Regel 1!

4. **Klarheit gewinnt**: Machen Sie sich selbst Ihre Inhalte und vor allem die Zusammenhänge zwischen den einzelnen Themenbereichen deutlich und bemühen Sie sich um ein klar strukturierte, aufgeräumte Leinwand.

Darüber hinaus möchte ich Ihnen noch ganz konkrete Gestaltungshinweise geben, mit deren Hilfe Sie das Layout Ihrer Prezi deutlich verbessern können. Dabei handelt es sich um Schlussfolgerungen bzw. Übertragungen der von Garr Reynolds in »ZEN oder die Kunst der Präsentation« ursprünglich für die Gestaltung von Folienpräsentationen formulierten Gestaltungsregeln[4].
Meine ganz konkreten **Gestaltungsempfehlungen** lauten:

1. **Reduzieren Sie die Ablenkung**: Ihre Prezi besteht aus verschiedenen Szenen (den Stopps der Kamerafahrt). Sorgen Sie dafür, dass Ihr Zuschauer sich auf die Kernaussage des jeweiligen Stopps konzentrierten kann. Dies erreichen Sie auf verschiedene Weise:

   - Beschränken Sie sich auf die notwendigen Texte und Bilder.

   - Wählen Sie die Szenen so, dass nicht andere Inhalte ins Bild ragen.

   - Suchen Sie sich zum Hineinzoomen möglichst ruhige Hintergründe, damit kein pixeliger Hintergrund stört.

   - Bauen Sie Informationen mit Hilfe von Einblendungen nach und nach auf, vor allem wenn es besonders viele Informationen sind.

   - Beachten Sie die Grundregeln der Kamerafahrt (vgl. Abschnitt 6.6.3) .

2. **Nutzen Sie Bilder wirkungsvoll**: Bilder können Botschaften und vor allem Emotionen intensiver transportieren als Text, d. h. Sie sollten sich immer überlegen, ob Sie Texte durch Bilder ersetzen können. Wenn Sie Bilder gefunden haben, sollten Sie diese möglichst wirkungsvoll einsetzen. Das bedeutet:

   - Zeigen Sie Bilder nach Möglichkeit nicht nur klein, sondern besser im **Vollbild**. Dafür muss die **Auflösung** hoch genug sein (mindestens die Auflösung des Ausgabemediums), damit Ihre Prezi professionell wirkt.

---

4   Garr Reynolds, ZEN oder die Kunst der Präsentation, dpunkt 2014, Kapitel 6

- Legen Sie gerne **kurze und knackige Texte** auf ein Bild. Dazu sollten Sie entweder Bilder mit freien Flächen nutzen oder – um die **Lesbarkeit** des Textes sicherzustellen – eine (halbtransparente) Box hinter den Text legen.

- Sind Menschen auf den Bildern abgebildet, beachten Sie deren **Blickrichtung**, da diese auch den Blick Ihres Publikums lenken wird.

3. **Nutzen Sie die positive Wirkung freier Flächen (Whitespace)**: Freie weiße Flächen auf einer Prezi sind nicht nichts! Sie helfen dabei, einzelne Texte, Bilder oder Grafiken **elegant, klar und hochwertig** wirken zu lassen. Denken Sie mal an die Schaufenster einer Boutique. Je weniger Kleidungsstücke dort auf schlichten weißen Möbeln drapiert sind, desto eher wissen Sie, dass es hier teuer wird.

4. **Ordnen Sie Objekte gezielt an**: In einer gut gestalteten Präsentation ist nichts dem Zufall überlassen. Mit Hilfe des »Goldenen Schnitts« setzen Sie Ihre Inhalte wirkungsvoll in Szene, durch unsichtbare Verbindungslinien sorgen Sie für Ruhe, und die Abstände machen auf einen Blick deutlich, ob etwas zusammengehört.

- **»Goldener Schnitt«** bedeutet, dass eine Fläche im Verhältnis von 1 : 1,618 geteilt wird. Davon ausgehend greift man z. B. in der Fotografie auf die Drittelregelung zurück, um Bilder interessanter zu machen und einzelne Elemente zu betonen. Teilen Sie eine Szene mit Hilfslinien horizontal und vertikal in Drittel, kommen die Objekte besonders gut zur Geltung, wenn sie auf den Schnittpunkten, den sogenannten *Powerpoints* (die heißen tatsächlich so), platziert werden:

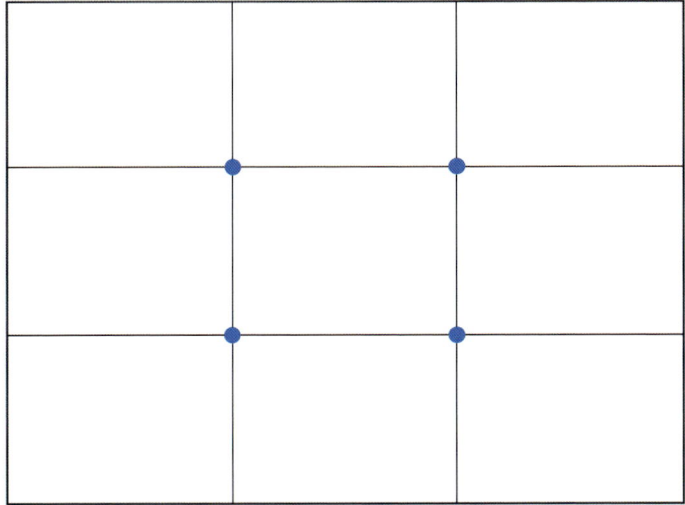

Damit Sie diese Einteilung in Ihrer Prezi gut nutzen können, habe ich Ihnen in dieser Prezi zwei Schablonen zur Verfügung gestellt, die Sie sich kopieren können: *http://prezi.com/b8skduf1jqcn*.

- **Verteilen Sie Ihre Inhalte nicht zufällig** innerhalb Ihrer Szenen, sondern sorgen Sie für Ruhe und Struktur, indem alle Objekte so ausgerichtet werden, dass sie durch gedachte Linien miteinander verbunden sind:

Abb. 12–8 In Prezi können Sie bei der Gestaltung tatsächlich Linien als eigene Hilfslinien bei der Ausrichtung nutzen. Diese müssen natürlich vor dem Vorführen wieder gelöscht werden.

- **Elemente, die in Beziehung zueinander stehen**, sollten zusammen platziert werden, damit das Publikum gar nicht erst darüber nachdenken muss, welcher Text zu welchem Bild gehört. Wenn Sie die Anordnung prüfen möchten, gehen Sie am besten einen Schritt zurück und achten genau darauf, welchen Weg Ihre Augen über den aktuellen Bildschirm nehmen. Verstärken können Sie die Wirkung des Zusammengehörens durch sichtbare Rahmen.

Gegensätzliches sollte entsprechend mit genügend Abstand zueinander dargestellt werden.

5. **Setzen Sie auf starke Kontraste**: Unterschiede ziehen den Blick des Betrachters an, d. h. mit Hilfe von Kontrasten können Sie ein Element besonders hervorheben und es so dem Betrachter leichter machen, zu verstehen. Wenn Sie mit Kontrasten arbeiten, dann bitte richtig, d. h. mit einem deutlichen Kontrast (z. B. Schwarz – Weiß, sehr große Schrift – sehr winzige Schrift)!

6. **Schaffen Sie durch Einheitlichkeit ein Ganzes:**

   - Entscheiden Sie sich bei Ihrer Prezi für einen Stil (z. B. die Kombination von Schwarz-Weiß-Fotos und dunkelroten Texten) und halten Sie diesen durch (es sei denn, Sie wollen an einer Stelle einen bewussten Bruch, weil inhaltlich etwas anders ist oder besondere Aufmerksamkeit braucht).

   - Nutzen Sie nur eine Iconsammlung (die Sammlungen *Einfach weiß* und *Einfach dunkel* können Sie auch kombinieren).

   - Bauen Sie bitte nicht jede Szene genau gleich auf (wie Sie es von Folienpräsentationen kennen). Das ist für den Betrachter langweilig und einschläfernd. Variieren Sie je nachdem, wie es für Sie passt. Wenn Sie einen Grundstil durchhalten, wird die Prezi dennoch wie aus einem Guss wirken.

Die Anwendung der Grundprinzipen und Gestaltungstipps braucht etwas Übung, aber im Laufe der Zeit werden Sie schon ganz automatisch darauf achten, wo Sie ein Objekt auf die Prezi-Leinwand legen.

Der Einfluss des Einsatzzwecks der Prezi

Neben den Designprinzipien hat noch etwas anderes Einfluss auf die Gestaltung Ihrer Prezi: die Art und Weise, wie die Prezi eingesetzt werden soll.

Hier ein kurzer Überblick über Einsatzzwecke und Konsequenzen für die Gestaltung:

- **Prezi mit fester Kamerafahrt für den Vortrag**: Nutzen Sie mehr Bilder und möglichst wenig Text, damit das Publikum nicht abgelenkt wird. Die Auflösung des Beamers gibt Ihnen das einzustellende Seitenverhältnis vor und auch die Mindestauflösung für alle Bilder, die Sie im Vollbild zeigen wollen.

- **Prezi für den direkten Dialog (keine feste Kamerafahrt, sondern freie Navigation)**: Ihre Elemente sollten zusätzlich einfach anklickbar sein. Verzichten Sie auf Einblendungen.

- **Prezi zur eigenständigen Betrachtung im Internet** (per Link oder eingebettet auf einer Website): Ihre Prezi muss selbsterklärend sein, was Sie durch erläuternde Texte und/oder durch ein Voiceover erreichen.

- **Prezi als Dauerschleife** z. B. auf einem Messestand: Die Prezi muss ebenfalls selbsterklärend sein, allerdings scheidet Voice-Over in der Regel angesichts der Lautstärke in Messehallen aus.

- **Prezi auf dem iPad**: Legen Sie die Prezi im 4:3-Format an, verzichten Sie auf .pfd- und .swf-Dateien und beachten Sie für die Navigation, dass Ihre Objekte leicht antippbar sein sollten.[5]

Feedback und Überarbeitung

Jetzt ist es an der Zeit, **einen Schritt zurück** zu gehen und die Prezi mal für mindestens eine Nacht in Ruhe zu lassen. Sie werden sehen, dass Sie am nächsten Tag wieder einen sehr viel **frischeren Blick** auf Ihr Kunstwerk haben und Ihnen plötzlich ganz andere Dinge auffallen.

Noch besser ist es, wenn Sie sich jetzt das Feedback von anderen zu Ihrer Prezi einholen können. Strengen Sie sich an, und **hören Sie erst einmal genau zu**, ohne zu erklären oder sich zu rechtfertigen. Und **beobachten Sie** auch so genau wie möglich den Gesichtsausdruck desjenigen, der sich zum ersten Mal durch Ihre Prezi klickt – das verrät Ihnen viel darüber, wie genau Ihre Prezi (und die von Ihnen verwendeten Effekte) ankommen.

Nach dem Feedback ist es an der Zeit, die Prezi zu **überarbeiten**.

Dieser Arbeitsschritt birgt noch eine besondere Herausforderung: **»Kill your darlings«**. Was will ich damit sagen? Meiner Erfahrung nach gibt es in jeder Prezi das eine oder andere Element (einen Text, ein Bild, eine Kamerafahrt etc.), das man selbst super findet, das aber von den Feedback-Gebern als unnötig, verwirrend oder sonderbar abgelehnt wird. Dann muss auch ich mir jedes Mal wieder vor Augen führen, dass die Prezis für das Publikum erstellt werden und ich mich aus diesem Grund von meinen »Lieblingen« trennen muss. Seien Sie also stark!

Ist alles vermeintlich fertig, findet sich meistens noch der ein oder andere Tipp- und Grafikfehler, sodass dann meistens **noch zwei oder drei Runden Feinkorrektur** dazu kommen.

Danach ist das Meisterwerk endlich fertig für seinen Einsatz. :-)

12.3.4   Und jetzt »nur noch« Üben

Wie bei jeder guten Präsentation sollten Sie nun üben, üben, üben! Gerade wenn Sie das erste Mal mit Prezi arbeiten, gibt Ihnen nur ausreichend Übung die notwendige Sicherheit für Ihren Vortrag.

---

5   Ausführliche Hinweise speziell zum iPad finden Sie auch unter 10.1.9.

Außerdem **merken Sie oft erst dann, wenn Sie sich parallel zu Ihrem gesprochenen Text durch die Prezi klicken, ob die Kamerafahrt passt** oder ob bestimmtes Stopps gelöscht oder ergänzt werden müssen.

12.4   Wie lange dauert das Erstellen einer guten Prezi?

Eine Prezi zu entwickeln und umzusetzen braucht **einiges an Zeit, je nachdem, wie hoch Ihre gestalterischen Ansprüche sind**, wie viel praktische Erfahrung und technische Kenntnisse Sie haben.

Die gute Nachricht lautet: Insbesondere die iPad-App von Prezi zeigt, dass man auch wunderbare **gestalterisch einfach umsetzbare und schnelle Prezis erstellen** kann. Allerdings gilt: Nur weil die Umsetzung einfach und schnell geht, heißt das nicht, dass Sie nicht einiges an Zeit für die Vorbereitung benötigen.

Je stärker Sie Ihre Prezi reduzieren möchten, desto genauer müssen Sie sich vorab mit ihren Inhalten, der Struktur und der Auswahl der Elemente beschäftigen.

Nehmen Sie sich viel Zeit für die Vorbereitung, wenn Sie eine wirklich gute Präsentation entwickeln möchten!

Vielleicht ein Anhaltspunkt: Ich arbeite seit Jahren so gut wie täglich mit Prezi und benötige für die Umsetzung einer Präsentation mit 20 Folien in eine Prezi rund einen bis anderthalb Tage für die Planung, den Struktur- und Layoutentwurf, die Abstimmung mit meinem Kunden und die Umsetzung.

12.5   Wie gehe ich mit dem Thema »Handout« um?

Wie bei jeder anderen guten Präsentation gilt: **Erstellen Sie ein separates Handout**, das gern ein PDF-Dokument sein kann!

Ganz im Ernst, ich bin fest davon überzeugt, dass es für gute Präsentationen wichtig ist, die Dreiteilung vorzunehmen zwischen **Notizen**, der **Prezi** und dem **Handout**:

- **Notizen sind nur für den Vortragenden** gedacht und fungieren als Vortragshilfe.

- **Ihre Prezi ist nur für das Publikum** bestimmt und dient einzig dem Zweck, das Verstehen zu erleichtern. Deshalb gehört hier nichts Unnötiges oder Ablenkendes hin – und erst recht keine langen Texte zum Selberlesen!

- Das **Handout ist ein Dokument für das Publikum**, das die Inhalte zusammenfasst oder weitergehende Informationen enthält. Es **entlastet Ihre Prezi**, enthält die Kontaktdaten des Vortragenden und wird seinem Bedürfnis nach Vollständigkeit gerecht. Prezi bietet Ihnen zwar die Möglichkeit *Als PDF speichern*, allerdings können Sie auf diesem Weg meiner Meinung nach lediglich Korrekturfahnen und kein Handout erzeugen.

Was Sie bei Prezi allerdings tun können: Sie erstellen von Ihrer Prezi eine **zweite Version**, in der Sie zusätzlich Erläuterungstexte zum Selbst-Anklicken einfügen (die sogenannte *Extended Edition*). Diese können Sie Ihrem Publikum bequem per Link oder durch Einbettung in eine Website zur Verfügung stellen.

Ein **Beispiel** für eine Vortragsprezi und die dazu gehörige Extended Edition (auf Englisch) finden Sie unter dem Stichwort »Prezi Preparation« auf *www.zoom-studio.de/prezi-portfolio*.

13 Praxisbeispiele Schritt für Schritt

Sie haben sich jetzt durch die Grundlagen und Vertiefungen der Bedienung gearbeitet, vermutlich schon das ein oder andere auf der Leinwand ausprobiert und wissen jetzt auch, dass zu einer guten Prezi mehr gehört als nur das Beherrschen der Technik.

Da Sie vermutlich nicht jeden Tag die Zeit haben, an Ihren Präsentationskünsten zu feilen, will ich Ihnen in diesem Kapitel eine ganz praktische Starthilfe für Ihre nächsten Prezi-Projekte geben. Meiner Erfahrung nach hilft es den meisten am besten, wenn ich Ihnen ganz konkret zeige, wie ich eine Prezi erstelle.

Hier finden Sie einige Beispiele mit Schritt-für-Schritt-Anleitungen zum einfachen Nachbauen.

Noch besser ist es natürlich, wenn Sie meine Beispiele nicht nur einfach kopieren, sondern das Vorgehen auf Ihre Inhalte übertragen und so Ihre Prezis zum Leben erwecken.

Ein Hinweis noch: Ich habe mich bemüht, die Beispiele so zu gestalten, dass Sie möglichst keine kostenpflichtigen Grafikprogramme benötigen, um die Prezis zu erstellen. An manchen Stellen ist dies – da Vektorgrafik erforderlich ist – leider nicht möglich. Dies betrifft vor allem das letzte Beispiel in diesem Kapitel.

Jetzt erst mal viel Spaß beim Vertiefen Ihrer Kenntnisse!

13.1 Praxisbeispiel 1: Die Evolution einer Prezi – ein Thema, drei Layouts

Stellen Sie sich folgende Situation vor: Sie haben die Aufgabe bekommen, eine Prezi zu gestalten. Inhaltlich soll sie veranschaulichen, wie Sie eine Prezi entwickeln und gestalten.

Eine solche Prezi entsteht nicht auf einen Schlag, und für das Ergebnis spielen sowohl Ihre Erfahrung mit Prezi als auch der Zugriff auf Grafikmaterial und die Möglichkeit, es zu verarbeiten, eine Rolle. In diesem Bespiel möchte ich Ihnen zeigen, wie sich eine Prezi entwickeln kann, und Ihnen auch die Angst davor nehmen, Ihre ersten Prezis könnten den Erwartungen nicht gerecht werden.

13.1.1 Die Einsteiger-Prezi

Einsteigerprezis sind selten sofort perfekte Kunstwerke in High-End-Qualität. Haben Sie also keine Hemmungen, bescheidener anzufangen. **Wichtig ist, dass Sie anfangen**. Das tue ich jetzt auch.

Für mein Beispiel habe ich mir zunächst mit ein paar Stichpunkten klargemacht, was ich eigentlich sagen möchte, d. h., was die Inhalte meiner Prezi sein sollen. Diese bringe ich in einer ersten schnellen Prezi auf die Leinwand. Das Ganze sieht am Ende so aus:

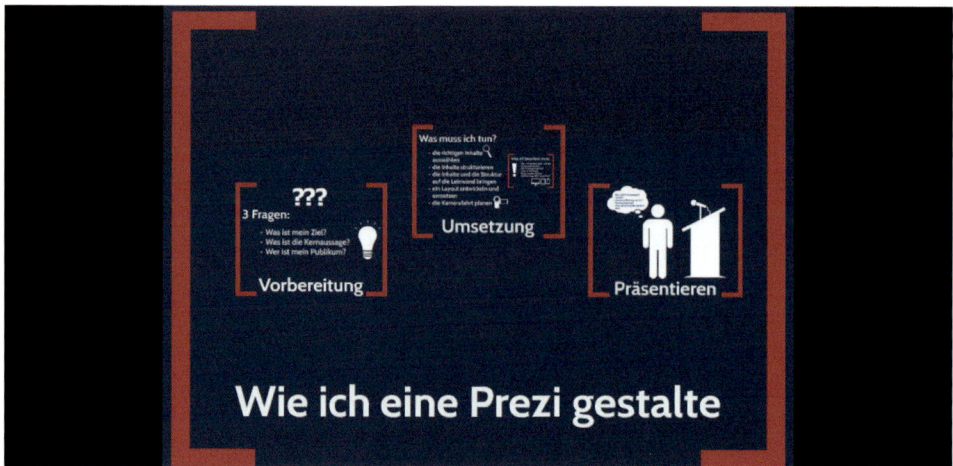

Abb. 13–1   In Aktion können Sie die Prezi hier anschauen: *www.zoom-studio.de/packend-praesentieren-mit-prezi*

Anleitung für die einfache Einsteigerversion

- Öffnen Sie eine **neue, leere Prezi**.

- Klicken Sie auf *Anpassen*, und wählen Sie das **Theme** *Flight*.

- Klicken Sie auf das Zahnradsymbol oben rechts, und wählen Sie das **Bildformat 4:3**.

- Wählen Sie links oben die *Klammerrahmen* aus, und ziehen Sie einen **ersten großen Rahmen** auf die Leinwand. Fügen Sie den **Titel** *Wie ich eine Prezi gestalte* ein.

- Fügen Sie jetzt **einen weiteren kleinen Rahmen** für das erste Kapitel (*Vorbereitung*) ein, und **duplizieren Sie diesen** für jedes weitere Kapitel (in unserem Beispiel also zweimal).

- Klicken Sie links unten auf *Pfad bearbeiten*, und legen Sie eine »**Grundkamerafahrt**« an, die beim großen Rahmen startet und dann von links nach rechts über die kleineren Kapitelrahmen fährt, um am Ende wieder den Gesamtrahmen zu zeigen. (Im Beispiel müsste Ihre Kamerafahrt jetzt fünf Stopps haben.) **Beenden Sie den Pfadmodus.**

- Klicken Sie in der Vorschauansicht links auf **Stopp 2** (erstes Kapitel), damit die Kamera Sie direkt zu dieser Szene bringt. Fügen Sie jetzt die **Texte und Symbole** zu Kapitel 1 ein. Die Symbole sind alle in der Prezi-Icon-Sammlung enthalten.

- **Wiederholen Sie dieses Vorgehen für die Kapitel 2 und 3.** Zusätzlich fügen Sie innerhalb des Rahmens von Kapitel 2 einen weiteren Rahmen ein, der dann die Informationen *Was ich beachten muss* enthält. Prezi sollte automatisch den Pfadstopp Nummer 4 auf den Rahmen gelegt haben (sofern Sie ihn direkt aus dem Rahmenfeld oben links in den Rahmen des Kapitels *Umsetzung* gezogen haben). Falls nicht, sortieren Sie Ihren Pfad entsprechend um.

- Gehen Sie zu Kapitel 3, *Präsentieren*, und **ergänzen Sie den Text in der Sprechblase**. Aktivieren Sie anschließend den **Pfadmodus** (*Pfad bearbeiten*), und legen Sie einen **Pfadpunkt auf die Sprechblase**. Sortieren Sie den Pfad so, dass der Stopp auf der Sprechblase Nummer 6 ist.

- Klicken Sie auf *Präsentieren*, und schauen Sie sich Ihre Prezi an.

Die Reihenfolge dieser Schritte ist nicht zwingend – mit einer Ausnahme: Stellen Sie unbedingt erst das Seitenverhältnis ein, bevor Sie den ersten Rahmen in Ihre Prezi einfügen.

Von der Gestaltung, der Struktur und vom Layout her handelt es sich um eine typische Einsteiger-Prezi, die für einen Vortrag funktioniert und erst einmal zeigt, dass Sie mit der Bedienung von Prezi zurechtkommen und erste Strukturen auf die Leinwand bringen können.

13.1.2 Die Prezi unter Verwendung eines Templates

Alternativ könnte die Prezi unter Verwendung eines Prezi-Templates so aussehen:

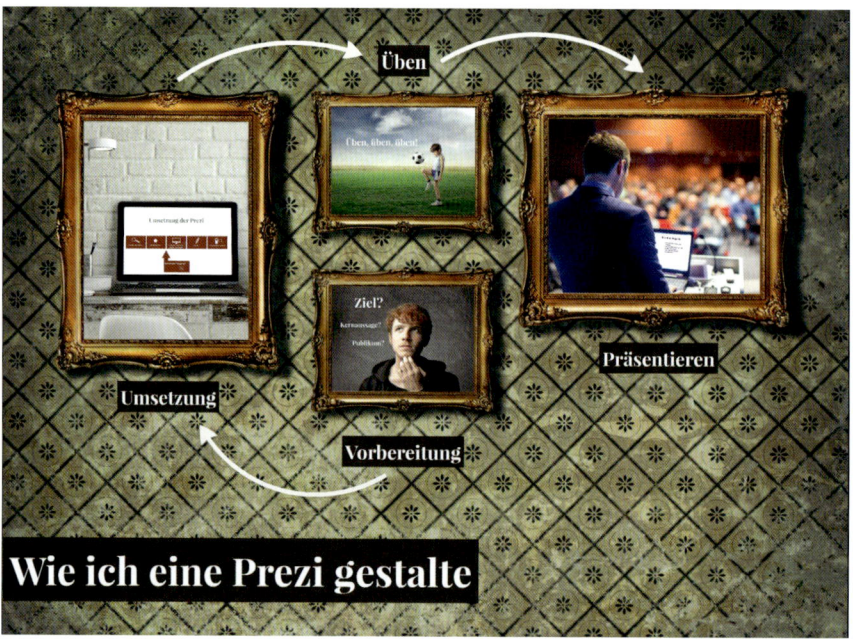

Abb. 13–2   Diese Version können Sie sich hier anschauen: *www.zoom-studio.de/packend-praesentieren-mit-prezi*

Anleitung für die Version mit einem Template

- Sie haben die Einsteiger-Prezi erstellt? Öffnen Sie diese, markieren Sie mithilfe der ⬆-Taste alle Elemente auf dieser Prezi, und fügen Sie diese zu Ihren *Favoriten* hinzu. So bekommen Sie Ihre Texte schnell und einfach in die neue Prezi.

- Zur Vorbereitung sollten Sie jetzt vier **Bilder** suchen, die zu Ihrem Thema passen.

- Öffnen Sie eine neue Prezi, und wählen Sie unter *More* die Vorlage *Idea Gallery*.

- Markieren Sie mithilfe der ⬆-**Taste** alle Inhalte auf der Leinwand, und löschen Sie diese. Sie werden von uns nicht länger benötigt. Das Hintergrundbild bleibt Ihnen erhalten, da es in dieser Vorlage Ihrem Zugriff entzogen ist. Ihre **Leinwand sollte jetzt so aussehen:**

→

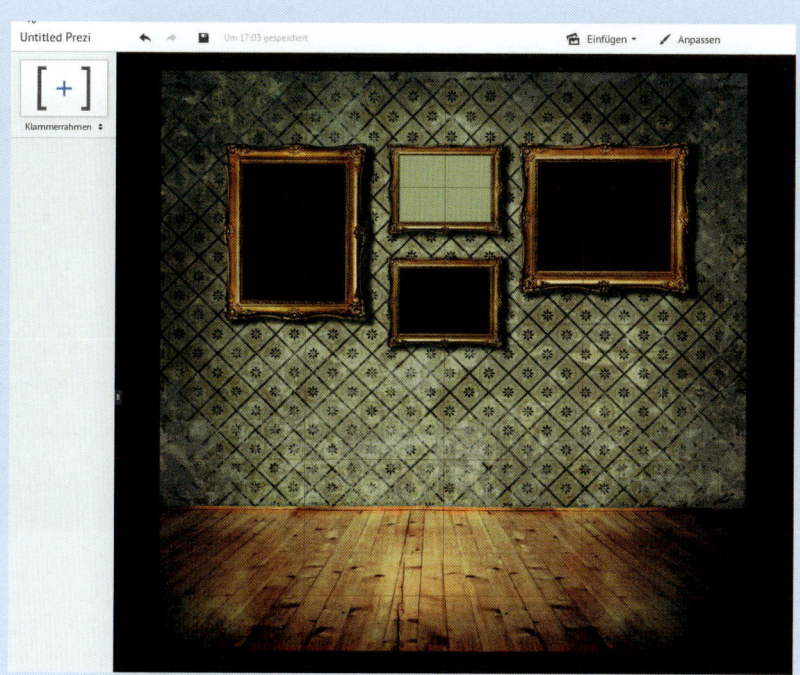

Um sich die Arbeit leichter zu machen, legen Sie sich im nächsten Schritt schon mal **unsichtbare Rahmen mit einer Kamerafahrt** an, auch wenn in dieser Phase die Kamerafahrt im Detail natürlich noch nicht feststeht. Ich nutze Rahmen schon bei der Entwicklung der Prezi, und zwar aus zwei Gründen: Zum einen kann ich mit einem Klick auf die **Vorschauansicht** schnell zu den Punkten auf der Prezi navigieren, an denen ich arbeiten möchte. Zum anderen erleichtert es meiner Erfahrung nach Einsteigern die Arbeit mit Prezi, wenn sie sich die **Leinwand mithilfe von Rahmen »portionieren«**. Vergessen Sie **vor** dem Einfügen des ersten Rahmens nicht, das **Seitenverhältnis auf Ihrer Prezi einzustellen**.[1] Nach diesem Schritt sieht es auf der Leinwand so aus:

---

1   Zur Erinnerung: mit dem Zahnradsymbol oben rechts.

$\longrightarrow$

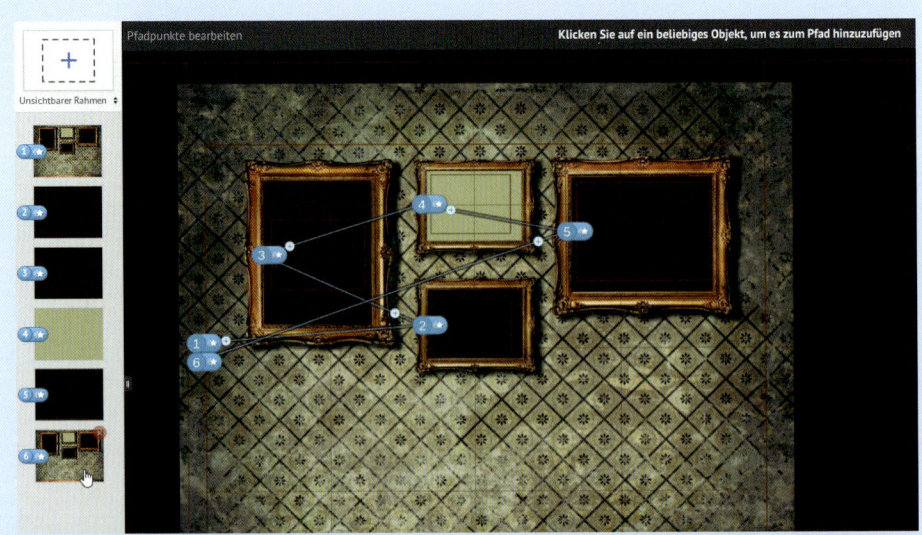

Laden Sie jetzt die **Bilder in die Prezi**, und sorgen Sie durch Skalieren und Zuschneiden dafür, dass sie in die goldenen Bilderrahmen passen. Klicken Sie danach auf *Einfügen → Meine Inhalte*, und ziehen Sie die Texte aus der ersten Version der Prezi auf die Leinwand:

Nun müssen die Texte, die Sie noch benötigen, an die entsprechenden Stellen **geschoben** werden. Im Laptop-Monitor müssen Sie dann die Szene zum Thema *Umsetzung* bauen, die die Aussagen anschaulicher machen soll:

Die Szene besteht nur aus einer **Standardform, die ich fünfmal dupliziert habe** (`Strg` + `D`). Dann habe ich die Symbole und Texte in die entsprechenden Formen eingefügt. Das Symbol beim Thema *Strukturieren* sind einfache Kreise und Pfeile. Das Element für die *Besonderen Vorgaben* besteht ebenfalls aus zusammengesetzten und gruppierten Standardformen (Rechtecke + Dreieck):

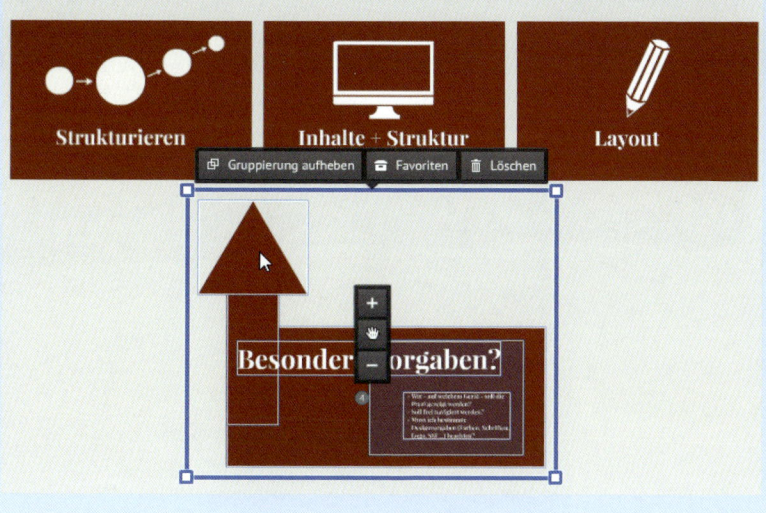

→

Nun ist es Zeit, die **Animation** anzulegen: Da Standardformen in Prezi – genau wie Rahmen – besitzergreifend sind, brauchen die Inhalte in den Formen zum gemeinsamen Einblenden nicht gruppiert zu werden. Für den Ablauf stellen Sie folgende Überlegung an: Sie möchten erst die Elemente *Inhalte auswählen*, *Strukturieren* und *Besondere Vorgaben* nacheinander einblenden, dann auf die Details zu den Vorgaben zoomen (was bedeutet, dass Sie dort noch einen Rahmen einfügen müssen) und schließlich wieder im gesamten Monitor die Einblendungen mit den letzten drei Boxen vervollständigen. Das bedeutet: **Sie müssen auf den Rahmen im Monitor zwei Pfadstopps legen und die Einblendungen nach der Vorgabe zu verschiedenen Zeitpunkten machen.** Aber eins nach dem anderen. Die Kamerafahrt sieht so aus:

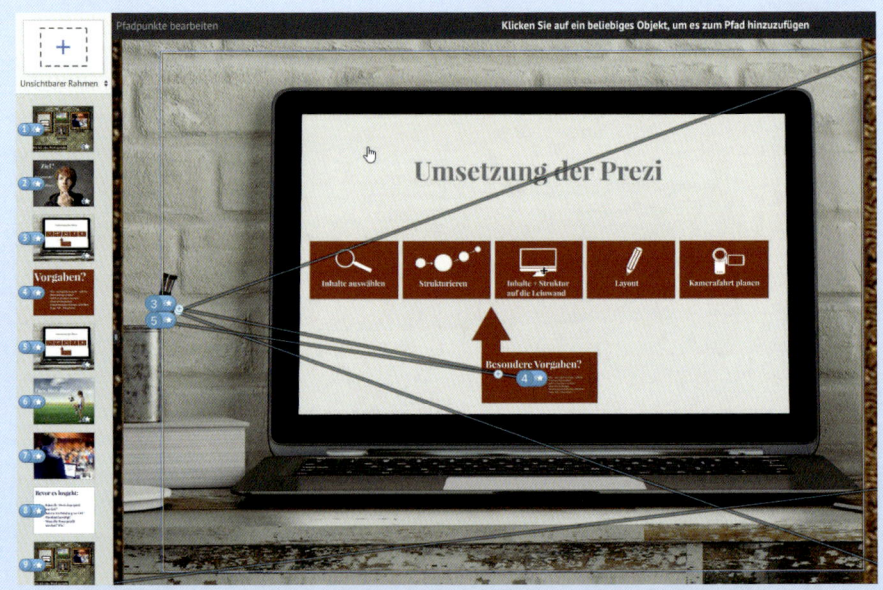

Gehen Sie zuerst auf Stopp 3, und legen Sie diese Animation an:

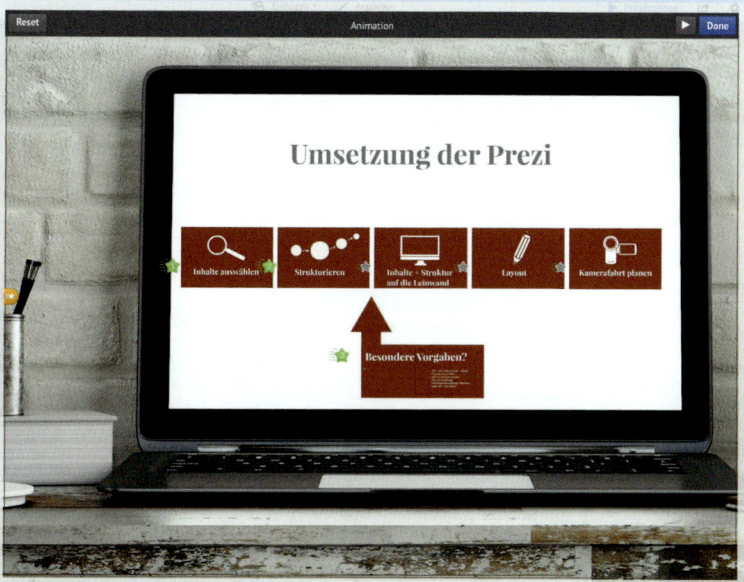

Klicken Sie nun auf den Stern in Stopp 5, und animieren Sie die letzten drei Boxen:

→

Am Ende platzieren Sie noch die **Kapiteltitel und Pfeile im Gesamtbild** und animieren diese in Stopp Nummer 1. Um für die **gleichzeitigen Einblendungen** von Pfeilen und Texten zu sorgen, müssen Sie diese **gruppieren** und dann diese **Animationsreihenfolge** anlegen:

Ich weiß, dass viele es am Anfang als schwierig empfinden, wenn zu den Kamerafahrten auch noch Einblendungen hinzukommen.

Machen Sie sich dazu Folgendes klar: **Mit jedem Klick wird Prezi immer entweder die Kamera bewegen oder einen Inhalt einblenden. Beides gemeinsam geht nicht.** Stellen Sie sich bei Ihrer Gestaltung des Ablaufs also immer die Frage, was geschehen soll. Soll sich die **Kamera** zu einem bestimmten Punkt **bewegen**, müssen Sie einen **Pfadpunkt anlegen**. Brauchen Sie **keine Bewegung**, sondern stattdessen eine **Einblendung**, legen Sie eine Animation an, indem Sie auf einen **Stern auf einem vorhandenen Pfadpunkt** klicken.

Alles klar? Probieren Sie es einfach aus.

13.1.3   Ein Template individualisieren

Ich kann mir vorstellen, dass die Tapete des Templates und möglicherweise auch die eher protzigen goldenen Rahmen nicht unbedingt Ihr Stil sind. Dennoch ist die Fotowand ein Klassiker unter den einfachen Prezis, die optisch etwas hermachen. Lassen Sie uns im nächsten Schritt eine **individualisierte Fotowand** in Prezi erstellen.

Abb. 13–3   Das letzte Bild der Prezi, die Sie sich hier in Aktion anschauen können: *www.zoom-studio.de/packend-praesentieren-mit-prezi*

Anleitung zur Individualisierung des Templates (bzw. zum Erstellen einer Bilderwand-Prezi)

Um uns Zeit und Arbeit zu sparen, beginnen Sie diesmal nicht mit einer leeren Prezi, sondern legen im ersten Schritt eine **Kopie der Prezi an, die Sie mithilfe des Templates erstellt haben**, und starten von dort.

Als Erstes müssen Sie das **Hintergrundbild austauschen**. Dazu klicken Sie auf *Anpassen* und dann im Abschnitt *Hintergrundbild* auf *Löschen*. Damit die neuen Bilderrahmen direkt auf der Mauer »hängen«, bringen Sie das neue Hintergrundbild per Drag & Drop (oder über *Einfügen → Bild… → Dateien auswählen…*) auf die Leinwand. Dort machen Sie es groß genug und schicken es mithilfe eines Rechtsklicks in den **Hintergrund**.

Jetzt müssen neue Rahmen für unsere Bilder her. Dafür können Sie entweder Grafiken von Bilderrahmen verwenden (die Sie z. B. bei Fotolia.de bekommen), oder Sie nutzen die eingebaute Bildbearbeitungsfunktion (*Effekte*) bei Prezi. Für das folgende Bild habe ich den Rahmen »Museum« gewählt:

→

Wenn Sie das Ergänzen des Rahmens bestätigen, sichern und so auf Ihre Leinwand zurückkehren, sehen Sie – sofern Ihr Bild wie meines beschnitten war – das hier:

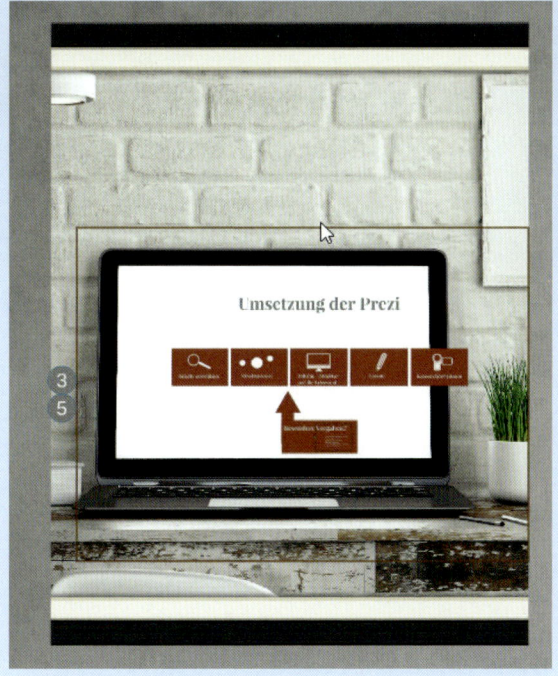

→

Klicken Sie auf das Bild und dann auf *Beschneiden*, und »reparieren« Sie Ihr gerahmtes Bild. Falls Sie nur einen Zuschnitt des Bildes rahmen möchten, müssen Sie es vor dem Einfügen auf der Prezi-Leinwand mit einem entsprechenden Grafikprogramm zuschneiden. (Das funktioniert sehr einfach mit paint.net.)

Abb. 13–4   Beim Anwenden des Bildeffekts ist das Bild etwas verschoben worden. Das müssen Sie natürlich noch korrigieren, damit unsere Inhalte wieder im Monitor liegen.

Sie können jetzt auch die Größe und Position der einzelnen Bilder verändern und die Farben der Pfeile und die Schriften nach Ihren Wünschen anpassen.

Arbeiten Sie sich nacheinander durch alle Bilderszenen Ihrer Prezi. Legen Sie die Kamerafahrt an und ergänzen Sie die Animationen wie im Templatebeispiel. Dann ist Ihr Prezi-Klassiker »Bilderwand« fertig.

13.2   Praxisbeispiel: Eine Projekt-Prezi nur mit Prezi-Elementen

Es ist keinesfalls immer erforderlich, für eine Prezi Bildmaterial zu kaufen. Mit dem Zubehör, das Prezi mitbringt, lässt sich auch schon einiges machen.

Bei diesem Beispiel handelt es sich um eine Prezi, die Sie verwenden könnten, um die Entwicklung eines Projekts zu zeigen, wobei ich es Ihnen überlasse, wie ausführlich Sie werden möchten. Alternativ können Sie die Präsentation auch als Begleitung für die einzelnen Meetings des Projektteams verwenden und die Fortschritte in immer wieder neuen Versionen der Prezi festhalten.

Das bietet einen Vorteil: Sie können sich zu jedem Zeitpunkt eines Meetings einen Überblick darüber verschaffen, was noch alles ansteht, oder auch mal eben nachsehen, wie genau die Ergebnisse oder Vereinbarungen der letzten Besprechungen ausgesehen haben.

Hier erstmal ein Gesamtblick auf die Prezi:

Abb. 13–5   Sie finden diese Prezi als kopierbares Template für den eigenen Gebrauch: *www.zoom-studio.de/packend-praesentieren-mit-prezi*

Dieses Beispiel will ich in seiner Entstehung gar nicht in jedem Detail beschreiben, da Sie diese Prezi als **kostenlose Vorlage** online in Ihren Account kopieren und für Ihre Zwecke einsetzen dürfen.

Ich möchte allerdings ein paar Worte zu den Gedanken sagen, die ich mir bei der Entwicklung dieser Prezi gemacht habe, und ein paar Hinweise zur Gestaltung dieser und ähnlicher Prezis geben:

- Diese Prezi ist für **Meetings** gedacht, die mit der Entwicklung und Umsetzung eines Projekts einhergehen. Es handelt sich von der Art der Prezi um eine **Struktur-Prezi**. (Das heißt, es kommt mir mehr auf die Zusammenhänge zwischen den Themen statt auf ein fantasievolles Bild an.)

- **Die Prezi ist so aufgebaut, dass sie nach und nach ergänzt werden kann** (vor allem im Mittelteil oberhalb des Zeitstrahls). Die Idee dabei ist, einem Team in jedem Meeting mit derselben Prezi deutlich zu machen, wo es sich gerade auf dem Weg zur vollständigen Umsetzung seines Projekts befindet. (Deshalb müssen die kleinen grünen Pfeile auch immer wieder umplatziert werden.) Zusätzlich soll die Prezi eine Möglichkeit bieten, **bereits erzielte Ergebnisse und Vereinbarungen** kurz festzuhalten zu können und zu jedem Zeitpunkt auf Vorangegangenes zu klicken und es sich noch einmal anschauen zu können.

- Bei Struktur-Prezis sollten Sie **mit dem Ausarbeiten der Strukturen beginnen** und auch darauf die meiste Zeit verwenden. Ob Sie das direkt auf der Prezi-Leinwand mit einfachen Rahmen machen oder lieber ohne Rechner mit Haftnotizzetteln und Stift, das liegt ganz bei Ihnen.

- Bringen Sie die Struktur auf die Leinwand, und stellen Sie sich darauf ein, dass Sie die Inhalte noch einige Male über die Leinwand schieben und skalieren werden. Der Grund: Sie werden die Inhalte meistens zu Beginn eher platzsparend und dicht positionieren. Sobald Sie dann anfangen, mithilfe von unsichtbaren Rahmen eine Kamerafahrt anzulegen, werden Sie feststellen, dass immer wieder etwas ins Bild ragt. Wenn das Sie stört, werden Sie nach und nach immer wieder **umpositionieren und korrigieren**. Das ist bei dieser Art von Prezi ganz normal.

- Überlegen Sie sich beim Gestalten der Prezi mit Prezi-Elementen, **wo Sie konkrete Inhalte unterbringen möchten**. Schaffen Sie sich gegebenenfalls mit Symbolen oder einfachen Standardformen **weiße Flächen**, sodass Sie z. B. auch ruhige Plätze für Fotos oder PDF-Dateien haben.

- Nutzen Sie **Einblendungen, um Zusammenhänge schrittweise aufzubauen** und Ihr Publikum nicht zu überfordern.

- **Zeigen Sie immer wieder entweder das Gesamtbild oder eine übergeordnete Szene.** Dabei handelt es sich nicht um »unnötige« Klicks[2], sondern um eine

---

2 Ich höre von meinen Kunden immer wieder den Wunsch, Klicks zu sparen. Gehe ich zwischendurch in eine Überblicksansicht, wird das von vielen als unnötig empfunden. Tatsächlich sind diese Übersichten zwischendurch für das Publikum aber sehr wichtig und hilfreich, um nicht den Überblick zu verlieren. Dem Vortragenden geben sie die Gelegenheit zu einer kurzen Zusammenfassung zwischendurch. Meist ist der Wunsch, Klicks zu sparen, ein Indiz dafür, dass der Vortragende zu viele Inhalte in eine zu kurze Vortragszeit quetscht.

wichtige Hilfestellung für Ihr Publikum. Außerdem kann es ein Mittel sein, die Kamerafahrt ruhiger zu gestalten.

13.3   Praxisbeispiel: Eine einfache Prezi mit 3D-Hintergrund – die erzählerische Erläuterung eines Konzepts

3D-Hintergründe sorgen beim Publikum immer wieder für Begeisterung. Ihr gezielter Einsatz ist allerding gar nicht so einfach. Damit Sie eine Idee für den Einsatz von mehr als einem 3D-Hintergrund bekommen, habe ich auch dazu ein kleines und sehr einfaches Beispiel für Sie, das den Titel »Die Bedeutung der Neugier« trägt. Anschauen können Sie diese Prezi hier: *www.zoom-studio.de/packend-praesentieren-mit-prezi.*

Hier ist ein Überblick über die entscheidenden Szenen:

Abb. 13–6   Startbild

Durch Einblendungen entsteht der Zusammenhang — eine Entwicklung von Ursachen und Wirkungen, ergänzt um zusätzliche Voraussetzungen, die den Prozess (je nach der Überzeugung des frei Vortragenden) erst ermöglichen oder verbessern. Dabei ist das Essenzielle typografisch durch Großschreibung hervorgehoben, und gleichzeitig wird — wie z. B. bei der »erMUTigung« — verdeutlicht, dass es auch als Hilfe von außen dazu kommen kann.

Jetzt erst startet die Kamerafahrt, mit einem Zoom an das Wort « Veränderung». Sie setzt sich in einem Schwenk über die weiteren Hauptelemente auf dem Kreis fort und zeigt diese mit dem neuen Hintergrund.

Die Kamerafahrt schließt den Kreis durch eine (erneut veränderte) Darstellung der Veränderungsszene, bevor sich das Gesamtbild anschließt.

Dieses wird durch die Einblendung der lediglich illustrierten Kernbotschaft vervollständigt, dass wir als Kinder diese Neugier in uns tragen und unter den richtigen Bedingungen diesen sich selbst immer wieder verstärkenden Kreislauf starten können.

Ein letzter Zoom als appellierendes Fazit:

Diese Prezi ist vom Ablauf her einfach und schnell zu erstellen. Sie lebt davon, dass die Zusammenhänge zwischen den einzelnen Schritten sehr einfach visualisiert sind. Die Inhalte sind auf die wesentlichen Stichworte beschränkt, und um das Ganze optisch hochwertiger zu machen, wurden weder Standardformen noch Standardschriften verwendet – alles wurde mit einem Grafikprogramm angelegt und in die Prezi eingefügt.

   Dennoch können Sie auf diese Weise – mit zwei Hintergründen und einem klaren, auf das Wesentliche reduzierten Ablauf – einen spannenden Vortrag halten. Aber wie genau wurde diese Prezi erstellt?

Die Umsetzung einer 3D-Prezi

Öffnen Sie eine **neue, leere Prezi**, und stellen Sie das Bildverhältnis auf 16:9.[3]

Fügen Sie als Erstes die **3D-Hintergründe** ein. Klicken Sie dazu auf *Anpassen → Erweitert* und dann auf *Edit* neben *3D Background*. Hier können Sie bis zu drei Bilder hochladen. Das Bild, das auf Ihrer Prezi oben liegen soll, müssen Sie zuerst hochladen und danach erst das darunterliegende. Für die 3D-Hintergründe nutze ich große, gut aufgelöste Bilder, bei denen die längere Kante zwischen 2000 und 4000 Pixel hat.

Abb. 13–7   Weniger ist mehr: Ich habe die besten Erfahrungen mit der Verwendung von ein oder zwei Hintergrundbildern gemacht.

Im nächsten Schritt machen Sie sich mit dem **Verhalten der 3D-Hintergründe** vertraut. Das bedeutet, Sie überprüfen, wie sich der Zoom verhält und ab welchen Punkt der **Wechsel** zwischen den beiden Bildern erfolgt. An dieser Stelle ein Hinweis: **Sie können den Abstand zwischen den Ebenen nicht gezielt steuern, und manchmal scheint sich Prezi dabei sehr willkürlich zu verhalten. Stellen Sie sich darauf ein, dass es nicht immer gleich so funktioniert, wie Sie es gern hätten. Verlieren Sie nicht die Nerven – sollten sich Ihre 3D-Ebenen sonderbar verhalten, kann es helfen, die Prezi zu schließen und neu zu öffnen.** Alternativ können Sie auch versuchen, die Hintergrundbilder (ja, genau dieselben) noch einmal neu in die Prezi zu laden. In den meisten Fällen löst die eine oder andere Methode das Problem.

---

3   Sie können natürlich auch 4:3 wählen, wenn das für Ihre Prezi besser passt. Ich habe in dieser Prezi aufgrund der voraussichtlichen Breite der Inhalte (kreisförmig angeordneter Text mit langen Wörtern) das Breitbildformat gewählt.

→

Um die weitere Arbeit auf der Leinwand planbar zu machen, legen Sie jetzt **unsichtbare Rahmen** an, und zwar wie folgt:

- Als Erstes erstellen Sie **einen großen Rahmen** und schauen, wie groß Sie ihn machen können und wo Sie ihn platzieren müssen, damit auch der gesamte Hintergrund beim Vorführen mit dem Hintergrundbild gefüllt ist. Sie werden schnell feststellen, dass diese Rahmen im Verhältnis zum Hintergrund ihre Position immer wieder leicht verändern und Sie sie nachkorrigieren müssen. Machen Sie daher den **Rahmen lieber etwas kleiner als das Bild**.

- **Zoomen Sie jetzt hinein**, und zwar so lange, bis der Wechsel zum zweiten Hintergrund vollständig ist. Fügen Sie in dieser Position einen **zweiten Rahmen** ein.

→

Abb. 13–8 Danach können Sie wieder herauszoomen. Eine bequeme Alternative, um diesen Rahmen anzulegen, ist folgende: Zoomen Sie bis in die gewünschte Tiefe. Aktivieren Sie jetzt den Pfadmodus. Klicken Sie dann unten links auf *Aktuelle Ansicht ergänzen*. Prezi legt Ihnen dann automatisch einen unsichtbaren Rahmen mit Pfadpunkt an, der zu Ihrem Ausschnitt passt.

- Jetzt haben Sie mithilfe von zwei Rahmen kenntlich gemacht, **wie viel Platz Sie für die Gesamtheit Ihrer Inhalte haben und wie klein etwas sein muss, damit der Hintergrundwechsel erfolgt**. Jetzt sind Sie in der Lage, über die Größe der im weiteren Verlauf eingefügten Inhalte (insbesondere der Rahmen) den Wechsel zwischen den Ebenen zu steuern.

- Überlegen Sie sich genau, wie Sie den – für das Publikum meist überraschenden und daher aufmerksamkeitserregenden – **Wechsel einsetzen** möchten. Bringen Sie die Wechsel nach Möglichkeit mit Ihrer Geschichte in Einklang.

- Im Übrigen funktionieren das Einfügen der Inhalte und das Gestalten der Prezi eigentlich genau so wie bei allen anderen Prezis, nur mit der Besonderheit, dass Sie noch genauer auf die Größe Ihrer Elemente achten müssen.

- Möchten Sie die Prezi schicker und hochwertiger wirken lassen und daher **besondere Schriften** verwenden, dann legen Sie diese – sobald Sie den Ablauf und die zu verwendenden Begriffe fertig haben – **als Bilddateien** an und fügen sie erst recht spät in die Prezi ein.

Wenn die Prezi online verwendet werden soll, wäre es hilfreich, ein **Voiceover** zu ergänzen, damit die Prezi nicht mit zusätzlichem Text belastet wird.

Das Tolle ist: Diese Struktur lässt sich auf andere Themen (ja, auch auf die vermeintlich langweiligen Unternehmenspräsentationen) übertragen!

13.4   Praxisbeispiel: Eine komplexe Prezi mit mehr Geschichte und aufwendigerer Grafik

Zum Abschluss zeige ich Ihnen die Prezi vom Anfang (zum Thema »Präsentationsgestaltung«) noch als etwas aufwendigere Prezi. Sie können Sie über diesen Link anschauen: *www.zoom-studio.de/packend-praesentieren-mit-prezi.*

Abb. 13–9   Das Gesamt- und Schlussbild der Prezi, das sich in seiner vollen Komplexität und auch in seinem finalen Layout erst ganz zum Schluss entwickelt

Machen wir uns gemeinsam auf den Weg zu einer tollen Prezi:

Abb. 13–10 Startpunkt der Prezi

Die meiste Zeit bewegen wir uns während der Präsentation innerhalb dieser Szene (die allerdings in ihrer Gesamtheit erst sehr spät enthüllt wird):

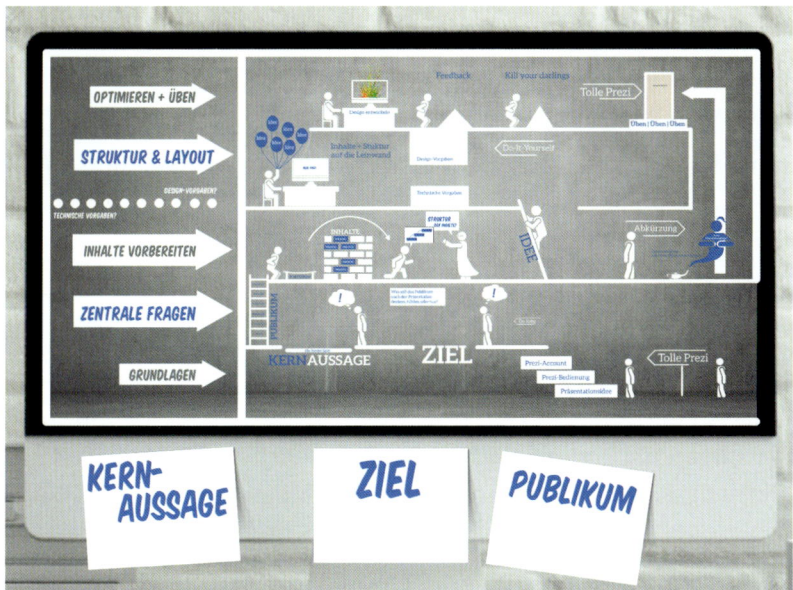

Abb. 13–11 Das Erstellen einer Prezi ist ein Abenteuer. Bestimmte Schritte muss man einfach machen, um zu einem guten Ergebnis zu gelangen. Für die Zusammenfassung der »Reise« gibt es einen Überblick der Phasen (links) und der wichtigsten Fragen vorab (unten).

Jeden einzelnen Schritt der Gestaltung dieser Prezi zu beschreiben wäre zum einen sehr langatmig, und zum anderen sind Sie jetzt schon so fit in Prezi, dass ich mich auf die Beschreibung der **wesentlichen Schritte** beschränken kann.

Bei dieser Prezi wusste ich zu Beginn drei Dinge für das Layout:

1. Ich wollte eine **Szene mit einem Schreibtisch**, da die meiste Arbeit an der Prezi genau dort geschieht.

2. Die Hauptschritte sollten in **Anlehnung an die Gestaltung von Jump-and-Run-Spielen** über verschiedene Ebenen gezeigt werden – zum einen, um zu verdeutlichen, dass Sie den gesamten Weg gehen müssen, und zum anderen, um das Spielerische bei der Gestaltung von Prezis zu betonen.

3. Ich hätte gern einen netten Effekt durch einen **3D-Hintergrund**, mit dem man die Enge des Bildschirms verlässt.

Also habe ich mich als Erstes auf die **Suche nach dem Bildmaterial und der Vektorgrafik** gemacht. Bei dieser Prezi bin ich nicht um die Nutzung des Illustrators umhin gekommen, weil ich die verschiedenen Vektorelemente (die Männchen etc.) an meine Bedürfnisse anpassen wollte.

Nachdem ein Großteil des Materials gefunden war, bin ich wie folgt vorgegangen:

1. **3D-Hintergrund einfügen**: Sobald Sie das Ziel erreichen (die kleine offene Tür) zoomen Sie in einen 3D-Hintergrund. Diesen sollten Sie zuerst auf die Leinwand bringen.

2. **Schreibtischbild einfügen**

3. **Spielhintergrund** (das Mauerbild) in den Monitor einfügen und Rahmen einfügen

4. **Arbeit im Monitor**: Ich habe mir zunächst überlegt, **welche Schritte** ich wo in dem Computerspiel darstellen möchte, und habe dann immer **einzelne Szenen in unsichtbaren Rahmen angelegt**. Dabei habe ich auch spontanen Gestaltungsideen nachgegeben.

5. Während ich im Monitor beschäftigt war, kam mir die **Idee mit den Zusammenfassungen nach »Leveln«** (auf der linken Seite). Also habe ich das Bauen der Einzelszenen unterbrochen und erst mal die »Level« gebaut und danach überprüft, ob die Szenen jetzt immer noch richtig positioniert sind oder was ich ändern muss.

6. Wenn alle Inhalte drin sind, mache ich mich zunächst an **die Gesamtkamerafahrt** und schaue mir das Ganze im Vollbild an. Dabei entdecke ich meist noch jede Menge Dinge, die ich noch verbessern, optimieren, ergänzen und/ oder weglassen muss.

7. Nun kommen noch **Spielereien, wie das »Aufhübschen« und Ergänzen des Gesamtbildes (nach Bedarf)**, und schließlich lasse ich Prezi mindestens eine Nacht ruhen. Dies ist gerade bei komplexen Prezis notwendig, die Sie »in einem Rutsch« erstellt haben. Nach einer Nacht haben Sie den nötigen Abstand für weitere **Korrekturen, Änderungen und Verbesserungen**.

Jetzt sollten Sie in der Lage sein, mit etwas Geduld und ausreichend Zeit tolle Prezis zu erstellen und Ihr Publikum zu begeistern. Ich hoffe, die Arbeit mit diesem Buch hat Ihnen dabei geholfen und Ihnen Spaß gemacht.

Lassen Sie Ihre Ideen fliegen, und begeistern Sie Ihr Publikum.

Viel Erfolg bei Ihren nächsten Prezis!

Ihre Melanie Eckhoff

Teil 4
Anhang

Anhang

Literaturtipps

Wenn Sie sich intensiver mit Präsentationgestaltung und Design beschäftigen möchten, empfehle ich Ihnen die folgenden Bücher:

Grundlagen für die Entwicklung und Umsetzung wirkungsvoller Präsentationen:
Andrew Abela
Advanced Presentations by Design
Pfeiffer, 2008

Storytelling für Präsentationen:
Nancy Duarte
Resonate: oder wie Sie mit packenden Storys und einer fesselnden Inszenierung Ihr Publikum verändern
Wiley, 2011

Inspiration für die visuelle Darstellung von Informationen:
David McCandless
Information is Beautiful
New Edition
Collins, 2012

Informationen rund um die Visualisierung von Themen, Ideen, Problemen:
Dan Roam
Auf der Serviette erklärt
Redone Verlag, 2009

Grundlagen der wirkungsvollen Präsentationgestaltung (anhand von Folienprä-
sentationen):
Garr Reynolds
Zen oder die Kunst der Präsentation
dpunkt, 2014

Einfache Grundlagen guten Designs für Jedermann:
Robin Williams
The Non-Designer's Design Book
Third Edition
Peachpit Press, 2008

Alle Prezi-Beispiele auf einen Blick

Alle Beispiele und weitere Informationen finden Sie auf der Website *www.zoom-*
studio.de/packend-praesentieren-mit-prezi.

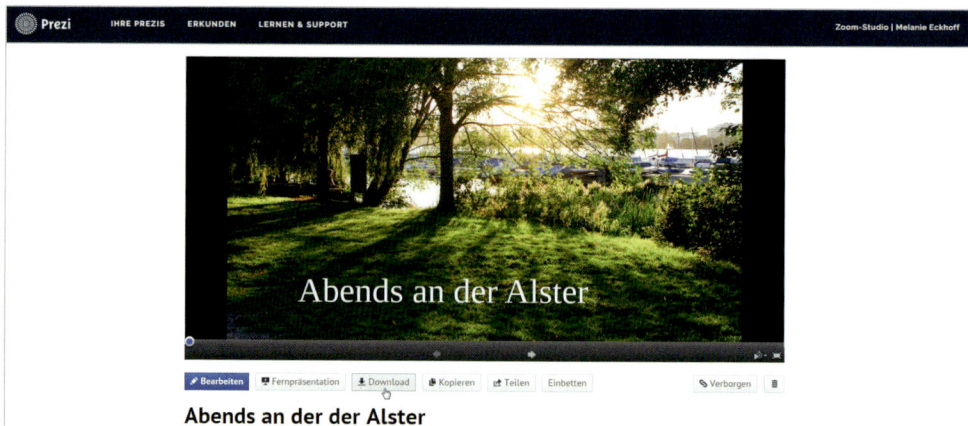

Abends an der der Alster

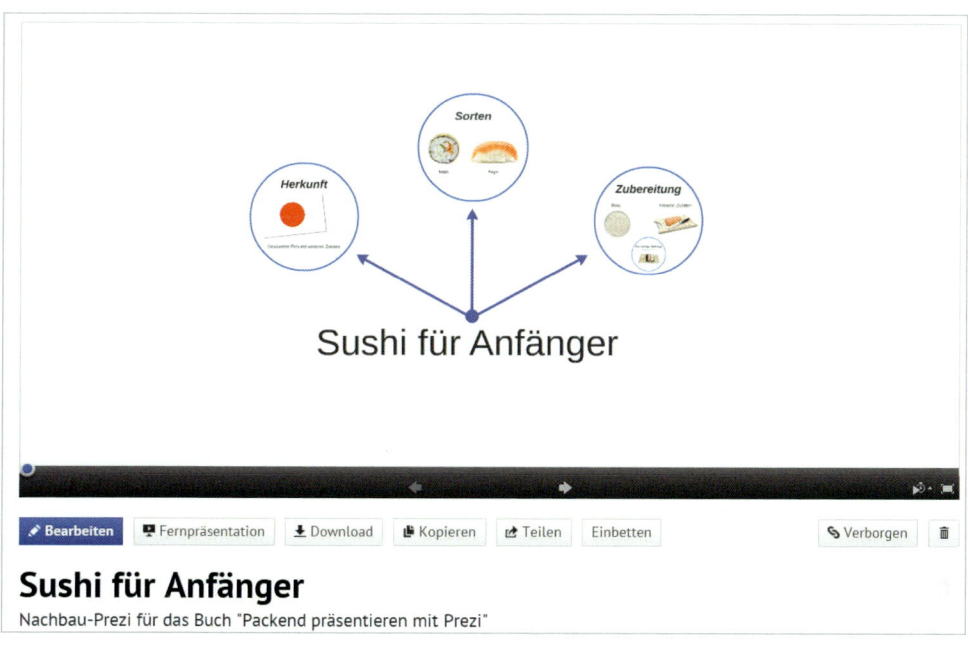

Sushi für Anfänger

Nachbau-Prezi für das Buch "Packend präsentieren mit Prezi"

Die Geheimnisse der Kamerafahrt bei Prezi

Material zum Prezi-Buch "Packend präsentieren mit Prezi"

| ✏ Bearbeiten | 🖵 Fernpräsentation | ⬇ Download | 📑 Kopieren | ↗ Teilen | Einbetten | | 🔗 Verborgen | 🗑 |

Ausblenden & Überblenden bei Prezi

Material zum Prezi-Buch "Packend mit Prezi präsentieren"

| ✏ Bearbeiten | 🖵 Fernpräsentation | ⬇ Download | 📑 Kopieren | ↗ Teilen | Einbetten | | 🌐 Öffentlich | 🗑 |

Gute Präsentationen sind wie Sushi

Eine Prezi für einen Vortrag darüber, worauf man bei gute Präsentationen achten sollte

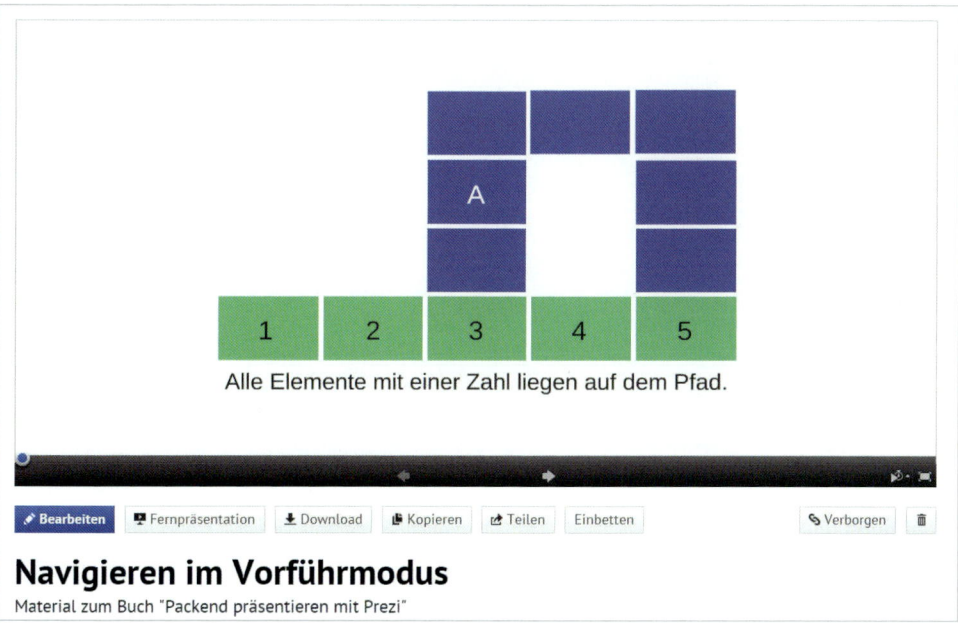

Navigieren im Vorführmodus

Material zum Buch "Packend präsentieren mit Prezi"

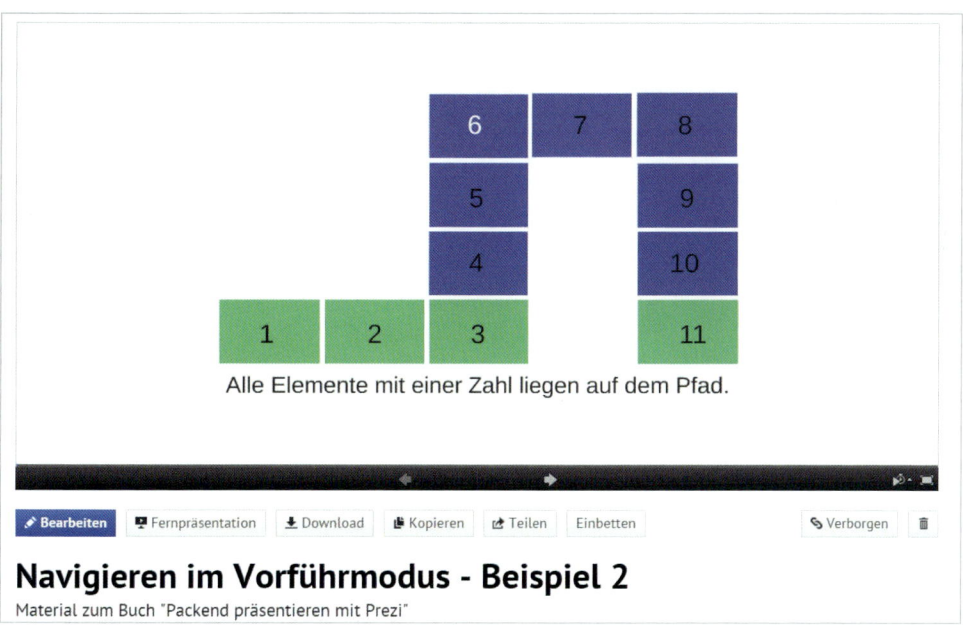

Navigieren im Vorführmodus - Beispiel 2

Material zum Buch "Packend präsentieren mit Prezi"

Bearbeiten | Fernpräsentation | Download | Kopieren | Teilen | Einbetten | Öffentlich

Prezi in 3D | Die Bedeutung der Neugier

Kurze Vorstellung einer Idee | Material zum Buch "Packend präsentieren mit Prezi"

Bearbeiten | Fernpräsentation | Download | Kopieren | Teilen | Einbetten | Verborgen

Prezis für's iPad planen | Freies Navigieren leicht gemacht

Material zum Prezi-Buch "Packend präsentieren mit Prezi"

Unser Projekt - unsere Lösung

Eine kostenlose Prezi-Vorlage, erstellt für das Buch "Packend präsentieren mit Prezi"

Wie ich eine Prezi gestalte | Einsteigerversion

Praxisbeispiel zum Buch "Packend präsentieren mit Prezi"

Wie ich eine Prezi gestalte | Templateversion

Praxisbeispiel aus dem Buch "Packend präsentieren mit Prezi"

Wie ich eine Prezi gestalte

Individualisierte Templateidee | Beispiel aus dem Buch "Packend präsentieren mit Prezi"

Bearbeiten   Fernpräsentation   Download   Kopieren   Teilen   Einbetten   Verborgen   🗑

Wie man eine Prezi gestaltet | Fortgeschrittenenversion

Praxisbeispiel zum Prezi-Buch "Packend präsentieren mit Prezi"

Bildnachweis

Die Beispielpräsentationen in diesem Buch wurden unter Verwendung der folgenden Fotolia-Bilder erstellt:

54538349, © eelnosiva/Fotolia.com
38663705, © silver-john/Fotolia.com
60608891, © viperagp/Fotolia.com
60649085, © Denis Ivatin/Fotolia.com
55077018, © Denis Ivatin/Fotolia.com
79739132, © karandaev/Fotolia.com
67362509, © majivecka/Fotolia.com
74201964, © nikolarakic/Fotolia.com
66891671, © Denis Ivatin/Fotolia.com
29964110, © victoria p./Fotolia.com
37007613, © Dmitrijs Gerciks/Fotolia.com
39190040, © KazantsevAlexander/Fotolia.com
40732500, © ildar akhmerov/Fotolia.com
67852213, © Mikhail Kalakutskiy/Fotolia.com
73284835, © nikolarakic/Fotolia.com
52264540, © Ilya Zaytsev/Fotolia.com
73284799, © nikolarakic/Fotolia.com
40862516, © olly/Fotolia.com
50796240, © LABELMAN/Fotolia.com
60603815, © kozini/Fotolia.com
73282284, © Smileus/Fotolia.com
53557803, © Cobalt/Fotolia.com
56586435, © Torbz/Fotolia.com
65944515, © Iakov Kalinin/Fotolia.com
65266130, © Jan Engel/Fotolia.com

Index

Garr Reynolds

ZEN oder
die Kunst der
Präsentation

Mit einfachen Ideen gestalten und
präsentieren

2. Auflage, 2014,
312 Seiten,
komplett in Farbe, Broschur
€ 29,90 (D)
ISBN 978-3-86490-117-1

»Wer wirklich die Arme hochkrempeln
und gelungene Präsentationen halten
will, dem empfehle ich dieses Buch
herzlichst.«

(mp.phlow.de, 13.01.14)

»Presentation Zen änderte mein Leben
und das Leben meiner Kunden. Als
Kommunikationsexperte suchte ich
nach einer Möglichkeit, Präsentati-
onsfolien zu gestalten, die den Vortrag unterstützen, ohne vom Inhalt
abzulenken. Die Philosophie, die Garr
in seinem Buch so elegant erläutert,
wird Ihr Publikum inspirieren. Denken
Sie noch nicht einmal daran, noch
eine Präsentation ohne dieses Buch
zu halten!«

(Carmine Gallo, Autor
von The Presentation Secrets of
Steve Jobs)

In der Neuauflage seines Klassikers zur Vor-
tragskunst beweist Garr Reynolds erneut,
dass man sein Publikum mit klarer Darstellung und guten Geschichten am besten
erreicht. Er zeigt, wie wir anregende Präsentationen gestalten und vortragen können.
Er inspiriert mit neuen Beispielen und prä-
sentiert Techniken, die die Zuhörerschaft
fesseln.

Garr verbindet seine Argumente mit den
Lehren des Zen und weist damit den Weg zu
einfacheren und effektiven Präsentationen,
die das Publikum annimmt, erinnert
und – vor allem – beherzigt.

Ein weltweiter Bestseller, über 150.000 Mal
verkauft!

dpunkt.verlag
www.dpunkt.de